中外经典文库

康 德 文 选

李瑜青 主编

上海大学出版社
·上海·

图书在版编目（CIP）数据

康德文选 / 李瑜青主编. —上海：上海大学出版社，2023.2

（中外经典文库）

ISBN 978-7-5671-4583-2

Ⅰ. ①康… Ⅱ. ①李… Ⅲ. ①康德（Kant, Immanuel 1724-1804）—哲学思想—文集 Ⅳ. ①B516.31-53

中国国家版本馆 CIP 数据核字（2023）第 032374 号

统　　筹　刘　强
责任编辑　贾素慧
封面设计　柯国富
技术编辑　金　鑫　钱宇坤

中外经典文库
康德文选
李瑜青　主编

上海大学出版社出版发行
（上海市上大路 99 号　邮政编码 200444）
(https://www.shupress.cn) 发行热线 021-66135112
出版人　戴骏豪

*

南京展望文化发展有限公司排版
上海华教印务有限公司印刷　各地新华书店经销
开本 890mm×1240mm　1/32　印张 9.5　字数 221 千字
2023 年 3 月第 1 版　2023 年 3 月第 1 次印刷
ISBN 978-7-5671-4583-2　定价 48.00 元

版权所有　侵权必究
如发现本书有印装质量问题请与印刷厂质量科联系
联系电话：021-36393676

目录
CONTENTS

感性的愉快 …… 001
论鉴赏 …… 016
论奢侈 …… 022
欲求、情欲和激情 …… 024
论激情 …… 027
论情欲 …… 040

论个体的特性 …… 050
论性别的特性 …… 067
论民族的特性 …… 076
论种族的特性 …… 086
论种类的特性 …… 087

关于天体运行的理论构想 …… 096
宇宙布局的力学证明 …… 111
美的分析 …… 126

人性本恶 …… 166
权利科学的一般意义 …… 199
国家的权利与宪法 …… 208
民族权利与国际法 …… 217
人类的普遍权利 …… 227

论自我意识 …… 230
五种感官论 …… 238
内感官 …… 246
想象力 …… 253
感性创造力 …… 261
回忆和预见的能力 …… 269
知性的认识能力 …… 277
论禀赋 …… 283
为感性辩护 …… 293

感性的愉快

一、惬心的感情，或在感觉到
一个客体时的感性愉快

快乐是一种由感官带来的愉快。所有让感官感到愉快的都称为惬心。痛苦是由感官带来的不愉快，所有导致痛苦的就是不快。它们的相互对应并不像获得与缺乏（正与零）一样，而是像获得与失去（正与负）一样。也即两者并不只是作为相反者（矛盾，或者在逻辑上相对立），同时还作为相互的冲突者（相违背，或者在现实上相对立）而对应的。把它们表述成让人喜欢或者不喜欢，以及介乎两者之间的无所谓，那就太宽泛了，因为这种表述也可以指理性的东西，此时它们就会和快乐及痛苦没有关联了。

我们也可以通过对自身状态的感觉在心灵上所产生的作用来解释这些感情。所有直接（即经由感官）促使我离开（从中走出）我的状态的就是令我不快的，就让我痛苦；同样，所有促使我保持（留在）我的状态的，就是让我惬心的，就给予我快乐。但是在时光的流逝以及经其联结起来的各种感觉的转换中，我们在不断地延续下去。所以，尽管离开一个瞬间和进入另一个瞬间属于同一个转换动作，但是在我们的思想中，在对这一转换的意识中仍然有一个和因果关系相符合的时间顺序。这就产生了问题，即对于离开目前状态的意识,或者对于进入未来状态的期望,是否会在我们心中激起快乐的感觉?在第一种情况下快乐无非是清除掉某种痛苦和消极的东西;在第二种情况下则只能是预感到某种惬心性,这是愉快状态的拓展,因此是某种积极的东西。但此时我们也可以预测到,惟有在第一种情况下这才会产生,因为时间把我们从现在推进到将来(不会逆转),我们首先是被迫从眼下的状态中走出来的,但无法确定我们将要进入哪一种状态中去,而只知道这将是另外一种状态,惟有如此才能产生惬心的感情。

快乐是生命力得到提升的感情,痛苦则是生命力被阻碍的感情。但也正像医生们报道过的那样,生命(动物的生命)是这两方面的一种持续不断的相互对抗的活动。

所以痛苦一定是走在所有快乐之前的。痛苦总是先行的,因为从生命力的持续不断的提升中,除了因高兴而招致更快地死亡外,还能有其他结果吗?这种生命力原本就不能够提升到超出某种限度。

也不会有一种快乐能直接跟随着另一种快乐,在一种快乐和另一种快乐之间一定夹杂着痛苦。生命力的一些小小阻碍连同穿插于其间的生命力的提升造成了我们误以为是一种持续的舒适感的健康状态。但健康状态在此仅仅是由脉冲式地(永远带有穿插于其间的痛苦)相互跟随着的一些惬心感组成的。痛苦是活力的刺激物,我们第一次从中感受到自己的生命,不然我们就会进入无生命状态。

慢慢消失的痛苦产生不了强烈的快乐效果(如逐渐痊愈的疾病或者慢慢赚回一笔损失资本),因为该过程无法觉察——维利伯爵的这一原理我是充分信服并且赞同的。

(1)用例证来注释

赌博(特别是赌钱)为什么如此地吸引人?如果不是过分地唯利是图的话,长时间地紧张思考以后,它就是最好的消遣和休息,而啥也不干则只能缓缓地消除疲劳,这是为什么呢?这是因为,这种赌博是一种担心和希望不断地交替的状态。赌博之后的晚饭胃口好,消化能力也更好。——为什么戏剧(无论是悲剧还是喜剧)如此有魅力?因为所有的戏剧中都夹杂着一些麻烦事,例如在希望和高兴之中掺和着担忧和困惑,所以相互冲突的激情活动在剧终时从内心深处将观众调动起来,从而提升了观众的生命力。——为什么由一个愚人来给一篇以婚礼结尾的爱情小说添加一个婚后生活的续篇(如在菲尔丁的小说中)就会令人反感和大倒胃口呢?这是因为在希望和高兴之中,嫉妒作为爱情的痛苦,在结婚以前是读者的调味剂,而在结婚以后则是毒药。因为用小说的语言来描述,"爱的痛苦的完结就是爱的完结"(非常明显,爱情和激情是有关联的)。——为什么劳动是享受生命的最佳方式?因为它是辛苦的事情(它本身是不快的,只有其成果才能引起欣赏),而唯有休息和消除了长时间的劳累,才变成可以感觉到的愉快和快活,否则它是没有什么可享受之处的。——烟草(无论是吸的还是嗅的)首先是和某种不快的感觉有关的,然而正是因为身体的性质(通过口鼻黏液的分泌)一下子就消除了这种痛苦,烟草(特别是用来吸的)就成了一种通过消遣和不断焕发新的感觉甚至于新的思想来进行社会交往的方式,即使那些新思想只是在天马行空。——最后,即使一个人没有一种积极的痛苦来刺激其活力,至少也常常会有一种消极的痛苦,也即感觉上的空虚即无聊来刺激他,从而使他感到与其被迫什么也不干,还不如去干些对自己有害的事。感觉的更替习惯于这种空虚无聊,因为他毕竟想寻求用感觉来充实自己的生命欲,从而在自身中知觉到他。

(2)无聊和消遣

所以,感受到自己的生命,觉得快乐,不外乎是感到自己不断地被驱使着从现在的状态中走出来(因而该状态一定也同样是一种经常复返的痛苦)。这也说明,对于所有注意其生命和时间的人(即有教养的人)而言①,无聊是一种压抑人的甚至是可怕的沉重负担。使我们离开所在状态的那一瞬间并过渡到下一瞬间的这种压力或者驱动力是加速度的,它可以一直增长到决意让他的生命得以终结,因为那穷奢极欲的人品味过各种方式的享受,对于他再也没有什么新鲜享受了。就像巴黎人谈及英国勋爵摩丹特时所说的:"这些英国人绞死自己是为了消磨时光。"心里头知觉到的感觉的空虚激发了似乎预感到一种缓慢的死亡的这么一种恐怖(空虚的恐怖),它被认为是比由命运去快速斩断生命之线更为痛苦。

  这也可以说明为什么用快乐来缩短时间也被看作是同一类事情,因为时间过得越快,我们就越觉得精神爽朗。比如在坐车旅行时,一次交流就让三个小时在谈话中快乐地度过了。在下车时,如果其中一人看看表,就会高兴地说:"不知不觉时间就过去了!"或者说:"时间过得真是快啊!"所以,如果人们对时间的注意并不是对他要竭力摆脱的痛苦的注意,而是对快乐的注意时,他当然也就会为每一刻钟的流逝而惋惜了。那种很少转换观念的交谈是无聊的,因此也是令人厌烦的;而一个搞笑的人即使不被视为一个重要人物,也被看作一个可爱的人物,只要他一进房间,所有的客人就都会满面生辉,就像从重压之下解放出来快活。

---

  ① 加勒比群岛的土著人因天生缺少生命活力而摆脱了这种负担,他能一小时接着一小时地带着鱼竿坐着啥也不钓。这种无思想性是因为缺少那总是和痛苦结伴而来的对活力的刺激,从而让他消除了痛苦。期刊读物使有高雅趣味的读者们总是保持着泛泛而读(一种懒散的方式)的好胃口,甚至是希求这样,不是为了提高教养而是为了享受,以至于读完了仍然是脑中空空,而不会担心会乏味。因为他们使忙碌中的懒散有一种工作的样子来聊以自欺,认为这时间浪费得值。实际上这种浪费一点也不会比《奢侈与时尚杂志》给读者带来的浪费还要值得。——原注

然而，一个人在一生中的绝大多数时间里都用无聊来折磨自己，以至于天天都是度日如年，在生命结束时却抱怨生命的短暂，这又该如何来解释呢？我们可以通过和一种相似的考察进行类比来找到其原因：为什么德国的里（不要误认为是正规的里或者带路碑的里，如俄里）离都城（如柏林）越近就越短，而越远（如在波莫瑞）就越长？这是因为，当看见的对象（如村庄和农舍）很充盈时，就在记忆中产生出走过了一段长距离因而也为此花费了更长时间的错觉；而在第二种情况下所见到的东西很贫乏，只留下了很少的记忆，因而就得出了路途更短而时间也比钟表所显示的更短的结论。同样，用各种变换不断的工作标志着整个生命的那些时期，其总体会为老年人激发起一种想象，感觉到所经历的生命时间比按年代计算来确定的更为长久。而为了实现一个伟大的理想去按部就班、一往无前的进行工作，结果就使时间得到充实（工作延长生命），这是使自己生活愉快且又满足于生活的唯一可靠的手段。"想得越多，做得越多，你就活得越长（即使是在你自己的想象中）。"生活就会以这么一种心满意足作为结束。

那么，生命期间的心满意足又是怎么样的呢？人是无法达到这种状态的，不管是在道德的观点上（由于为人正派而对自己满意）还是在实用的观点上（对他自认为是靠老练和聪明所获取的舒适而感到满意）都达不到。大自然在他身上投入了痛苦以刺激他的活力，让他摆脱不了这种痛苦，以便不断地向完善化推进。而且，即使在生命的最后时刻，对生活的最后一段时期的满足也只能说是相对的（一方面是因为我们将自己和他人的运气做比较，另一方面也是与自己做比较），但从来就不是纯粹的和完全的。在生活中变得（绝对地）心满意足，就会是一种一无所为的安息和内心冲动的平息，或者是感到与之相关的活力变得麻木。这样一种心满意足和人的智性生命却是如此地不能相生共处，就如同一颗动物体内的心脏停止了跳动，如果（通过痛苦）产生不出一种新的刺激就会不可避免地引起身体的死亡一样。

在这一专题中本来还应该谈及激情，即在人的心中破除对内在自由的束缚的那些愉快或不愉快的感情。不过因为它们常常和将在另外那个有关欲望能力的专题中谈到的情欲相混同，并且它们也确实和情欲有亲缘关系，所以我将在下一个专题中对其进行讨论。

安于现状虽然大多是一种气质特点，但也通常可以是因原则而导致的结果。比如其他人用来称呼伊壁鸠鲁，并因此而诽谤的享乐原则，本人该原则是指智者的永远快活的心情。一个既不让自己快乐，也不让自己忧伤的人是冷静的，他和那种对生活的偶发事件冷漠，因而情感迟钝的人是有根本区别的。和冷静不同的是性情乖张（最初它可能被称为脾气怪僻），这是一种令主体忽而高兴、忽而忧伤的倾向，主体本人也无法解释自己这种突发情绪的缘由，它尤其附着于疑病症患者的身上。这和诙谐的才能（如巴特勒或者施泰恩的）完全不同，后者是聪敏的头脑故意颠倒一下客体的位置（就像头足倒立一样），以狡黠的天真为听众或者读者带来对于他们自身处在正确地位的快乐。敏感性和冷静并不冲突，因为冷静是一种对于愉快和不愉快状态的兼收并容，或者不让它们阻碍心灵的能力和力量，因此它是能选择的。反之，多愁善感却是一种懦弱，即因为对那些似乎可随意玩弄感受者的感官的人产生同感，而让自己也不由自主地激动起来。前一种情况是男子汉的。一个男人如果要在女人或者小孩面前忍住自己的辛劳或者痛苦，那他就必须具备不根据自己的强壮而根据他人的懦弱来判断他人感觉所必需的细腻感情，而其感觉的细致也有必要变得宽阔大度，然而感情上虚泛的同感,即让自己的感情和其他人的感情产生交感的共鸣,它只会激起自己的难受而已,这是毫无意义的,也是傻气的。所以,能够而且应该有一种心情舒畅的虔诚,从而人们能够而且应该心情舒畅地去做那种繁重而又必要的工作,甚至心情舒畅地走向死亡,因为如果是带着极坏的心情和郁结的情绪去做或者忍受这一切的话,那就丧失了它们的价值了。

人们把痛苦当作某种自始就只能阻碍生命的事情,而提前为之焦虑不安。人们常说,某人对某事(一件坏事)心焦,但是人们不必为所有的事情心焦,因为一切无法改变的事情都必须从思想中清除出去,要想让发生了的事情不发生是毫无意义的。完善自己确实是对的,而且也是一种义务,然而,还想去完善那已超出自己能力范围的事情,这就是糊涂了。然而,将人们认为要下定决心去记住的任何好的建议或者教诲牢记在心,却是一种经认真考虑的思想倾向,也就是要把自己的意志和实现该意志的足够强烈的感情相结合。不将自己的信念在一种更好的生活态度上快速体现出来,而是作自我折磨的忏悔,这完全是白费力气。而且它还可能有一种恶劣的后果,即以为只要这样(悔罪)就可以把自己所造的罪孽清偿了,因而现在也就用不着再以理性的方式为完善自己而加倍地努力了。

有这样一种享乐的方式同时还是一种修养,即对自己享受这种快乐的能力加以进一步的扩展,例如用科学和美的艺术来享乐。但是另外还有一种方式却是损耗,它让我们将来继续享受的能力越来越差。但如果问人们用什么方法可以不断地去寻求快乐,那么如前面已讲过的,这里有一条主要准则,即应这样来分配自己的享乐,让它总还可以再进一步提高。因为对享乐的腻烦会导致人的恶心状态,对于一切都得以满足的人,这甚至会让生命成为负担,而且让女人们因气闷而憔悴。——年轻人!(我再重复一遍)你要热爱劳动,看轻享乐,不是为了舍弃享乐,而只是尽量把它们永久保持在视野中!不要过早地用享受来钝化对享乐的感受性啊!老年人,如果你从不埋怨缺少任何一种物质的享受,这样的一种成熟性甚至会在这一牺牲中为你承诺一个称心如意的资本,它既不依仗偶然,也不依赖自然法则。

然而,我们也用我们自身的某种更崇高的(即道德上的)喜欢和讨厌来对快乐和痛苦进行判断,看看我们是应该节制还是放纵。

① 对象可以是令人惬意的,但针对它的享乐却可以是令人讨厌的,因此有苦涩的高兴之说。一个人处在不愉快的幸运状态中,例如继承了父辈或者某个可敬且慈爱的亲属的遗产,会不可避免地对他们的去世感到高兴,但也不可避免地会对这种高兴感到愧疚。一位助理带着并非假装出来的悲痛为他所敬爱的前上司送葬时,心中产生的也正是这么一种情感。

② 对象可以是令人不快的,但它所产生的痛苦却可以是令人喜欢的,因此有甜蜜的痛苦之说。例如一位寡妇在成为遗孀的同时又成了富婆,她是不希望别人来安慰的,那通常会被看作是不切时际的装模作样。

反之,一个人在他潜心从事的事情上给自己争得了荣誉,如此得到的快乐还能够加倍地令人高兴,例如不是为了纯粹的感官享受,而是以美的艺术来消遣,并且同时还为自己(作为一个高雅的人)具备这么一种享乐能力而欣喜。同理,一个人在这种事情上的痛苦可以使他感到厌恶。一个受到侮辱的人的任何一种仇恨都是痛苦。但是,让一个思想深刻的人不能不自责的是,即使在得到赔礼道歉之后他仍然是一直保持着对人家的余恨。

人们自己(即合法地)挣来的享乐是被双重地感受到的,一是作为获得的好处,另外就是作为做出的贡献(即心里头将自己看作是这种享乐的制造者)。劳动挣来的钱所带来的快乐至少要比靠碰运气赢来的钱更为持久,而且,即使把运气所带来的普遍害处抛开不谈,从这种碰运气而得到的好处中,终究包含有让一个思想深刻的人不得不感到惭愧的东西。如果一件坏事是由一个意外原因造成的,那是令人痛苦的;但如果它是人们自己所引起的,则是令人悲哀和难过的。

然而,有些人对从其他人那儿遭受到的灾祸有两种不同的观点,比如一位受害者说:"只要我对此有一丁点儿过错,我也就无艾无怨了。"另一位受害者则说:"我对此完全是无辜的,这是我的慰藉。"那么,应该怎样来解释和统一这两种观点呢?无端受害是让人愤慨的,因为这是他人施加的伤害;因过错而受到损害是令人难过的,因为这是内心的自责。两者之中很容易看出,后者会是一个更好的人。

让自己的快乐因与他人的痛苦做比较而得到增长,同时又让自己的痛苦因与他人相类似的,甚至是更大的痛苦做比较而得到减缓,这正好是人类并不十分可爱的一种标志。但是这种作用仅仅是心理上的(根据对比原理:互相并列,使对比更明显),而和道德上的事无关,比如为了能够更真切地感受到自己的舒适状态而希望别人痛苦。人们凭借想象力而同情别人(例如当一个人看到另一个人在失去平衡快要摔倒时,他就情不自禁地突然向那边弯下身子,就像要把他扶起来一样),他只是高兴自己没有被牵扯到同一种命运中去。因此人们带着强烈的欲望跑去观看一个罪犯的游街示众和处死,就如同去看戏一样。这是因为呈现在那人脸上以及举止上的内心活动和感情引起了观望者的同感,并在他们恐惧之余,通过其想象力(其强度因气氛的隆重而愈发增强)留下了一种既温和又严肃的松弛感,这种松弛感使随之产生的生命享受变得更为突显了。

即使是将自己的痛苦和同样可能在自己身上产生的另一种痛苦做比较,一个人也会因此而更加能忍受住痛苦。对于折断了一条腿的人,如果人们告诉他本来这是要他的命的,那么就会让他更能忍受不幸。

最容易、最彻底地可以消除一切痛苦的手段是,人们或许可以让一个有理性的人产生这样一个念头:一般来说,生命在依存于碰运气的享受方面是完全没有价值的,唯有当它被用于指向某个目的时才有价值。这种价值是运气所带不来的,唯有智慧才能为人们创造出来,因而是其力所能及的。谁要是因担心价值的损失而忧愁不安,他就永远也不会生活快乐。

二、美的感情,即在反思的直观中掺和着感性和智性的愉快或鉴赏力

"口味"一词,如前所述,其本来含义是指某种感官(舌、腭和咽喉)的特点,它是由某些溶解在食物或者饮料中的物质用特殊方式刺激引起的。在运用这个词时既可以理解成只是口味的分辨力,同时又可以理解为合口味[如某种东西是甜的还是苦的,或者其味道(甜或苦)是不是令人惬心的]。前者可以在分类上达到普遍的一致,就像某物质可以被命名一样;后者却从来就得不出一个普遍适合的判断来断定能让我们感到惬心的(比如说苦味)也会让每个人都感到惬心。理由很简单:愉快或者不愉快并不属于有关客体的认识能力的范围,而是主体的认定,因而是不能授予给外在客体的。因此合口味同时也包含着通过喜欢或者讨厌来作出某种区分的概念,而这种区分是我在知觉或者想象中和一个客体的观念联

结在一起的。

但是口味一词现在也被视为一种感性的评价能力，即它不但是按照我个人的感官感觉，而且也是本着一种被想象为适用于所有人的确定的规则来进行选择的。这种规则可以是经验的，但在这一情形下，它既然不能要求有真正的普遍性，也就不能要求必然性（这必须要让其他任何人在合口味的东西上的判断和我相符才可）。例如德国人在吃饭时的口味规则是先喝汤，而英国人却是先吃饭，由于通过模仿而慢慢传播开去的一种习惯使它形成了一套吃饭的程序规则。

还有一种合口味的规则必须是先验地建立起来的，因为它表明必然性，从而也表明对每个人的有效性，似乎一个客体的观念可以和愉快或者不愉快的感情联系起来进行评价似的（因此在此理性是暗中参与活动的，尽管并不能从理性原则中推定出这一判断并以此给予证明）。我们似乎可以将这种口味称作幻想的口味（鉴赏），从而和作为感官口味的经验的口味区别开来（那是味觉的反射，但这却是反思）。

所有对于自己本人或自己的技能带有鉴赏的表现，都是以某种社会性的状态（相互传递）为前提的，该状态并不一直就是乐于交流的（即参与他人的愉快中），而起初大多是野蛮的、不爱交际的，仅仅是你抢我夺。在完全的孤独中没人美化或装饰自己的房子；即使他这样做也不是给自己家里人（妻子儿女）看，而是给外人看的，以显示自己的优越性。但在（选择性的）鉴赏中，即在审美判断力之中，这房子并不是直接的感觉（即客体观念的内质），而是像自由的（创设的）想象力通过创造所结合起来的那样是由于对它的喜悦之情而创造出来的形式。因为唯有这种形式才能为愉快的感情寻求一种普遍性的规则，而从那根据主体感官能力的差别可能是千差万别的感觉中,则是无法期待这样一种普遍性规则。所以我们可以对鉴赏力作出如下解释:"鉴赏力是指感性判断力作出普遍适用的选择的一种能力。"

所以鉴赏力就是在想象力中对外部客体作出社会性评价的能力。在这里,心灵在想象的(因而在感性的)活动中感受到自己的自由,因为自由的前提是和他人进行社会交往,而这样一种感情就是愉快。但是,这种愉快对每个人的普遍适用性使鉴赏力的(美的)选择和仅凭感官感觉(只是主观爱好)的选择,即惬心的选择,区分开了。它是含有某种规律的概念的选择,因为对各个评价者的爱好的适用性只有按照这个规律概念才会是普遍的。但对普遍的东西的表象能力却是知性,因此鉴赏判断被视为即是感性判断又是知性判断,但都是被视作结合于两者之中的(因而知性判断不被视为纯粹的)。由鉴赏力来评价一个对象,就是在想象力与知性的合规律性这两者的活动中判断它和自由是相符还是冲突,所以这一评价仅涉及对形式(各种感官表象的这种协调性)的审美评价,而不涉及其中知觉到形式的那个产物的产生。因为即使是天才,其汹涌澎湃的生气往往也需要用鉴赏力的准则来加以减缓和限制的。

美只属于鉴赏力的范围,崇高虽然也属于审美评价的一部分,但却不属于鉴赏力。不过崇高的观念本身却可以而且应该是美的,要不然它就是粗暴、野蛮和丑陋的。只要一个对象可能被审美地想象,即使它是忒尔西忒斯,恶或者丑的表现(如密尔顿的拟人化的死神形象)也可以而且必须是美的。否则的话这种表现不是引起乏味就是导致恶心,这两者都包含有驱逐那种被呈献给享受的观念。与此相反,美所具备的概念则指向和客体的最内在的和谐,即指向直接的享受。凡是可以被认为是让心灵达到和客体的最亲切的和谐这个目的的,人们就用"美的灵魂"来表述,因为灵魂的大小和灵魂的强度都和质料(即实现一定目的的手段)有关;灵魂的善(仁慈)却是这样一种纯形式,即所有目的在其中都必须能够和谐,因此这个包容所有目的的形式就像神话中的爱神厄洛斯一样,是原始创造性的,但也是超越凡尘的。不过,灵魂的善毕竟是一个焦点,在这一个焦点上,鉴赏判断集中了它所有和知性的自由相协调的对感性愉快的判断。

(1) 说明

然而,现代语言却主要运用一种只指引某一个感觉器官(口腔内部)及其对享用物的分辨和选择的表达方式来标示审美的评价能力(口味、滋味),这又是怎么回事呢?任何一种场合都不能够像一伙好朋友吃一顿美餐那样如此长久地在一次享受中维持住感性和知性的和谐并且如此经常地重复着那种兴致。在这里美餐只是作为社交娱乐的表现形式来看待的,此时东道主的感性鉴赏力是通过作出普遍适用的选择这种灵巧表现出来的,但他却不能通过自己独特的感官来做到这一点,因为也许每位客人都会根据自己的感觉去选择别的食物和饮料。所以,他就把他的宴席安排得丰富多彩,也即让每个人的感官都能找到相适合的东西,这就可以当作一种相对的普遍适用性。为了相互之间可以进行共同的消遣而对客人本身进行选择,这种灵巧(虽然也被称作为鉴赏,其实仅仅是在鉴赏方面运用的理性,是和鉴赏不同的)不能在这里对所提到的问题进行探讨。因此,由特殊感官产生的感官原本就可以给某种理想感觉,即一般地作出感性的普遍适用性选择的感觉命名。更加奇异的是,通过感官来验证某物对同一主体是不是一种享受客体(滋味)(而不是去验证该客体的选择是不是具有普遍性),甚至这种灵巧被用来给智慧命名[按:拉丁文"智慧"(sapientia)源自

"滋味"一词(sapor)],也许这是因为一个绝对必要的目的无需考虑与尝试,而好像是直接通过对身体有益的好滋味进入人的灵魂。

崇高是能在规模与程度上都激发起人的敬畏之感的(让人敬畏的伟大),人们被吸引着去靠近它(以便可以用自己的力量去估量它),但是当人们按照自己的估计和它作比较从而使人看上去微不足道时,它带来的恐惧又是具有震慑性的(如出现在我们头顶的惊雷,或一座险峻蛮芜的山岭)。此时人自身处在安全当中集结自己的力量来把握这种现象,同时又担心达不到它的量度,因而就激发出惊讶感(即通过不断战胜痛苦而产生的一种惬心的感情)。

崇高尽管和美是相对的,但并不是冲突的,因为奋力去把握(领悟)客体的努力和尝试,焕发了主体对其自身量度的和力量的感情;但这种感情的思想表象在描述或者展现时却能够而且必须永远是美的,否则惊讶感就会成为惊恐感,这和人们在评价时啧啧称奇的惊叹是完全不同的。

不符目的性的是所谓吓人的巨大。那些要歌颂俄罗斯帝国广袤辽阔的作家们感到为难的是将这辽阔称为吓人的巨大,因为此处有某种诘难之意,好像这个帝国对一个唯一的统治者而言是过分地庞大似的。喜欢荒诞离奇的人就是指,他有一种爱好,想让自己卷入到那些真实地叙述起来类似于一篇小说的事件中去。

虽然崇高不是一个鉴赏的客体,而是搅动情感的对象,但是在描述和修饰中(在其衍生物上,装饰上)艺术地展现这感情时,却能够而且应该是美的,否则它就是野蛮的、粗糙的和讨厌的,因此是和鉴赏相违背的。

(2)鉴赏具有一种从外部促进道德的倾向

鉴赏(似乎是形式上的感官)意在将自己的愉快或者不愉快的感情传递给其他人,并因为这种传递本身所激起的愉快而包含着这么一种感受性,即它和别人共同地(社会性地)感受到其中的欢乐(娱人而自乐)。这种欢乐不但能够看作是适用于感受主体,而且能够看作是适用于任何其他人,即视为普遍适用的。因为,它必须先验地包含有(这种欢乐的)必然性,从而包含它的一个原则,才能够认为是这么一种欢乐。它是按照那种必须来源于感受者的普遍立法,因而来源于理性的一般法则,从而在主体的愉快和任何其他人的感情协调时产生的。这也就是根据这种欢乐作出选择,在形式上是由义务原则支配的。所以说,理想的鉴赏具有一种从外部促进道德的倾向。让一个人在交际场合中举止文雅,尽管不能说这就完全等同于对他进行精神改善的(道德的)教育,但却通过在这种场合尽力博得他人的欢心(成为可爱的或者可赞赏的),从而为这种教育作了准备。人们也可以把这种方式下的鉴赏称作外部显示中的道德性,虽然这种表述从字面上来看包含有矛盾。文雅就是包含了精神完善的外表或者风度,在某种程度上甚至还包含了给予该精神改善的外表本身以某种价值倾向。

态度从容、举止得当、雍容大方、彬彬有礼(并且排斥粗野),这些还只是鉴赏的消极条件。这些想象力中的品质,其表象可以是对一个客体或者对进行鉴赏的人的自身的一种外部直觉的表象形式,但这只不过是对两种感官即听觉和视觉而言的。音乐与造型艺术(绘画、雕刻、建筑和园林艺术)要求鉴赏力接受一种只针对外在直观形式感受到的愉快,前者归于听觉,后者则属于视觉。然而,雄辩术和诗艺则是语言的表象形式通过口头语言或者书面语言而包含的能表现出鉴赏力的两种艺术。

(刘根华 黎琳 译)

论鉴赏

一、时髦的鉴赏

人的一种自然倾向就是在自己的行为举止中和某个更重要的人物进行比较（孩子和大人比较，较卑微的人和较显贵的人比较），并且模仿其行为方式。这种模仿只是为了表现出不比他人更卑微，更进一步则还想博得他人毫无用处的看重，这种模仿的法则就是时髦。由于在这种动机中没有内在的价值，因此时髦是要归属于虚荣的；同时因为它具有一种压力，迫使人们奴颜婢膝地一意跟随社会上许多人提供给我们的样板的引导，所以时髦同时又归属于愚蠢。入时是件很具有鉴赏性的事情；不入时而束缚于一种旧习惯的人被称为抱残守缺，在不入时的事情上投入自己全部热情的人，人们认为他是一个古怪的人。然而，如果人们一般性地想用"呆子"这一严厉的称呼来评判那种虚荣的话，那么做一个入时的"呆子"总是要比做一个不入时的"呆子"强。但是，如果为了那种虚荣而丧失了真实的利益，甚至丧失了职责，这种对时髦的追求倒也确实配得上"呆子"这一称号了。不言而喻，所有的时髦已经是一种变幻无常的生活方式，因为模仿的活动一旦固定下来，那就成为一种习惯了，因此也就不再被视为鉴赏。新奇性是时髦讨人喜爱之处，而且在各种不同的外部形式中富有创造性，即使这些形式常常变为荒诞离奇和有些丑陋的东西,这也是高雅之士的风尚,尤其是那些妇女的风尚。接着,其他人对这些人亦步亦趋,而在这些人已经把那些形式丢弃了的时候,其他人仍然在卑贱的状态下背负着那些形式跟跑而行。如此看来,时髦归根结底不是件鉴赏的事情(因为它可以是极端地反鉴赏的),而主要和纯粹虚荣有关,这是一种相互之间用来争强好胜的(那些宫廷风雅之士,又叫作花花公子的,是一些轻佻的家伙)。

壮观可以和真正的、理想的鉴赏力相联接,因而可以和某种本身就美的庄严(如壮丽的星空或者罗马的圣彼得大教堂,如果这听起来不显得太细碎的话)相联接。而浮夸地展现在眼前的华丽,尽管也能和鉴赏力联接起来,但对鉴赏力并非不予拒绝的,因为华丽是为了逢迎大多数群众的,包括许多愚劣之徒在内,他们迟钝的鉴赏力与要求评价能力相比更多的是要求感官的感受。

二、论艺术鉴赏

在这里我只援用语言艺术即雄辩术和诗艺来进行考察,因为它们指向的是心灵的某种情绪,这样就直接激起了心灵的活力,因而语言艺术在应用人类学中有其地位,在这里,人企图按照人从自身可以作出的东西来了解人。

人们把用理念倾注生气的心灵原则叫作精神。鉴赏力是对在想象中联接庞杂的形式进行纯粹示范性评价的能力,而精神则是为这种先天想象力的形式提供基本范式的创造性的理性能力。精神与鉴赏力,前者是为了构建理念;而后者是为了那些和创造的想象力的法则相符合的形式而要抑制这些理念,以便将它们原创性地(而非模仿性地)塑造出来。一件用精神和鉴赏力创作的产品无论它是借助眼睛还是耳朵直接对感官展示出来,一般都可以称其为诗,而且是一件美的艺术的作品;美的艺术也可以称作诗艺(即拉丁语意义上的诗),而不管它是绘画、园艺、建筑艺术,还是音响和押韵的艺术(即严格意义上的诗)。但是相对雄辩术来说的诗艺,却只是根据知性和感性相互从属的关系如何来和雄辩术区分开来的。因此,诗艺是由知性规范的一种感性的游戏,而雄辩术则是因感性而变得生动的一件知性的工作。但是演说家和诗人(在广义上)两者都是作家,而且都是从自己本身中通过想象力创造出新的形象(即对感性事物的新的组合)。①

由于诗人的天赋是一种艺术技巧,并且是和鉴赏力相联系的、针对着美的艺术的才能,而美的艺术却部分地内含着欺骗的目的(尽管是甜蜜的,通常也是间接有益的欺骗),因而无法避免让这种欺骗在生活中有着不大的(即使常常是有害的)应用。所以对于诗人的个性,甚至于对其职业给他和别人产生的影响以及该如何评价,倒也许值得提一些问题和解释。

诗在美的(语言)艺术中所获得的评价往往比目的相同的雄辩术要高,因为诗总有乐感(可以吟唱),是一种本身就已令人感到惬心的声音,即音调,它和纯粹的语言不一样。甚至雄辩术也从诗那儿引用一种和音调相近的声音,即重音;没有它,演讲在平和与激昂之间就缺少必要的顿挫。但诗还不只是获得了超越了雄辩术的评价,而且所获得的评价还超过了其他各种美的艺术,它高于绘

---

① 美的艺术对诗人提出的首要要求就是新颖地展现一个概念,即使这概念本身并不一定是新颖的。但对知性而言(不讨论鉴赏力),人们用下述说法表示新的知觉对我们知识的扩展:发现某物,即首次知道已经存在的东西,如美洲磁石指向北极的磁力和电气;发明某物(使未曾有过的东西变成现实),如罗盘和氢气球;找到事物,即失去了的东西通过寻找而重新发现;想出和设计出某物,如手工工具和机器;虚构,即有意识地将不真实的东西当成真的来想象,如那种仅仅是为了消遣的小说。但是一种假充为真实的虚构却是欺骗。——原注

画(雕刻也在此列),甚至高于音乐,因为音乐仅仅是作为服务于诗的载体才成了美的艺术(不只是惬心的艺术)。甚至在诗人中也不像在音乐家之中有那么多浅薄的(不适于工作的)头脑,因为诗人还要用知性说话,而音乐家却只用感官说话。一首好诗是将生气注入心灵之中的最深入人心的手段。然而,不但对于诗人,而且对于每个从事美的艺术的人来说,他们都必须具备这方面的天赋,可以不凭借勤奋与模仿而达到这一步;同时艺术家要让其事情成功,还要有一种突临的好兴致,好像是刹那间的灵感(因此他也被称作vates)[按:vates 为希腊神话中命运三女神之一。]因为,一切循规蹈矩所做的事情,其结果都是枯燥无味的(没有创见的),而一件美的艺术作品却不仅要有可构建于模仿上的鉴赏力,而且还要有思想的独创性。这种独创性在其从自身中鼓动起来时就称为精神。手拿画笔或鹅毛笔(它也可以用于写散文或诗)的自然画家并非美的精神,因为他只是模仿;唯有意念画家才是美的艺术的大师。

人们通常把诗人理解为构想诗行的人,即构想一种抑扬顿挫的语言(如音乐般有节奏地说话)的人,诗人以一种庄严的态度在制作着一件美的艺术品,这种庄严(依其形式)一定能满足最精致的鉴赏力,除非这件艺术品不美。但因为这种庄严被最频繁地用于满足高雅的美的表现,所以如果没有诗行,这类装模作样的庄严就被(照胡果·布莱尔的说法)称作为"不堪忍受的散文"了。另一方面,如果拼凑的诗行缺乏精神的话,那它也不是诗行。

在欧洲近代诗人们在诗行中把音韵和思想内容很巧妙地结合起来,它成了我们的鉴赏力竭力追求的东西。但是,为什么这种音韵和古代的诗相违背、相冲突,以至于德国无韵诗很少让人喜欢而使诗人维吉尔的一首押韵诗则更是不能令人满意呢?其原因则在于，诗体学对于古代的古典诗人而言已经确立起来了，但新的语言大多还缺少这种诗体学。因此，通过音调相同来使一行诗和上一行诗联系起来的韵就弥补了听觉在这方面的缺失。在一篇散文式的贺词中，偶尔插入其他句子之间的一句韵文就会变得可笑。

在写作中，演说家偶尔会违背语法，诗人会有自由的发挥，那是因为诗人在表达一种崇高的思想时，有时不能完全受形式法则过于严格的限制。

平庸的诗令人不堪入耳，而平庸的演讲有时人们却还可以勉强忍受，那是因为，音调的庄严在任何一首诗中都激起一种很高的期望，而正是由于该期望得不到满足，它通常就比这一作品本来也许能获得的散文价值损失更为惨重。如果一首诗用一句警句保留下来作结尾，那就会产生令人回味的快乐，并因此而让有些平淡的东西重焕光彩。因此这也是诗人的一种技巧。

诗才到了老年就枯竭了，但在一段时间里，一个有学问的头脑仍然一直在科学知识上表现出良好的健康和做事的魄力，可能这是因为美是一朵花，而科学却是果实。也就是说，诗必须是一种自由的艺术，它因事物的繁杂多样而要求迅捷，但到了老年这种敏捷的感官却衰退了（而这是正常的），因为以前的习惯只有在一条相同的科学道路上前进时才能保持迅捷性。因此，诗要求每件作品都具有独创性和新颖性（而这就要求灵活性），但这正是老年人所无法很好地适应的，除非是在那些尖刻的笑话故事、箴言诗和讽刺短诗中，但此处的诗也要比游戏更严肃。

诗人不能带来像律师和其他职业学者所产生的那种幸福，其原因已经包含在通常要求天才诗人应具备的那种天赋气质中，即通过思想的无所拘束的活动来消除忧闷。但（诗人）个性方面的特点,即没有个性,而只有喜怒无常。性情古怪,不守信用(并非恶意的),把自己并不仇恨的人当作敌人,刻薄地戏弄自己的朋友却并不想给他带来痛苦——这些特点的原因是在于某种部分天生的素质,即统治着实践的判断力的癫魔的机智。

(刘根华　黎琳　译)

论奢侈

奢侈是指在公共活动方面或带有某种鉴赏的社交生活方面的豪华过度,因而鉴赏力是和这种过于豪华的享受相背离的。但是如果这种奢华没有鉴赏,那就是公开的放纵了。当我们考察享受的两种不同结果时,奢侈就是一种不必要的浪费,它招致贫穷;但放纵却是一种引发疾病的浪费。前者倒还可以和民族的进步文明(在艺术和科学中)相一致;后者却是专一地享受,并最终导致令人可怕的恶果。这两者所具有的浮夸性(它们只具有表面的光彩)与自身的享乐性相比都要多,前者是因为为了理想的鉴赏力而精心讲究(如在舞会上和剧场里);而后者是由于口味在感官上的多样性(肉体感官方面的,如一次贵族排场的盛宴)。政府是否有权运用反浪费法来对其加以限制的问题,没有必要在此给予回答,然而,不是完全用于驯化人民以便能更好地进行统治的美的艺术和惬心的艺术,却会因简单粗暴的干预而产生和政府意图正相违背的效果。

好的生活方式是豪华和社交活动(因而是带有鉴赏的)相适宜的生活。所以说,奢侈损害了好的生活方式,而有钱人或上等人所讲的"他懂得生活",则意味着富有远见,因为在社交享受中用清醒的(有节制的)头脑精明地进行选择,使享受在两方面都得到裨益。

由此可见，奢侈归根结底不能归咎于家庭生活，而只能归咎于公共生活，所以在国家公民和公共活动的关系中，在那种必要时宁愿受损失也要先美化自己或自己的事物来竞争的问题上（如在节日、婚礼、葬礼等直到日常交往的良好风度中），简直是不应该用禁止奢侈的法律来限制的，因为奢侈毕竟形成了有利于艺术繁荣的条件，从而将那些准备在公共活动上浪费掉的这笔开销又归还给公共活动了。

（刘根华　黎琳　译）

欲求、情欲和激情[①]

欲求是主体通过有关某种自身力量的未来结果的观念来对自身力量的自我决断。感性的欲求是意向。人们有了欲求但还没用力量来创造它时，称为希望。有希望，但主体感到自己没有能力得到它时，希望就是一种虚幻的（无用的）。能够将欲求立刻变为欲望者的追求的叫作企望。对象还没确定，而只是促使人们走出目前的状态，且不知道到底要走向何处的那种欲求（茫然的追求），则可称之为飘忽不定的希望（因为很难说人们可以获得它）。

情欲就是用主体的理性很难或者根本不能克服的意向。反之，则是激情，它是思考（关于我们应当放纵还是拒绝这种感情的理性观念）还没有在主体中得以正常恢复时所形成的愉快或不愉快的感情。

虽然受激情和情欲的支配总是人的一种心灵的病态，因为两者都排除了理性的控制，两者在程度上都是同样的强烈，但是论及其性质，不管在预防措施上，还是在精神病医生将会采取的治疗措施上，两者根本就互不相同。

激情是心灵丧失自制而来的那种感觉的突袭，因而是冲动的，

[①] 选译自康德《实用人类学》，标题为译者所加。——译者注

也是它使感情的发展得到迅速的膨胀，以至根本无法思考的程度（它是不审慎的）。健全的知性，则能在不减弱内心冲动的强度下，采取自控的态度。头脑清醒的人所具备的这种品质，是不让那种强烈的冲动去打扰自己冷静地思考。被愤怒的激情，在当时要求人们立即去做的事，其实冷静下来后人是不会再去做的，并且很容易就忘掉它。仇恨的情欲却为自己寻找机会，站稳脚跟以便窥探对手。一位父亲或者教师，只要他听完了道歉（而不是辩解）而当时又忍住了火气，那他就不会再进行处罚。如果你能做到迫使一个满怀怒气闯入你的房间，在暴怒中对你出口不恭的人能够规矩地坐下来，那么他的责怪就已经和缓下来了，因为从容地坐下来说是一种松弛，它和横眉瞪眼的表情以及站着叫喊是不相容的。反之，情欲（作为属于欲望能力的心绪）尽管为了达到其目的同样是强烈的，但它是可以拖延时间的，也是带有思考的。激情的作用就像冲毁堤岸的阵阵波涛，而情欲的作用则像一条越来越深的河流；在对身体的影响方面，激情就像一次中风，情欲则好似一场肺结核或黄萎病；激情好比一觉可以睡醒的昏醉，尽管还有伴随而至的头痛，而情欲则看起来像是喝了毒药的病状或畸形的样子，需要内科的或外科的精神病医生，但这医生大多开不出药来根治它，几乎总是只能开镇静止痛剂。

在有很多激情的场合，情欲通常是很少的，比如法国人因其性格活泼而情绪多变。和这相对照的是意大利人和西班牙人（还有印度人和中国人），他们心怀怨恨图谋着复仇，或在爱情上坚定不移到癫狂的程度。激情是坦诚相见的，相反，情欲却是恶毒而隐秘的。中国人指责英国人暴躁易怒"就像鞑靼人一样"，而英国人指责中国人是十足的（但不动声色的）骗子，他们不让这种指责在自己的情欲中产生任何干扰。激情犹如酒醉酣然，情欲则可视为一

欲求、情欲和激情 | 025

种癫狂,它固守着一个观念,使其越来越深地在心中盘驻。爱一个人或许还能够同时保持正常的视觉,但迷恋一个人却对所爱的对象的缺点不可避免地熟视无睹,尽管一般在婚后一个星期之后,这个对象就让他重新恢复了视觉。时常被像谵妄症一样的激情侵扰的人,即使该激情是良性的,他也和一个精神失常的人相似。不过,因为很快这又让他感到懊悔,所以这只是一种被叫作不审慎的突然发作。有的人可能甚至希望自己能够时常地冲动,苏格拉底就曾经以为冲动也许对人偶尔也有益处,但人所具有的控制力的作用,可以使人冷静下来考虑,是该冲动还是不该冲动,似乎这总有些自相矛盾之处。相反,没有人希望有情欲,因为假如人能够自由的话,谁还愿意将自己束缚在锁链之中呢?

(黎琳　刘根华　译)

论激情

一、心灵在激情上的控制力

作为智者就必须控制自己的情绪,即使自己最好的朋友遇到不幸也无动于衷,这是斯多葛学派的一个极为正确而崇高的道德原则,也就是不动心原则。激情往往会或多或少使人盲目。大自然将这种激情植入我们的心灵,是大自然的智慧,它使我们在理性还没达到足够坚强之前,暂时地进行约束,即在内心向善的道德冲动上再加上鲜活的生理(感性)刺激的冲动,以作为理性的临时替代物。但是,激情就其自身来说任何时候都是不聪明的,它使自己没有能力去追求自己的目的,因此,有意在心中产生出激情来是不明智的。但理性却仍然可以在道德(善的)观念中,通过将理性的理念和从属于它的直观(例证)相联结,产生出意志的某种活跃(在向群众、甚至向自己内心进行宗教乃至政治的演说时),于是理性就可以作为激情的原因而不是作为其结果来给善的行为注入生气,同时理性却仍然一直在施行着约束,并表现出一种向善的热忱,只不过这种热忱毕竟还是只能属于欲望能力,而不能视为一种更强烈的感性的感情,即激情。

如前所述,在足够坚强的灵魂中的某种不动心的天赋,这是令人称道的淡泊(在道德意志上的)。具有这种天赋的人虽然还并不只是因此而成为一个智者,但却天生具有比其他人更容易成为智者的优越性。

一般来说,问题并不在于产生激情状态的某种特定感情过于强烈,而在于缺乏将这种感情和他所有的感情(愉快的或不愉快的)作比较。比如某一个富家的仆人在节日里端盘子时笨拙地打破了一只漂亮而珍贵的高脚玻璃杯他会顿时感到十分的痛苦,但如果他可以在这瞬间把这一种损失和他富有的主人所带给他的一切快乐作比较,他就不会把这一差错当回事了。但是如果他完全放任自己在这一个别事故上的痛苦感情(而不在思想上很快作出那种比较),他因而产生出好象他整个的幸福都失去了似的这么一种心情,那就一点也不奇怪了。

二、各种激情本身

促使主体停留原状的感情是惬心的,而推动他离开原状的感情则是不快的。当这与意识相联系时,前者即是快乐,后者即是烦恼。作为激情,前者即是高兴;后者即是悲伤。放纵的高兴,它不主张通过以某种忧虑来缓和这种兴奋感。沉浸于悲伤的,即悲痛不已的,又不主张通过某种希望来减轻痛苦,但上述两者都是对生命有害的激情。人们从死亡登记册上发现,与后者相比,更多的人是由于前一种情况而突然死去的。因为,作为一种激情,因意外地展现出一个无限幸福的前景而产生的希望,从而使心灵完全沉浸在里面,以至于这种激情一直增长到令人窒息的程度;相反,在后一种情况下心灵自然而然地总得用希望和那不断产生恐惧的悲痛进行抗争,因此只是慢慢地死亡。

惊恐是突然激发的恐惧,它使心灵失去镇静。和惊恐相似的是骇异,即令人惊讶(但还没有惊愕),并唤起心灵集中思考。它是对惊奇感(这种惊奇感本身就已包含有思考)的激发。在经验中这是不大容易遇到的,但使习以为常的东西化为令人惊讶的来加以表现,这却是艺术的范围。震怒是一种惊恐,它立即激起力量和与灾难作斗争的勇气。以一种还没有确定的灾难相威胁的对象所引发的恐惧就是忧惧。可能是出于某忧惧但又并不确知某个具体对象的就是一种纯粹出自主观原因(一种病态)的不安。因为担心某位在场的人物的蔑视所感到的畏怯就是羞怯,这本身也是一种激情。在其他情况下,一个人在那个令他感到羞怯的人不在场时也可以感到羞怯,不过这已经不是激情;而是像悲痛那样的一种情欲,即持续而突然地用蔑视来自己折磨自己。然而作为激情的羞怯却必须是突发的。

通常认为,激情是病态的偶发现象(症状),并且(根据布朗的体系)可以将其划分为出于精壮的亢进性的激情和出于虚弱的衰萎性的激情。前者具有兴奋作用,但也往往因此而具有耗费精力的特征;后者具有松弛生命力的作用,但也往往因此而具有为恢复作准备的特征。激动时的狂笑是一种带有痉挛状态的表现。哭泣伴随着因某种无力的愤怒而产生的瘫软感觉,这种愤怒是对命运,或者对其他人以及从他们那里所遭受的伤害而激起的,这种瘫软感觉是悲伤的。但由于笑和哭都是经由发泄作用而从生命力的障碍中解放出来(因此当人们笑得精疲力竭时甚至会流出眼泪),因而这两者都可以使人的心情开朗起来。笑是男子汉的,哭则是妇人家的(男子爱哭则是女人气的表现)。唯有突如其来的眼泪,也即出于对他人苦难的虽然高尚但无能为力的同情之泪,才可能使一个男子的心理发生变化。眼泪在他眼眶中闪动,却不让它们掉下来,更不能让它们伴有抽噎而奏出这样一种讨厌的音乐来。

(1) 恐惧和勇敢

忧虑、胆怯、恐怖和惊骇是恐惧的不同程度的表现,它们是排斥危险的一种方法。心灵经过思考而镇静地去承受危险就是勇敢。内在感官的坚强不容易因危险而陷入恐惧就称为无畏。缺乏勇敢是怯懦①,缺乏无畏是胆怯。

有胆量的人是不惊惶的人,有勇气的人是考虑到危险而不退却的人;在危险中仍然保持他的勇气的人是勇敢者;轻率的人则是鲁莽冒失的,他敢于去冒险,是因为他不知道存在危险。胆大的人是知道危险而敢于去冒险的人;在明显不可能达到目的,还一味去冒最大的风险的(如查理十二在本德尔),这是胆大无边。土耳其人把他们的勇士(也许是用鸦片造成的)称作亡命徒。而怯懦则是不名誉的气馁(沮丧)。

惊惶与胆怯不同,它不是一种习惯性的行为,而是一种偶然行为的状态,且大多是出于身体上的原因。在一个突然的危险出现时,不够镇定,就会产生惊慌。当一位统帅穿着睡衣匆忙之间获悉敌人已经逼近,他身上的血液霎时凝在心房里;胃中有酸水,他的医生会因此而视其为胆小怯懦的人。然而,胆量仅仅是一种气质特点,而勇气则是建立在原则之上,并且是一种美德。因此,理性可以给予一个坚毅的人连大自然有时也拒绝给他的力量。战斗中的惊慌甚至会产生出有益的排便,这产生了一个讽刺性的习语(心脏落到裤裆里)。但是请注意,在发出战斗命令时慌忙跑进厕所的那些水手,后来在战斗中却是勇敢的。甚至在苍鹭准备与飞临上空的猎鹰搏斗的时候,人们也会发现相同的情形。

---

① 懦夫(Poltron)一词[由 Pollex truncatus(切去大拇指)而来]在晚期拉丁语中是以 murcus 一词出现的,它是指那种砍去大拇指使自己不能去从军打仗的人。——原注

因此，忍耐也并不就是勇敢。忍耐是女人的美德，因为它不运用力量进行反抗，而是希望用忍耐来掩盖他们的受苦。在外科手术刀底下或在痛风病和胆结石发作时叫喊的人，这种情况下他并不是怯懦或者软弱，而是自然本能在这种发泄中尽力通过喊叫把堵在心头的血液分散开来，这就好像人们走路时踢在一块横挡着的石头上（用大脚趾，从这里产生了"起幻觉"一词）一样，此时他的咒骂只是一种愤怒的发泄而已。但美洲的印第安人却表现出一种特别的忍耐心，在被包围了的时候，他们扔了手中的武器，静静地任人宰杀，却不请求饶恕。这与在这种情况下的欧洲人不同，他们一直抵抗到最后一个人为止。但我并不认为那是印第安人的勇敢，而是野蛮人的一种虚荣。据说他们的敌人不能强迫他们用啼哭和叹息来证明其屈服，如此就保全了他们种族的荣誉。

但也可以通过理性来唤起作为激情的勇气，虽然作为激情的勇气是属于感性范畴的。由理性唤起的激情是一种具有道德的力量，也是一种真正的勇敢。用挖苦和风趣能让讽刺的嘲笑变得尖刻，但对于值得尊敬的东西也就正因此而变得更加危险。不为之所吓倒而坚定地沿着自己的道路前进是一种道德的勇气，这是许多在战场上或者决斗中被证明是勇敢的人所不具备的。义务要求人敢于冒遭人嘲笑的风险，这也是一种更高级的勇敢，它属于坚毅性的范畴。重荣誉是经常与道德同行的，而那种在平时有足够的冷静来对付暴力的人，如果以嘲笑来拒绝他对荣誉的要求，则很少有人感到自己受得了这种嘲笑。

装出一副勇敢相使其不失身份，跻身于其他受尊敬的人之中，那是虚张声势。反之，对于他人轻视自己而感到某种胆怯和恐慌，这就是自惭形秽。自惭形秽可以说还是真实地反映了自身，而虚张声势①却给人造成一种假象,似乎他不在乎别人对他的评价。这种态度就是狂妄无知,肆行无忌,说温和些也是不谦虚,因此不属于一般意义上的勇敢一词的范畴。

自杀是以勇敢还是都以沮丧为前提,这只是一个心理学问题而不是一个道德问题。如果他这样做只是为了避免不名誉地活着,即通过自杀来谢罪,那么他就看上去是勇敢的;但如果是由于在忍受那慢慢费尽所有忍耐力的悲伤时失去了耐心,那就是一种沮丧了。当一个人不再热爱生命,面对死亡他无所惧怕,当然他会表现出一种英雄主义。但假如他就是害怕死亡,总也无法停止去热爱任何一种条件下的生命,从而他必定这时会因胆怯而造成一种心灵的纷扰,他为这种心灵的纷扰所迫才跨出自杀这一步,那他就是因怯懦而死的,因为他再也承受不了生活的折磨。在某种程度上实施自杀的方式提供了识别这种内心情绪的不同之处。如果为此所选择的手段是突然致死且无获救的可能;如用手枪自杀或者用烈性升汞自杀(如一位伟大的国王为防备在战争中被俘而随身带着这种东西),或者是在口袋里装满石头跳进深水,那么这种自杀者的勇气是不容置疑的。但如果是用上吊绳,但又被人剪断了,或服用普通毒药,而医生又从他体内清除了,或者割断喉管,却又被重新缝上并治愈了,这样的自杀者一旦被救活,通常甚至会感到高兴,且永无下例——那么,这就是由于软弱和怯懦而造成的绝望,而不是那种壮烈的绝望。不过后者在采取这样的行动时还是

---

① 这个词原应写作 Dräustigkeit[源于 Dräuen 或 Drohen(恐吓)],而不应写成 Dreistigkeit,因为这样的人的风度乃至表情都让人担心他也许真是粗鲁的人。同理,人们也把轻佻的(liederlich)写成放荡的(lüderlich),但前者是指粗糙任性的人,另外他还有用处和心地善良;后者却是指下流的人,他让所有人讨厌[出自 luder(无耻之徒)一词]。——原注

要有镇静的力量的。

并不是唯有那些下流的渺小的灵魂才决定用这样的方式摆脱生命之重负的。人们倒是不必轻易地在这种行为上为那些不知真正的荣誉为何物的人担忧。然而,由于这种行为总归是非常令人恐惧的,并且一个人会因此而使自己变得可鄙,所以毕竟有这么一种情况值得人们注意,即在公开宣布不公平为合法的某种革命状态时期(例如在法兰西共和国的福利委员会时期),一些看重荣誉的人(如罗兰)在被依法处决之前曾经力图自杀。假如是在立宪时期,他们原本会把这种自杀甚至视为下流。其原因就在于,在所有的依法处决中因它是一种惩罚而都带有某种侮辱性;但如果这是不公平的,那么法律的牺牲者可以不把这一惩罚看作是应得的。他是这样表达这种意思的:假如他难免一死,那么他宁可像一自由人那样选择自己去死。所以,即使是暴君(如尼禄)也宣布允许罪犯自杀,因为作为一种恩准,这就会有更多的荣誉。——但我并不想为这种德行辩护。

军人的勇敢和决斗者的勇敢更是有本质上的不同。如果政府对此类决斗是予以默认了,且把这看作荣誉损害时的一种正当防卫,可这种正当防卫并没有得到法律的公开承认。给决斗施以宽容,这是一个不会得到国家元首真正庇护的可怕原则,因为也有那么一些轻薄之徒,根本不是为了国家利益而干那些对自己有危险的事,而只是为了获得某种尊重而拿自己的生命当儿戏。

英勇是合乎法律的勇敢,即在职责所要求的事情上即使失去生命也决不吝惜。它不只与毫不畏惧有关,还要与道德上的无可指责(问心无愧)相联系,就好像骑士贝阿德所表现的那样(坦荡无畏的骑士)。

（2）使自身在目的上被削弱的激情

愤怒和羞怯的激情具有使自己在其目的上变得软弱的特点。这是因某种恶意的伤害而突然引发的感情，但这些感情却又因为过于强烈而丧失了这种击退伤害的能力。

在强烈的愤怒中，有的人脸色发白，有的则脸色发红，他们使人们担心的程度是不同的。前者，在当时让人害怕；后者则是复仇欲，大多事后令人担心。在前一种情形下，失去自控的人是害怕自己一时冲动忍不住要使用暴力，尔后却为此悔恨；在后一种情形下，惊恐忽然间就转化成了恐惧，怕自己的无能力自卫在意识中会明显地看得出。如果这两种人能迅速地让心灵镇定下来并让自己愉快起来，那么对健康并无损害，否则，他们有的甚至会有生命危险，有的即使把自己的发作压下去了也会留下一种仇恨，即留下一种没有对侮辱采取行动的屈辱感。但是只要他有说话的余地，就可以避免这种侮辱。不过如此一来，这两种激情就都具有一种让人说不出话来的性质，从而显示出一种有害身体的印象。

暴怒这一弱点也许还可以通过心灵的内在约束来改掉，但是羞怯中的过于细致的荣誉感，人们要加以改正就很难，比如，休谟就有这个毛病，据他说，他本人在公开场合不善言辞，人们如果首次的虚张声势时受到了挫折，这会使他产生害羞感。对此别无他法，唯有先让自己和那些很少有人介意他们的品头评足的人交往，逐渐脱离认为他人对我的判断是重要的这一成见，从而站在和他人平等的立场在内心估量自己。如此养成的习惯就形成了坦率的品质，这种品质就是要摆脱做人的自惭形秽和虚张声势。

虽然我们对他人具有羞耻的痛苦表示同情，却不对他人的愤怒表示同情。当一个人在愤怒的激情中给我们讲述那种造成痛苦的刺激时，听他讲述（关于他所受的侮辱）的人本身在处于这种状态的人的面前本身就是不安全的。

惊奇即对意外之事一时表现的手足无措,它是一种感情上的兴奋,它会阻碍一时的正常的思维活动,但接着思想之流就开始活动了,并提升到意外的表象上,因而是惬心的。但严格来说,惊异仅仅是指这么一种激情,即此刻我们根本不能确定某种知觉是在醒着还是在梦中发生的。一个初生婴儿对一切都感到惊奇,一个人一旦通过多方面的经验了解了各事物的过程,他就将对一切都不感到惊奇,并把处事不惊视作自己的基本准则了(不惊叹任何事物)。反之,一个人用研究的方法在大自然的巨大的多样性中深思细想,如此去追寻自然的秩序就会在一种他未曾料到的智慧面前陷入惊异,即一种不由自主的赞叹(惊叹不已)。但是这么一种激情唯有通过理性才能唤起,它是看着在自己面前显现出超感性事物的深刻内涵,而感到的那种神圣的威慑力。

(3) 大自然用来机械地促进健康的激情

大自然通过有些激情来机械地促进健康,其中笑和哭尤为特别。假如人们由于愤怒而痛骂,这是一种相当可靠的有助消解的手段,而且有些主妇只是要对小孩和奴仆大声呵斥,内心并无别的动机,同时,当孩子和仆人表现得只知道忍从时,某种生命力的愉悦的倦乏就一成不变地扩散到她的机体中去;但是这种手段毕竟并非没有危险,因为有可能会引起家庭成员的反抗。

善意的笑不同于那种带有愤恨的恶意的笑,它是令人高兴的同时也对人体健康是有益的。这其实正是人们应该向那位悬赏"发明一种新的享乐"的波斯国王推荐的东西。笑的时候(好像痉挛一样)发出一阵阵的呼气动作(打喷嚏的呼吸动作在任其自然地震响时,有一种更小但也更能增进生命的作用),通过横膈膜有益于健康的运动来增强生命感。此时也许像雇用了一位让我们开怀的滑稽演员(丑角),或者是朋友当中一个不知恼怒为何物的爱出鬼点子作弄人的家伙,他"满脸的假正经",不跟着大家一起笑,而是带着装出来的天真突然解开一个扣人心扉的包袱(就像松开一根紧绷的弦)。所以笑总是那些帮助消化的肌肉在颤动,它就像医生的智慧所做的那样大为促进和改善消化。甚至在判断力的失误中,一种极端的傻气(但却是被看作是很聪明的人所为)也能产生相同的效果。①

哭是一种伴随着抽噎而(痉挛性地)产生的吸气动作,在它流泪同时,同样也是大自然为了健康而事先安排好的镇静剂。正如人们所说的,一个失去丈夫的女人,不想让自己得到安慰,也即不想有意识地克制眼泪的涌流,那么她就顾及了自己的健康,即使她并不知道甚至根本没有想过这样做。如果在这种状态下掺入了一种愤怒,那么它将立即制止住这种流泪,而这对健康是有害的。流泪并非总是悲伤,其中也有愤怒。由于在一阵强烈的激情中(不论是愤怒还是悲伤),一个女人或者孩子对于灾难感到软弱无力,因此就唤起外部的帮助,使男子汉们为之感动。不过这种作为女性缺点的软弱体现,虽然不能让一个有同情心的男子感动到陪着去哭,但却可以感动得热泪盈眶。因为在前一种情况下他就亵慢了

---

① 可以举出很多后面这种例子。但我只想举一个我从一位已故的冯·K·G伯爵夫人口中听到的例子,这位女士是女性中的精英,当时在波兰执行筹建马耳他骑士团的任务(受奥斯特罗格委派)的查格拉莫佐伯爵曾拜访过她。刚好有一位出生于哥尼斯堡,但因为一些富商的业余爱好而在汉堡被雇为收藏室的生物标本收集人和管理人的硕士,因拜访他的普鲁士亲戚也在场。伯爵用德语(为了和他交谈)结结巴巴地对他说:"Ick abe in Amburg eine Ant geabt(在汉堡我有个姑母),但我听说她已经死了。"硕士马上接过话就问:"为什么您不请人将它制成标本呢?"他把意指 Tante(姑母)一词的英语化词 Ant〔按:英文为 aunt〕理解为 Ente(鸭子),而由于他马上想到它一定是很稀罕的,他就惋惜这一巨大损失。人们可以想象,这个误会必定会引起什么样的大笑。——原注

自己的性别，而且不能用这种女人气来防卫自己的缺点。但在后一种情况下，他就不会在女人面前表现出同情，而是用自己的男子汉气概把这种同情变为保护妇女的职责，就像那些骑士小说赋予勇士的性格所产生的情形一样。这种性格正是在对妇女的保护中显现出来的。

为什么年轻人更喜欢观看甚至还自己来演出悲剧，例如在想庆祝自己生日的时候；而老年人则更喜欢喜剧或滑稽剧呢？前一种情形产生的原因有一部分正是反映了孩子们有冒险的精神，或许也是想激发自己的生命力具有的那种自然本能；有一部分也在于，一旦剧终，在年轻人漫不经意的头脑中有关压抑心灵和威慑心灵的印象就立刻失去了沉重感，只剩下就只是一种强烈的感动之后的适宜的疲乏感，从而使他们又焕发出欢快的情绪。然而，老年人却不是如此轻易地就能消除这种印象的，他们在自己心里不能如此轻松地产生出欢快的情绪。一位具备敏锐的机智的丑角，通过其突发奇想让老人们的横膈膜和内脏发生有利健康的颤动，这样在接下来的共进晚餐时胃口也就得到了增强，并且通过谈话的兴味增加了食欲。

（4）一般性的说明

身体的某种内部感受是和激情有亲族关系的，却还不是激情本身，因为它只是刹那间的、暂时的，并不留下自己的痕迹。例如当小孩晚上听奶奶讲鬼故事时突然感到异常恐惧。另外就是和冷水灌顶（如在骤雨之下）相类似的颤抖感。这种感觉不一定要真正遇见危险，而只要想到危险（虽然知道并没有危险）就能产生。如果只是寒战而不突发惊惧的话，那么这种感觉反倒并不显得十分讨厌。

头晕，甚至于晕船，从起因上来看好像属于那种假想的危险而产生的。一块木板放置在地上，人们可以稳稳当当地在上面走过去，但是如果把它架在一处深渊上，对神经过敏的人来说即使只搁在一个坑上，就常常会因担心那虚幻的危险而变得受惊害怕。只要有一点儿风，船就会摇晃，一会儿下沉，一会儿上升。在下沉时，人的本性就尽力要使自己升起来（因为所有的下沉一般都带有危险的观念），因而胃和内脏从下到上的运动机械地和呕吐的刺激结合起来。要是患者在舱里从窗口向舱外交替地看一下天空，又看一下大海，那么这种刺激则会更加强烈，这就更让他出现其立足之地正在下陷的幻觉。

一位演员即使头脑冷静，他具有知性能力和想象力，但在对他做作出来的（装模作样的）激情表演，也会为之感动。一位真正的恋人，在他所爱的人面前有时是窘迫的、笨拙的和不讨人喜欢的，但如果一个人只是假装着"恋人"，而且又有才能，那么他就能非常自然地扮演自己的角色，直到使那可怜的女孩子完全落进他的圈套。这些装模作样者的心没有被捉住，其头脑是冷静的，因而他有完全的自由来运用其灵巧与力量，以便极具自然地模仿出恋爱者假象。

善意的（真诚的）笑（作为一种欢快的激情）是对社交有利的，恶意的笑（狞笑）则视社交为敌的。心猿意马（如特拉松不戴假发而戴睡帽，把帽子挟在腋下，正儿八经地争论着古代和现代在科学上的优点而走过来）时常给善意的笑提供了诱因，他遭人笑，但并不因此而被嘲笑。这个并不愚蠢的怪人被笑话，这算不了什么，他也跟着笑。死板的（空洞的）笑声是乏味的，它使社交变得枯燥厌烦。而在社交中根本不笑的人，不是郁郁寡欢就是书呆子。小孩子，尤其是小姑娘，必须习惯于坦诚的、不受压抑的微笑，因为脸部表情开朗的同时也会慢慢深入内心，并生成一种倾向于欢快、友善和合群的性格,这就及时为接近友爱的美德作好了准备。

在社交中把一个人作为笑话的标靶寻开心,但不伤害他,取笑不挖苦人,而另一个人对这种玩笑也准备有自己的笑话进行相同的还击,打算以此带来一阵欢快的笑声,这就把一种亲切而又文雅的活跃气氛带入社交之中。但如果要一个傻瓜来担负此职,他就会像一个球一样被人们拨弄着,那这种笑不是幸灾乐祸的,至少也是粗俗的。如果这是发生在一个寄生虫身上,他因寻欢取乐而将自己投入到恶作剧的戏弄中去,或让他人将自己当作"呆子",那么这就证明那些能因此放声大笑的人的鉴赏力很低劣且道德情感也很迟钝。一位宫廷小丑有他的职责,就是通过讥讽那些高贵的臣仆们,以便让国王的横膈膜获得有益于健康的颤动。用笑料作为佐餐调味,有时这种行为是崇高的,有时是低下的。

(黎琳　刘根华　译)

论情欲

由某种先于对象的主观欲求即是嗜好，在人们认识某对象以前，这种欲求就已存在了，它往往出于内在强制性的本能（如性欲冲动，动物保护幼子的母性冲动等等）。与此相联系的是意向，意向是感性欲求在主体身上的运用。而情欲则是在进行选择时，阻碍理性和所有的意向的总和作比较的那种意向。

情欲往往和最冷静的思考结合在一起，因而它不会像激情那样轻率，也不是暴风骤雨般地稍现即逝，它的根盘得很深，也能和幻想共存，所以它对自由会起很大的破坏作用。如果激情是一种迷醉，那么情欲可以说是一种疾病，它对一切良药都感到厌恶，因而与所有那些至少还能激起自我改善决心的短暂的内心激动相比还要坏得多。如果没有决心克服情欲，它就会毒害人们，以至于使人拒绝改善自身。

人们往往把情欲称之为"癖好"，比如对荣誉、复仇、统治等等的癖好，但把那种还没有陷入迷恋的爱的情欲排除在外。这是因为，当后面这种欲求（通过享受）得到满足时，至少对同一个人而言，该欲求就停止了。也许一个人可以把一种狂热的迷恋称为情欲（只要另一方保持拒绝），却不能把肉体上的爱归入情欲，因为在对象上并不包含一种长期不变的原则。情欲总是以主体的某一规则为条件的,它按照意向给主体规定的一个目的来行动,所以时刻都和主体的理性相关。而人们对于纯粹的动物以及纯粹理性的存在物都提不出情欲的证据来。正因为那种荣誉、复仇的癖好永远也不会有一个完全的满足,这种情欲才被视为疾病,这种疾病只有用缓解剂才可对付。

对纯粹实践理性而言情欲是绝症,在多数情形下是治不好的,病人没有这种求治的愿望,他也不能接受摆脱那唯一可能治好他的原则的控制。在从普遍到特殊的感性——实践过程中,理性也同样遵循有原则,即它不因所喜爱的东西的一种意向,而排挤其他所有意向,它要使一切意向都能共存。一个人的荣誉欲完全可以永远是他意向中的一个经过理性准允的倾向,但迫切要求荣誉的人毕竟也要求被其他人爱,需要和他人友好交往以及保持自己的能力状态等等更多的东西。但如果他是狂热地要求荣誉,那么他在自己各种意向都在召唤他的目的面前就是盲人,并且他被人们憎恨,或在交往中被人欺骗,或因奢侈而引起破产的危险,对于这一切他都会熟视无睹。即使在其形式原则中这也是和理性直接相冲突的蠢事(即把它的目的的一部分当作整体)。

所以,情欲不但像激情那样是为很多坏事做准备的一种不幸的心情,甚至它毫不例外地还是一种恶的心情。即使以道德领域的事物(就其内质来看)为主要目的的最善良的欲求,比如行善助人,只要是偏向情欲的,那它(就其形式来看)不但在实际上不可能做到,而且在行为的道德上会表现得很可鄙。

激情对自由和自我控制所造成的破坏往往是刹那间发生的,情欲则是放弃对自由和自我的控制,到奴隶意识中去寻找自己的愉悦和满足。但是由于理性此时毕竟没有放松对内在自由的呼唤,因而这个不幸的人就在其枷锁下呻吟,尽管他因为这个枷锁似乎已和其肢体长在一起而挣脱不了它。

人们对情欲不予称颂,因为它总被恶毒的原则所占据。有人说:"世界上从来没有哪件伟大的事情是在没有强烈的情欲下干出来的,似乎是自然本身像是上发条般地把情欲明智地植入了人的本性之中。"对于许多意向来说,我们或许可以承认这么一种说法,即那些有生命的自然(甚至是人这种生物)所不可缺少的某种自然性、动物性需求的意向。但是要让它们成为情欲,甚至说它们简直应该成为情欲,却并不是自然的本意。从这一观点上来设想自然,对于诗人是可以原谅的(用蒲伯的话来说:"如果理性是一块磁石,那么情欲就是风暴");但一个哲学家却不能把这么一条原则附于自身,即使是为了把情欲当作自然的一种临时安排来颂扬,认为是人类达到一定的文明程度之前大自然有意识地将情欲植入了人的本性之中。

一、情欲的划分

情欲可分为自然的(先天的)意向的情欲和来自人类文化的(习得的)意向的情欲。

第一类情欲有自由意向和性的意向,两者都和激情相关联。第二类是与荣誉、统治和占有等的癖好相关的,它们总和着某些目标的那个规则的执着,而不是某种激情的狂热。前一类可以称为热烈的情欲,而后一类可称作冷漠的情欲,如吝啬。不过,所有情欲永远都只是人对人的欲求,而不是人对物的欲求。人们可以对一块肥沃的土地或者一头母牛之类的东西以及它们的使用上有许多意向,但却没有癖好(癖好只存在于针对和其他人的共同关系的那种意向中),更不会有情欲。

(1) 作为情欲的自由意向

对于原始人而言自由意向是所有意向中最为强烈的,这些原始人在一种无法逃避的状态下和他人处于相互需要之中。

谁要是只有根据他人的选择才可以幸福(即使这个人就像自己期望的那样总是心怀善意),按理他应该感到不幸。因为他如何能保证其强有力的伙伴,在对于选择的判断中将和他自己的判断一致呢?原始人(还不习惯于卑躬屈膝的人)在没有公共法律保障其安全之前,还不知道有比落到这种地步和理应感到的不幸更为不幸的事情,直到纪律的约束慢慢地令他对此有了耐心。为了让其他人尽可能远远地和自己保持距离,那些原始人散居于偏远荒野。甚至于才刚离开母体的婴儿和其他所有动物的区别好像也仅仅是,他是大哭大叫着来到这个世界上的,他对自己还不能使用自己的四肢,看作为不应有的强制,所以马上就宣告了他对自由的要求(对这种自由,没有任何别的动物有一种表象)。① 游牧民族,如阿拉伯人,由于(作为牧人)不束缚在土地上,因此他们非常强烈地依恋那尽管不是完全无拘无束的生活方式,同时还具有一种瞧不起农业民族的高傲精神,以至于因此带来的艰辛,几千年来也没能够使他们改变这种态度。纯粹狩猎的民族(如鄂伦春——通古斯人)甚至因这种自由感(和其他与其有亲族关系的种族相区别)而

---

① 卢克莱修作为一个诗人,他以另一种方式来看待动物界中这个实际上值得关注的现象:"但他却用可怜的哭声塞满整间屋子的时候,对于一个生命中正有这么多苦难在等着他的人,这也不足为奇。"当然,初生的婴儿并不能有这种预见。但通过几个月以后伴着哭叫而来的流泪却表明他那不快乐的感情并非因肉体的痛苦而产生,而是因某种自由的模糊意向(或类似的表象)以及自由的受阻即冤屈所激起的。当他努力靠近某一对象或仅仅一般地想改变其状态而感到受阻时,这种哭叫就显示某种愤慨。这种本能具备了自己的意志,并将对该意志的阻碍视为一种伤害,这也可从其特别的音调上加以区分。这种本能也显示出一种恶劣性,这是母亲认为不能不加以惩罚的,但他却时常用更激烈的哭叫声来回应。当这是由于他自己的过错时他也发出这样的哭叫。其他动物的幼子很早就互相嬉闹,而人的幼儿却很早就互相吵架,这看上去就像是某种确定的权利概念(它和外在自由相关)似乎和动物性同时发展起来,而不是慢慢学会的一样。——原注

使自己确实高贵起来。自由概念在道德法则下在唤起一种被称之为热忱的激情,通过和权利概念相类比,这种外在自由的感性的表象就能把自由进一步扩展,并提升为强烈的情欲。

人们对于单纯的动物也只是说强烈的意向(如交配的意向)而不会说情欲,因为它们没有只立足于自由概念上的理性,因而和情欲有矛盾,因此情欲的暴发可以划归人类的范畴。虽然我们也说某个人狂热地喜欢某些事(喝酒、赌博、打猎)或者厌恶某些事(如麝香、白酒),但并不怎么把这些各不相同的意向和反感称作各种不同的情欲,因为情欲只是这么多不同种类的本能,即欲望能力中种类繁多的纯粹病态的东西。它们不应该根据运用或滥用的标准来分类。具有自身人格和相互之间的自由的人们之所以滥用这些事物,是因为一个人让另一个人只是成为其目的的工具。从根本上说情欲只不过是指向人的,而且也唯有通过人才能得到满足。

荣誉、统治和占有等的癖好又是一类情欲。由于它们只是为了要占有一种手段以便用于满足一切直接和目的有关的这样一些意向,因此,当它们努力靠近那个唯一能达到一般目的且与自由相连的能力的理念时,它们就具备了理性的外表。当然,有了实现任意目的的手段要比仅针对着唯一意向及其满足的那个意向要宽广得多。所以,那些情欲也可以称为针对妄想的意向,这种妄想就是将他人只不过是对事物价值的那种看法当作真实的价值一样来评价。

(2) 作为情欲的复仇欲

情欲只能是一个人针对另一个人的意向,这些意向总表达出相互协调或者相互对立的那些目的,也即表达出它们或爱或恨的情感。但是由于公正概念是直接从外在自由的概念中引申出来的,它与友爱的概念相比,是一种更为重要、更强有力的对意志的推动力。所以,因遭遇了不公正而引发的仇恨,就形成复仇欲,就是一种不可抑制地从人类本性中引发出来的情欲；然而，即使它是恶毒的，理性的规则也会通过被认可的公正欲（复仇欲是其类推）而和这种意向紧密缠结在一起，所以说它又是一种最强烈、最沉稳的情欲。当这种情欲看上去好像是熄灭了的时候，也总是像余烬未灭的火星那样仍然暗地里留存着的，这种还留存的是残剩着的仇恨的种子。

公正要求东西应人人有份，对人的这种欲求当然不属于情欲，而是纯粹实践理性对自由意志作出规定的一个依据。但仅仅因自爱而产生的这种欲求，它敏锐地表现出只为了自身利益，并不是为了给每个人立法，因而它是仇恨的感性动力。这种仇恨不是不公正的，而是针对我们所遭受的不公正对待的。由于这样一种（进行迫害和毁灭的）意向的原因是某种理念（尽管是被自私自利地运用了），因此这个意向就把向伤害者寻求公正的欲求转化为报复的情欲。这种情欲常常强烈到使自己本身遭受灭亡的癫狂程度，只希望敌人也逃脱不了同样的命运，（在血仇的情况下）甚至还让这种仇恨在部族之间承袭下来。这就像人们所说的那样，只要受伤害者的血还没有见到遭报复者的血，它就要哭唤，一直到这无辜洒落的血再用血来洗刷——即使是要由他后代之中的一个无辜的人的血来洗刷。

（3）在直接影响他人能力上的意向

这种意向和实践——技术的理性相近，也即与精明的规则相近。因为把他人的意向归入自己的控制以便能够按照自己的意图使它们服从自己并对其作出规定，这简直就是要把他人当作自己意志的纯粹的工具来占有。那么，影响他人的这么一种能力的追求也就难怪成了情欲。

这种能力似乎包含有声誉、强力和钱财三方面的力量。如果一个人占有了它们，他就能够运用其中某种影响来对付任何一个人,并且利用其他人来达到自己的目的。当对这些东西的意向成为情欲时,它就表现为对荣誉、统治和拥有等的癖好。在此情况下,尽管一个人成了为自己的意向所愚弄(被欺骗)的人,并且在使用这些手段时还延误了自己的终极目的,但在此我们谈的并不是那种完全不容许任何情欲的智慧,所讨论的只是发呆的人才予以承认的那份精明。

一般来说,即使情欲总是和感性冲动一样的强烈,但是在理性为人们规定的事情上却是纯粹的弱点。所以,想要统治他人的那种情欲越大,那么运用理性来达到自己目的这种明智的人的能力就可能相应地越小。

荣誉的癖好是人的一种可通过其意见来对施加影响的弱点,统治癖和拥有癖则是可以通过他们的恐惧及其自己的利益来施加影响的弱点。这一切都有一种奴隶意识,当这种意识为另一个人所掌握时,这个人就因此而具备了一种能力,即运用它自身的意向去实现自己的目的。不过对这种能力本身的意识以及有关自己拥有实现自己意向的手段的这种意识与使用这种能力相比能激起更多的情欲。

① 荣誉癖好

不要以为荣誉癖好是看重荣誉,当一个人期望自身内在(道德)价值的提升时,这是看重荣誉的表现。而荣誉癖好,它与其看重荣誉,不如说是为了追求好名声,只须流于形式即可。对于高傲自大(即强求他人在和我进行比较时对他自己作出渺小的评价,是一种违背其自身目的的愚蠢),我看人们只需对其进行奉承便可通过这种愚蠢的情欲而对它加以支配。谄谀者①,以及一味顺从的

---

① 谄谀者据说最初称作依附者,他俯首帖耳由人随意支配,但其实他是伪君子,[据传伪君子原来写成 Häuchler(叹息者)],原本是指这样一种骗子,他在一位富有的牧师面前边说话边长吁短叹,假装温顺虔诚。——原注

人,都喜欢把伟大的词语给予一个重要人物,他们助长着这种让人软弱的情欲,而且当伟大且强有力的人落入了这种魔法中时,他自己也就受到了腐蚀。

傲慢是一种违背其本来目的的、犹如缘木求鱼般的荣誉欲。我们不能把傲慢看作是人们故意在利用别人(自己所反感的人)来达到自己的目的;相反,傲慢的人是在自以为是。有个正派且头脑清醒的人曾问我:"为什么傲慢的人通常也是卑鄙的人"(原来他有过这样的经验:把自己的财产吹嘘为无人可比),我回答说,因为傲慢总迫使别人对其作出渺小的评价,傲慢本身就是对这种人的卑鄙,一种指示性的标志。

② 统治癖好

这种情欲本身是不公正的,因此,它一表现出来就自然遭到所有人的反对。这种情欲起源于对受他人统治的恐惧,想让自己拥有控制他人的优势力量。不过要利用他人来达到自己的目的,这毕竟是一种糟糕的、不公平的手段,因为一方面这会招致反抗,因而是不精明的;另一方面又和每个人都有权要求的合法的自由相冲突,因此也是不公正的。对于间接的统治术,比如女人通过爱情让反对自己的男人为自己的目的所用,由于它不具有暴力,而只是知道通过拜倒在她脚下的人按自己的意向去控制或束缚他,因此这种统治术就不能不使用统治癖好的称谓了。当然这并不是说,似乎人类的女性群体就可以从统治着男人的那种意向之中摆脱出来(事实恰恰相反),而是因为她们不运用男人那样的手段来达到这一目的,即不运用力量的优势(当力量在此处意味着统治时),而是运用其本身就包含着被统治的对方的意向的迷惑力。

③ 占有癖好

钱就是通行令,财神看中谁,对穷人关闭着的所有大门都会为他打开。这种手段除了用来对人们的勤劳进行交换以外,本来并没有其他实用性(至少是不应该有其他实用性),但如此一来也就使所有物质财富都由人们支配,特别是在用金属来体现这些财富之后。发明这种手段便带来了一种占有癖好,在这纯粹的占有中,到最后它甚至不含有享受,甚至放弃一切应用(如吝啬鬼的做法)以维持某种权力,并认为这种权力足以补偿所有其他东西的欠缺。这种极为愚蠢的情欲即使并不总是可以从道德上进行指责,却也导致纯粹的机械性,它尤其附在老年人身上(以补偿他肉体上的无能),甚至还通过具有巨大作用的普遍性手段来完全获得一种能力的称号。这样的情欲一经产生就无法改变。如果说三种情欲中第一种可恨、第二种可怕的话,那这第三种就是可鄙的了[①]。

二、作为情欲的妄想意向

这种欲求冲动的妄想可以理解为一种实践的内心幻觉,它激发起人的主观动机,并把它看作是客观的动因。自然界要经常加强对生命力的刺激以便充实人类的活力,使他们不至于在纯粹的享乐中完全丧失生命感。为此,它非常明智和仁慈地把人们想象的那些对象当作真实的目的(如对荣誉、权力和钱财的各种追求),从而诱导我们懒惰的人类上当。这些目的让那些不喜欢从事一件工作的人有足够的事情忙乎,并以闲散的方式使他干许多活。他此时所获得的仅仅是一种妄想的利益,因此大自然其实是在捉弄人类,鼓励人类(作为主体)去追求他自以为是的目的,大自然还让他相信,大自然是客体,人类是为自己创设了目的。但正是由于幻

---

① 此处的可鄙要从道德意义上去理解。若浦伯说:"魔鬼在一阵驴打滚的金雨中落到高利贷者的怀中,并夺走了他的灵魂。"如果这话点中要害的话,那么在市民的意义上,广大群众反而会赞赏表现出很高明的商业智慧的人。——原注

想在这里是独立的创造者,那些妄想的意向才适合于成为最高程度的狂热的意向,人类还为此处于竞争的状态。

小男孩玩打球、摔跤、赛跑和某种如同军事的游戏,以及男人玩棋牌类游戏(在下棋时目的纯粹是进行有益于知性的活动,而在打牌时却还想赢些钱),另外还有市民们在公共场所用法老牌和骰子来试试自己运气的游戏,——这一切都是有才识的大自然冥冥中激励起来的、要在和他人的争斗中试试自己力量的冒险,所以这终归是为了防止一般生命力的疲乏并保持其活力的。这两个争斗者觉得他们是在做游戏,而实际上却是大自然在和他们两个玩游戏。在这里理性可以向他们清楚地证明,当他们在思索时,他们选择的手段与其目的如此地不适合。但正是因为这种刺激所引起的舒适感和妄想的理念(尽管是贬义的)密不可分,这种舒适感才成了对最强烈最持久的情欲具有嗜好的原因①。

妄想的意向使得软弱的人变得迷信了,他们倾向于从那些不可能是(所害怕或所希望的事情的)自然原因的情况出发,去期盼有实际利益的结果。猎人、渔夫以及赌徒(尤其在抽奖时)可以变得迷信的,因而引诱人们造成把主观当作客观、把内在感官的情绪当作对事物本身的知识的幻觉,这种妄想当然也同时产生了对迷信的嗜好。

(黎琳 刘根华 译)

---

① 有位在汉堡输掉了一笔可观的财产的人以观看赌博来消磨时光。别人问他,如果他想曾经拥有这么一笔财产的话,心里是什么滋味,他回答说:"如果再一次拥有它,我肯定仍然没有比这更快乐的方式花掉它。"——原注

论个体的特性

从实用的意义上讲,特性一词一般被自然的符号学在两个方面的含义上使用:一方面是指某个特定的人具有这种或那种(身体上的)性质,另一方面是指他特别具有一种(精神的)个性。前者是人作为一个感性的或自然的存在物的分辨标志;后者是他作为一个理性的、天赋自由的存在物的分辨标志。一个有原则的人,如果人们可以肯定地知道不能从他的本能而只能从其意志来推测他,那么他就有一种个性。因此,为了避免在属于欲望能力的东西(实践性的东西)中出现同义反复,我们可以根据这种性格特点对性格作出如下划分:(1)天性或者天赋;(2)气质或者性情;(3)无条件的个性或者思想方式。前两种特性说明一个人的身上所内涵着的因素,后一种(精神的)特性表明他自身所正在实现的因素。

一、天　　性

说一个人好脾气,那是指他不固执,很随和,当他生气时,也能控制住自己且心里不存怨恨(这是消极的善)。然而,要是能说一个人"有颗善良的心",就已经表达出更多的含义了,尽管这也属于性情的范畴。这是一种导致实践的善的内心冲动,虽然做这种事并不是按照基本原则,以至于一个狡猾的家伙有可能随心所欲地利用脾气好和心肠好的人。因此,天性与其说(在客观上)指向欲望能力,还不如说(在主观上)指向一个人被另一个人感染时的那种愉快和不愉快的感情(而在这里感情也可以具有某种性格特点)。此时生命不仅仅在感情中内在地体现出来,而且也在活动中外在地表现出来,尽管这只是依据感性的冲动表现出来的。这种关系中就存在有气质,而这种气质又必须和某种习惯性的(因习惯而形成的)倾向加以区别,某种习惯性的倾向并不是这个人的资质造成的,而是他的经历造成的。

二、气　　质

至于气质,我们可从生理学的角度将它理解为身体的体质(强或弱的构造)和脾性(体液,即由生命力合乎规律地在体内激动着的东西,热情和冷淡都是处于这种体液的影响之中)。

从心理学上来看,也就是作为灵魂(感情能力和欲望能力)的气质来考虑,前面借助于血液性状的表达方式就仅仅被当作是从感情欲求活动和身体因素(其中最重要的是血液)的类比中取得的。

由此看来,人的那些气质隐藏于人的身上,并从人的外部反映出来。另外,首先,这些气质是在感情的气质和行动的气质中可以进行属的分类。其次,每种气质都可以和生命力的加强与缓和相联结。因此可以提出四种单纯的气质(就像在三段论中以中项来界定的四个格那样):多血质、忧郁质、胆汁质和粘液质。这样就既可保留那些旧的形式,且又可保存了对气质论较为适宜的含义。

我们从血液的性状所作的表达并不是为了说明受到感性刺激的人的各种现象(这也许是体液病理学或者神经病理学的事),而只是为了依据观察到的效果来对它们进行分类,因为人们并不想事先知道血液的哪一种化学混合是有资格被命名为某种确定的气质特点,而是想要事先知道,在我们对人加以考察时要搜集一些什么样的感情和意向才能准确恰当地确定一个特殊类别的名称。

所以对气质论的属的分类可以这样来进行,即将其分为感情的气质和行动的气质,而它们又可以通过种类再次划分,总共可分为四类气质。我在此划归感情的气质的是多血质及其对立面,即忧郁质。前者所具有的特点是,对刺激的感受快速而强烈,却并不深入,(并不太持久);后者,感受虽然并不非常显著,但扎根很深。我们必须在这里设立这种感情的气质的区别,而不把这种区别归入快乐或者悲伤的倾向中去。因为多血质的人虽为轻浮,但却具有乐观的倾向,相反,那些执着于某种感受之上的人虽没有轻浮性,但他的深沉却消除了快乐,有时甚至是悲伤。不过,由于在人的控制下的一切交替变换一般都鼓动和强化心灵,因此那种对所有事情都马马虎虎应对的人,虽不能说有多少智慧,但比那些拘泥于让其生命力僵化的感受上的人,他们的生活要幸福一些。

(1) 感情的气质

① 开朗的人的多血质

多血质的人在下面这些外在表现上展示出自己的性情:他无忧无虑,心怀良好的愿望,对每件事情都能立即赋予很大的关注,但可能马上就忘记了它。他真诚许诺,却又不信守诺言,因为他预先未曾对自己是否具备信守诺言的能力进行足够深刻的反思。他非常善意地要帮助别人,同时却是个糟糕的拖欠者而且不断要求延期。他是一位很好的旅伴,幽默风趣,兴致盎然,喜欢赋予琐碎的事情以伟大意义(小事情万岁),所有人都是朋友。通常他不是恶人,但却可能是一个恶劣地转变信仰的罪人。虽然他对某些事做了后会觉得极其懊悔,但很快又将这种懊悔(它从来不会变成一种忧伤)忘却。工作中他感到疲劳,但却在那些只不过是游戏的事情中不知疲倦地忙碌。他不善于持之以恒,而善于像玩游戏那样不断地交替变换。

② 稳重的人的忧郁质

倾向于忧郁质情调的人(而不是忧郁的人,因为这意味某种状态而不只是对某状态的倾向)对所有和他本人有关的事都给予很大的关注,到处感受到危机并首先把自己的注意力置于事情的困难性上。如果说多血质的人是从成功的希望开始,他们的思考往往比较肤浅;而忧郁质的人却深刻地思考。他不轻易许诺,因为对他来说守信用是很严肃的,但履约的能力却是有疑问的。这一切并不是出于道德原因(因为这里谈的只是感性的冲动),而是由于冲突会给他带来麻烦,并且这正好让他担心、疑虑和左右为难,却也因此对快乐没有感受性。而且当这种心绪成了习惯时,至少它在魅力上和多血质者相比要受不少损失。因为那连自身都不得不因缺少乐趣而遗憾的人,未必能够把乐趣给予别人。

(2) 行动的气质

① 热血的人的胆汁质

人们这样形容这种人:他是暴烈的,像麦秆一样很快就燃烧起来,得到他人的让步又可以马上平息下来;发怒而不记仇,甚至也许会加倍地喜欢立即对他让步的人。他行动迅猛,但不持久。他忙于工作,但又不喜欢自己承担工作,他表现出缺乏耐久性。他喜欢充当作为领导工作的指挥官,但不愿自己去执行。他那占主导地位的情欲是荣誉欲,他非常乐意从事公共事务,并希望获得公开的夸奖。他爱面子,喜欢形式上的排场,喜欢为他人辩护;他表面上宽宏大量,但并非源于爱,而是源于骄傲,因为他更爱自己。

他重视秩序，因而看上去比实际上的他更精明；他不知足，目的是不变得吝啬。他彬彬有礼，但在交往中拘泥礼节、死板和装腔作势。他喜欢有一个诏谀者，无论是谁，他都可以用来当作开玩笑的靶子。因为一个小小的刻薄的玩笑就让他装模作样的威严消失殆尽，但吝啬鬼却通过赢利弥补了他这方面的损失。对他傲慢蛮横人们予以抵抗，这样他就要受到伤害，甚至比吝啬鬼因贪婪而遭受到的还要多。总之，所有气质中胆汁质是幸福最少的，因为它总是招致很多的对立面来反对自己。

② 冷血的人的粘液质

粘液的意思是指不冲动，而不是指惰性（呆滞），我们不能因为一个人有许多粘液就立即称其为冷漠的人或迟钝的人，并在这种称谓下将他划于缺乏热情的。

粘液作为弱点是一种不活动的倾向，不能通过自己激发自己对工作的强烈冲动。对这方面毫不动心则是自认低能，这些意向的趋势只不过是吃了又睡，睡了又吃。

然而，粘液作为优点却有这样的特征：虽然不是轻易地或迅速地被激动，而只是慢慢地被激动，但却非常持久。他不容易引起愤怒，而首先是考虑他是否应该愤怒；即使面前有一个胆汁质的人暴怒万分，也不能把这个坚定的人从其冷血状态中拉出来。

冷血的人具有完全正常的理性成分，但同时又先天具有这样一种粘液，虽然他不是才华横溢，却是从原则而不是从本能出发的。他根本不必为此懊悔，这种天生的气质在他身上取代了智慧的位置。在日常生活中人们甚至常常称他为哲学家。他以这种气质细观旁人但又不伤害他们的虚荣心。人们也常称他为狡诈的，因为所有射在他身上的石弹都像打在一袋羊毛上一样反弹回来。他是一位温和的丈夫，并知道如何获得对妻子和其他亲属的控制,在这方面他表现得对所有人都顺从,因为他懂得用顽强不屈但又考虑周密的意志以使他们的意志转化为他的意志。这正像那些体积小速度大的物体在碰撞时会钻穿设在路上的障碍物,而速度小体积大的物体则会带着这些障碍物一起运动而不破坏它们一样。

如果说一种气质融入另一种气质中去,像人们通常认为的那样,例如:

那么它们不是相互冲突就是相互抵消。想要把多血质和忧郁质,以及胆汁质和粘液质结合在同一主体身上来思考时,就会导致相互冲突,因为它们(A 和 B,以及 C 和 D)是处在相互对立的矛盾中。在多血质和胆汁质,以及忧郁质和粘液质(A 和 C,以及 B 和 D)相混合(似乎化学性地)时就会产生第二种情况,即相互抵消的情况。好脾气的快乐不可能以同样的方式想象为和威胁性的愤怒融合在一起;自我折磨者的痛苦和心满意足者满足平静地融合起来也同样是不可能的。但如果两种状态在同一主体身上并存会出现一种与另一种相交替的情况,那么这仅仅是心境,并不是一种确定的气质。

所以不存在复合的气质,例如一种"多血胆汁质"(所有轻佻的人拥有这种气质,他把自己扮成一位仁慈而又严厉的先生)。相反,在所有气质中只有这么四种,而且每一种都是单纯的。我们不知道该怎样来评价那种自称有一种混合气质的人。

快乐与轻佻,深思与荒诞,慷慨与执拗,还有冷漠与迟钝,这些都只是作为气质的结果并联系到它们的原因才被区分开来的①。

三、作为思想方式的个性

当肯定地说一个人:"他有个性",大多数的场合下,那不仅是提及他,同时也是在赞扬他,因为这会激起人们对他的敬重,是对一个人的品质的评价。

如果人们可以有把握对某人报以期望,不管他是好人还是坏人,那么通常,他是个有这样或那样的个性的,因而这一表述就标志着性情。但具备一种绝对的个性就是意味着意志的这样一种特点,即主体依照它把自己束缚在一定的实践原则上,而这些原则是他通过自己的理性独立地为自己做出规定。虽然这些基本原则有时也可能是错误的或者有缺陷的,但总的来说,按照坚定的原则行事(而不像苟且钻营之徒那样一会儿跳到这,一会儿又跳到那),总是值得称赞的,当然这种意志的方式也很少见。

我们可以看到,在这里,重要的并不是大自然从人身上所产生的东西,而是人从自身产生出的东西,前者属于气质的范畴(在此主体大多是被动的);后者则表现了这个人自身具有的一种个性的内容。

人的其他所有好的或有益的特性,都具有可以和其他同样好的或有益的特点进行交换的条件,比如知识和能力就具有等值性,它们对人们来说都是同样重要的。气质具有一种亲和力,人们可

---

① 气质的差异在公共事务上的影响,或者反过来,公共事务(由于习惯性的训练在其中对气质的影响作用)对气质的分化有什么要求,这只有从经验或一部分借助对偶然原因的推测,才能绞尽脑汁地想出来。下面的例子就是如此:在宗教中,胆汁质的人是正统派,多血质的人是自由思想家,忧郁质的人是宗教狂热分子,粘液质的人是宗教冷淡主义者。不过这已经是被丢弃了的说法,它们只是被当作滑稽的笑话时才被认为是(具有质和量的)性格特征。——原注

以和他一起愉快地消遣,他是一个令人惬意的旅伴。但是,个性却是内在价值的反映①,它的等值是很高的。

(1) 仅仅因人有个性或无个性而产生的特点

① 模仿者(习惯于风俗人情中)是没有个性的,因为个性恰恰在于思想方式的独创性,其行为举止吸取的是由它自己开创出来的源泉。但一个有理性的人也不能由此而变成一个古怪的人。确实,他永远也不会这样,因为他所遵从的原则是对每一个人都适用的。古怪的人是有个性的人的仿效者。气质上的和善是一幅水彩画,而不是个性特征;但是将个性特征画成漫画就是对一个具有真正个性的人的肆意讥讽,因为他并没有去参与做那一时成为公众习惯(成为时髦)的恶事,因而被说成是怪物。

② 人在气质天赋上的不足,是可以通过后天的方式修补的。甚至一个有着恶劣个性的人(如苏拉),即使他因为强制推行其坚定原则而遭到憎恶,但同时他又是一个值得赞叹的对象,就像坚毅在和仁慈一般地作比较时那样,尽管这两者都希望产生比现实更为理想的东西,但为了与崇高思想的称号相匹配,人们必须在一个

---

① 有位水手在一次聚会中听到一个争论,要根据学者们的专业为他们排出一个等级来,他就以自己的方式来确定这些等级,即看他所获的一个人在阿尔及尔的市场上能够卖多少钱而定。在那里没有人需要神学家和法学家,但医生却被视为一门手艺,并可得到现钱。当给英格兰国王雅各一世喂过奶的保姆请求国王让她儿子成为绅士(高贵的人)时,雅各说:"爱莫能助。我虽然可以让他成为伯爵,但他必须自己使自己成为绅士。"(犬儒派的)第欧根尼曾经(如伪托的故事所传)在一次航海中在克里特岛遭劫,并在市场上被当作奴隶公开拍卖。"你能干什么?你懂什么?"经纪人把他带到高台上问。"我懂得政治,"哲学家回答说,"你去为我找一位需要一个主人的买主吧。"这位商人对这个非分要求很惊讶,但决定采取行动,即把自己的儿子交给第欧根尼去教育,任随他把这个儿子调教成什么样子,而自己却去亚洲经商几年。后来,他原先粗野不堪的儿子被教育成一个精明、礼貌、有道德的人回到了他的身边。大概人们从这里就估量出人的价值品格了。——原注

主体身上发现两者的统一。

③ 虽然已下定决心时的那种顽强不屈的精神（如查理十二那样）是一种对个性极为有利的天赋，但其实还并不是一种确定的个性，因为个性要求具有从理性和道德实践原则中引申出来，这是一条规则。说狠毒是某个人的一种个性特征，这是缺乏根据的。人永远不在自己身上容忍恶，因此根本没有源于原则的狠恶，狠毒仅仅是因为它抛弃了原则。

我们最好是对涉及个性的那些原则作否定性的表述，它们是：

① 不要预先讲还没实现的事，所以说话要小心，免得给自己招来说话不算数的责骂；

② 不要虚伪，不要当面做好人，背后却耍诡计；

③ 不要破坏你（曾答应过）的诺言，甚至还包括，连那些现在已破裂的友情的纪念也要加以尊重，而不在后来去滥用别人以前的信任和真诚；

④ 不和坏思想的人同流合污，牢记观其交友，知其为人，而只局限于工作上和他交往；

⑤ 不去注意他人散布的无聊和恶意的流言，否则就刚好暴露了自己的缺点；同样，也不要过分害怕违反那变幻无常的时髦，如果这时髦已产生了某些重大影响，则至少不是把它的要求扩延到品德上。

人们不可能在思想方式中意识到某人具备某种个性，他就具有了这个个性，这种个性，人们还必须时刻去争取的。甚至人们会承认，个性的建立就好像某种方式的新生一样，是要用某种誓言来加以表示的，人的这种发生于内心的转变犹如一个新阶段的来临令人无法忘却。教育、示范和开导能显现出这种对一般原则的坚定性和持久性，而且并非逐渐地，而只是爆发式地、似乎是厌倦了本能的动摇状态后突兀地显现出来。也许只有少数人是在30岁以前试行了这种变革的,而40岁以前将这种变革建立在牢固基础上的人则更少。要想一步步变成一个更好的人是一种白费力气的图谋,因为消除一种影响的同时,人们又产生出另一种影响,而个性的建立却是一般生活作风的内在原则的绝对统一。人们甚至说,诗人没有个性,比如在还没放下一个突临的妙想时,他们会伤害自己最好的朋友;或者说,在必须服从所有礼仪的宫廷侍从那里是根本找不到个性的,而对于那些以同样的心情既向天上的主又向地上的主子献媚的教士们,也不一定能确定什么个性的坚定性;因此具有一种内在的(道德的)个性恐怕只是并将仍然只是一种虔诚的心愿而已。但也许对这方面负有责任的正是哲学家们,因为他们还从来没有通过分析而充分地把这一概念弄清楚,只想过要让道德零零碎碎地呈现出来,而从来不是在其美丽的形象中完整地呈现出来并使它对所有人都有益。

总之,在自己公开袒露的内心中以及在构成最高准则的对待其他任何人的态度中,一个人意识到自己具有个性的唯一证明就是真诚。而且,因为有个性是能够要求一个有理性的人的最低标准,但同时又是人的内在价值(人的尊严)的最高标准,所以做一个有原则的人(即有某种确定的个性)对于最普通的人类理性都一定是有可能的,它比较对人的才能而言是更为重要的。

(2) 论相面术

相面术是根据一个人可见的面部形象,也即根据他内心的外部表现来进行判断的技艺。其依据据说是人的性情和思想方式。当然,不是在他生病的时候对他作出判断,而是当他处于健康状态中;也不是在他心情激动时,而是在他心平气和时。不用说,当人们出于这种目的来判断一个人时,这个人就会意识到别人在考察他,在暗探自己的内心,他的心灵就不会是平静的,而是感到有一种被强制的状态,甚至是处于眼看着自己被别人审查时的不满状态。

如果一块表它的外壳令人喜爱,人们并不能因此而断定(一位著名的钟表匠认为)其内部也是良好的;但是如果表壳就做得很差,那么有相当大的把握可以断定其内部也不会很好,因为工匠毕竟不会因为忽视了费时最少的外表,而使一件精致地加工出来的产品蒙上坏名声。但如果让人类的工匠和一位不可捉摸的大自然的造物主进行类比,那么也有可能得出荒唐的结论,认为造物主也会给善良的灵魂一个美丽的身体,以便使他造出的这个人在别人那儿有好的印象,受人欢迎;或者相反,会让一个人从另一个人那儿得到告诫(发出警告:"罗马人!这就是暴徒,这就是危险分子,防着点啊!"),因为鉴赏含有一个人对另一个人(按其美丑)是喜欢还是讨厌的纯粹主观上的原因,而智慧则把某种确定的自然特性带给客观的目的(我们绝对理解不了这种目的)。因此,不能用智慧的标准作为鉴赏的标准,我们不能设法把人身上的这两种异质的东西在同一目的之中加以协调。

(3) 大自然对相面术的指导

对于我们信任的人,即使我们对他一直印象很好,我们也要事先看看他的脸,尤其是眼睛,以便考察一下可以对眼前这个人期待些什么。这是一种自然的冲动。这个人的神色中的那种排斥力或吸引力决定着我们的选择,或者让我们在还不了解其品行时再三考虑。因此可以肯定的是,有一种面相学的征象,只不过它永远也不会成为科学。因为,暗示着被观察主体的某些意向和能力的人类相貌特征还不能通过概念的描述,而只能通过在直观及其模仿中的反映和体现来理解。人的相貌在这时通常是以多样性来展现给判断力的,其中每一种相貌都可能暗示出人的某种特殊的内在品质。

巴蒂斯塔·波塔的人物漫画想通过类比方法,借助和某些具有性格的人的面部相类似的动物头部,表现人的头部,据此在两者自然天赋的某种相似性上将它们联系起来。这种漫画早已被人遗忘了;而拉法特广泛推行这种趣味,他的版画在长时期内成了一种受到普遍欢迎的价廉物美的商品,近来却也无人问津了,除了一种意思含混的意见(如冯·阿欣荷尔兹先生的意见)之外几乎什么也没留下来,这种意见认为,人们暗中做个鬼脸来模仿一个人的相貌,甚至也会产生某些和这人的个性相符合的思想感情。——经过了这些之后,作为一种借助于外表天生的不自觉的标记来窥视人的内心的技艺,相面术已完全不符合要求了。为了运用也许会促进与人交往、促进一般人类知识的批判来帮助鉴赏力的培养,它只留下了培养鉴赏力的技艺,而且还不是在事物方面,而是规矩、礼仪和习俗方面。

(4) 相面术的划分

标示性格的东西可以分为:① 脸部形状;② 面容;③ 习惯性的脸部表情(神态)。

① 脸部形状

在希腊艺术家脑海中,我们注意曾产生过一种(神或者英雄的)脸部形状的理想,它往往表现为年轻有活力,同时又显示出摆脱一切激情的肃穆(在圆雕、浮雕和凹雕中),而魅力不掺于其中。在希腊人的侧面像的垂直面上,眼睛的位置从鉴赏角度看(立足于魅召力上)过于深陷了,甚至美第奇的维纳斯也是这样。原因当然是与他们理想所确定的标准有关,因此一个从脸上突出来,在额头下面形成一个角度的鼻子(从而该角度可大可小),都不会像有规律的东西那样提供一个相貌的确定规则。现代的希腊人我们看到也是这样,尽管他们一直依据美的形态构造身体结构的其余的部分,但也没有脸部那种严格的似乎证明了作为典范的艺术品来看的那种理想性侧面垂直线。根据这种神话模型,即双眼凹陷得较深,鼻根旁则被阴影遮去了一部分;然而,在现代人眼里,这些美的面貌可以做些调整,比如鼻子从眉心处(即鼻根上的凹陷处)带点小小的起伏,它会使人感到更美些。

如果我们按实际情况对人类进行严格的考察,那么就会发现,那种所谓合乎规则性的精确测量的创作作品通常是平庸之作,它不能反映人的精神状态。中庸也许是美的基本标准和基础,但还远不是美本身,因为美要求有某些标志性格的东西。但人们也可以在一张脸上看到这种有性格的东西却见不到美。不过,虽然是在另外一种关系上(也许是在道德或审美上),却有一种对这种人十分有利的说法,即无论在额头上、鼻子上或头发的颜色上等等对一张脸进行挑剔,但也得承认就个人的个性特点而言,这张脸比那张完美无缺的合乎规则性的脸更为人喜爱,因为合乎规则性通常也伴随着个性的缺乏。

人们不应该挑剔一张丑陋的面孔,只要这张脸在其表情里并未体现出一个被罪腐蚀了的心灵,也没体现出一种生来就不幸的罪恶倾向。比如一张一说话就狞笑的脸,或一张在看别人面孔时毫无温厚之色的狂妄无知的脸,这张脸就表明在他看来一切都是毫无意义的。有些男人的脸(如法国人所说的)阴森森的,听说人们可以用这样的脸吓唬孩子们,让他们去睡觉。一些人有张因天花毁坏而变得畸形的脸,或如荷兰人说的有一张似乎是在妄想和梦幻中想到的脸。但同时他们又表现出如此多的好脾气和快乐,甚至拿自己的脸取乐,这就完全不能称这种脸是丑陋了。尽管有位夫人谈到他们（如谈到法兰西科学院的佩里松）时说："佩里松滥用男人们的丑陋的特许权。"此时他们可能会一点也不生气地承认这一点。然而，糟糕或愚蠢的是有些人竟会像市井之徒那样，对一个脸部有缺陷的人横加指责。这种做法，对一个在幼年就遭不幸的人（如说：你这瞎狗，你这跛脚狗），也许他真会恶毒起来，并对那些身体完好且据说也更能思考的人渐渐产生复仇的念头。

当然，对于从没走出过本国国土的人民来说，外国人的那种没有被看惯的天生的脸孔通常是受到嘲笑的对象。因此在某些国家，小孩们跟着在那里做生意的荷兰人喊："哇，好大的眼睛！好大的眼睛！"对另一些国家的人来说，那些访问他们国家的欧洲人的红头发是讨厌的，他们的蓝眼睛则是可笑的。

从人的头盖骨及其相貌特征，我们可以判断如康培尔主要是布鲁门巴赫所描述的有色人种，卡尔梅克人、南太平洋印第安人等等的头盖骨形状都有特点，这与其说是实用人类学的问题还不如说是自然地理学的问题。这种看法可以当作这两门学科的中介，即哪怕在我们这些人中，男性的前额大多也是平的，而女性则通常更多的是圆的。

翘鼻子是否标志着是一个爱嘲笑的人……凡此等等，这些都只能是一种推测，种种说法都模糊不清。

② 面容上的性格特点

对一个男人而言，脸上的肤色和瘢痕使他变丑，但这也许并不重要，重要的是他在自己女人心目中的位置。如果他眼里闪现着善意，目光中带有安宁的表情焕发出正直的光辉，他就总是可以让人喜欢并值得人去爱，大家也可以都这么承认。人们拿这样的人及其可爱之处（通过说反话）来打趣，一位夫人也可以为有这样一位丈夫而自豪。这样的脸显现的不是漫画，因为漫画是为了要编出笑话有意在脸部进行夸张的描绘（变形），它属于表情的范畴。而那种脸孔则是大自然的造化，即使它并不可爱也不美丽，但毕竟是自然的，如果不丑，也可唤起爱情①。

③ 神态的性格特征

神态是正处于活动中的面容，这是由或强或弱的激情在人的身上造成的，激情在他面容上的反映。

激情不通过神态，是很难显现的。神态在对表情和声音的努力克制时，就已经流露出来了。在控制自己的激情方面过于软弱的人，其神态变化（不考虑其理性的作用）也会把他想要隐藏起来以便瞒过他人眼睛的心事揭露出来。但是那些精于此道的人，要是最终被人们看穿了的话，尤其是当他们熟练地装出的神态和他们的所作所为相冲突时，通常就认为不是最好的人或不可以加以信任的人。

对那些故意撒谎却又不知不觉暴露出心事的神态进行解释，这种技艺可以有许多微妙的观察作为依据。我在这里只想考察其中的一种。如果有一个人，他一直并没有斜视的毛病，但在说话时眼睛却盯着自己的鼻尖因而眼睛眯斜着，那么他所说的就一定是谎话。但我们决不能把一个有斜视的生理缺陷者的眼睛状态归属

---

① 有位住在伦敦的音乐家海德格，他有一张奇形怪状的脸孔，却是一个头脑清醒而腼腆的人，即使是上流人士在谈话中也喜欢和他交朋友。有一次在一个潘趣酒会上，他一时兴起对一位勋爵断言说，自己的脸是全伦敦最丑的。勋爵想了想，建议打个赌，要给他找出一个更丑的人来，因此就派人叫来一个嗜酒成性的女人。看到他的目光，全体都爽朗地哄笑，并且叫道："海德格！你输了！"还没这么快，"海德格回答道，"现在让这女人戴上我的假发，而我戴上她的头巾，我们再来看看。"这一下，所有的人都笑得要死了：这女人看上去像个儒雅的男人，而海德格却像个巫婆。这说明，要说一个人美丽，即使勉强说他漂亮，也不能just判断下得太死，一般只能是相对的，并且一个人不太漂亮，还完全不能因此就说他丑。只有脸上令人恶心的肉体缺陷才可以这么说。——原注

此类,这种斜视者和说谎的恶习可以是毫无关联的。

另外还有一种表情,它是由大自然所制定的,它使所有人种和属于各种地理风俗的人甚至可以无需所说而相互领会。属于此类的有点头(肯定)、摇头(否定)、昂头(反抗)、晃头(惊奇)、皱鼻(讥讽)、冷笑(嘲笑)、拉长着脸(拒绝要求)、皱眉(苦恼)、快速做一个张、闭嘴动作(呸!)、一张一合地挥手致意、用手抱头(惊异)、握拳(威胁)、鞠躬、手指放在嘴上(管住嘴巴)以命令沉默,以及发嘘声等等。

(5)几点少量的说明

神态总与人的内心活动相伴,经常性的重复就不由自主地慢慢形成固定的面容。但这种面容在死的时候就没有了,所以正如拉法特所发现的,在活着时看上去是一个恶棍的可怕的脸,在死时(反而)好像变高贵了,因为这时人的所有肌肉已放松,似乎只剩下了无邪而安宁的表情。因此,也会出现这种情况,即一个在年轻时保持着不受诱惑的人,尽管在以后的岁月里身体完全健康,却因为荒淫无耻而有了另外一副脸孔,但这并不能归结为他的自然禀赋。

和这种高贵的脸相对应,我们再来谈论粗俗的脸。高贵的脸不外乎是指带着令人喜爱的优雅举止而自以为是,装腔拿调。这种情形唯有在大城市里才会产生,因为人们相互摩擦把自己的棱角都磨平了;而那些在乡下成长和接受教育的官员,当他们带着亲属被光荣提升到城里的职位上来的时候,即使只是与其身份相当地来见习这一职务时,不但在他们的举止上,而且还在他们的脸部表情上也表现出某种粗俗。由于他们几乎只和自己的下属打交道,曾经在他们的权力范围内可以为所欲为,因此他们的脸部肌肉没有养成一种柔韧性,以便在和一切更尊贵、更卑微或者是平等的人相处时训练出既适应和他们交往又适应伴随这种交往的激情的神态变化。这种神态变化并不损害什么尊严,但在社交中促成一个好印象。相反,熟稔城市规矩的那些相同等级的人,由于意识到自己在这里对其他人具有优越性,就通过长期练习使这种意识成为习惯,因而在他们脸上刻印有固定的特征。

如果那些恭顺的人在长期机械性的祈祷仪式中受到训练并因此就习以为常了,那么他们就在占统治地位的宗教或者文化领域方面给整个民族带来某些国民性,甚至这种国民性以面相学的方式表现为他们的特征。就像尼科莱男爵谈论巴伐利亚人的让人祝福时脸部固有的表情;相反,旧英格兰的约翰·巴尔则养成了不论他走到哪个陌生的地方,在接待陌生人时总不拘礼节,并把这个自由个性保持在他的脸上。但是,也有一种不能完全看作是天生的国民面貌。在被法律集中在一起进行处罚的人群中,就有一些显著的性格标志。有关阿姆斯特丹的拉斯斐斯监狱、巴黎的比赛特监狱和伦敦新街监狱中的囚犯们,一位经过那里的眼光锐利的德国医生看出他们中大多数反而是一些意识到自己优越性的刚强不屈的家伙,但没有一个人可以配得上演员奎因的那句话:"如果这家伙不是个无赖,那么这是造物主的疏忽。"因为对一个人如此横加指责,需要更强的辨别力。大自然所创造出的人的多样性气质和人在道德活动上造就的气质是迥然不同的,一个凡人可以自认为他具有其中的任何一种,但这只是他自己说的。

(黎琳　刘根华　译)

论性别的特性

在器械使用中别人要花大气力,而你只用较小的气力就行了,这其中一定是融入了技艺。

对一个联系的统一性和不可剥离性来说,两个个体的随意会合是不够的。一部分必定屈从于另一部分,并且交互地使一部分在某一点上对另一部分占有优势,以便能控制或统治另一部分,因为当相互间不可缺少的两部分要求平等时,自爱心就导致毫无意义的争吵。一方必须以不同的方式在文化的进步中获取优势:男人通过其体力和勇气而胜过女人,而女人则通过在男人追求她的意向面前控制感情的天赋而胜过男人。然而,在还没有进入文明状态时,优势只在男性一方。在人类学中,女性的特征与男性的特征相比更是一门哲学家的学问。在原始的自然状态中的女性特征就像野生的苹果和梨一样人们没能认识到,人们只是通过嫁接才发现了这些野生的苹果和梨的多样性,因为文化并没有把女人的这种特征带进来,而只是促成了它的发展并让它在有利条件下变得显而易见。

女人气就是懦弱性。人们拿它来开玩笑,傻瓜们则以此取笑她们,而有处世经验的人却看得很明白,这正是把他们抬升到能操纵男子汉并让其为自己的目的服务的手段。男人是容易被考察的,女人却不泄露自己的秘密,尽管其他女人的秘密(由于她多嘴)在她那儿也没好好保守。男人喜欢家庭和睦,情愿服从女人的统辖,只要不认为这是对自己事业的干扰;女人不怕因口舌而引发家庭纠纷,大自然就是为了该目的才赋予她多嘴和矫揉造作的辩才以解除男人的武装。男人有在家中发号施令表示强者的权利,因为他应当为保护家庭而对付外部敌人;女人以弱者的姿态依存于一部分男人的保护来对付另一部分男人,她用怨恨的眼泪让男人丧失抵抗力,因为这种怨恨向他表明了他没有气量。

当然,所有这一切在原始的自然状态中就要另当别论了。在那时女人就像一头牲口。男人拿着武器走在前面,女人则背着装满家当的包袱跟在男人后面。但即使在某种野蛮的社会制度使多妻制成为合法的地方,最受宠爱的女人也懂得在自己的宫墙内(所谓后宫里)取得对男人的统治,而在许多女人为一个女人(即应该统治男人的那个女人)争吵时,男人则为怎样以容忍的方式获得安宁而费尽心思。

在文明状态下,女子委身于男子的欲望不得不通过结婚和一夫一妻制,在这里,当文明还没有把妇女的骑士精神提高到女性自由的程度(即女性除了一个男人外还公开拥有别的男人作为情人)时,男人就对因婚外情而威胁到自身的妻子进行惩罚[①]。但是当

[①] 俄国人有个古老的传说:如果妻子不在一定时候受到丈夫的一顿痛打,她们就要怀疑自己的丈夫和别的女人有来往。这通常被认为是一种虚构。但是在库克的游记中我们看到,当一位英国水手看见一个塔希提岛的印第安人用痛打来惩罚他妻子时,他想对那女子表现一下骑士精神,所以就走过去吓唬那个印第安人。女人立即转过身来问这英国人,这和他有什么关系,丈夫这么做是应该的!同样,人们也发现,当有夫之妇公开私通,而她丈夫对此根本不予注意,却以酗酒、聚赌和其他暧昧关系来补偿这一方面的损失时,妇人心中所充满的不仅是蔑视,还有仇恨,因为妻子已经看出来,现在丈夫已把她看得一文不值,他将自己的老婆毫不在乎地让给别人,叫别人来啃同一块骨头。——原注

女人可笑地变得时髦和嫉妒起来时（像这种事情在一个奢侈的时代并不少见），女人的特性就显现出来了，这就是利用自己对男人的特权既要求自由又要求对整个男性的惩服。尽管这种意向有个卖弄风情的坏名声，但毕竟不是没有一种现实的理由来为其辩护。因为一位少妇总会有成为寡妇的危险，所以她就把自己的魅力扩散到所有可能会有幸成为她丈夫的男人身上去。这样就在出现那种情况时，她就不会缺少求婚者。

蒲伯认为可以从两方面来说明女性（当然这是指有教养的女性）的特征，即统治的意向和享乐的意向。但不能将后者理解成家庭的享乐，而要理解成公共的享乐，这样才有可能展示出她们的长处和优越性；同时享乐的意向也才可融合到统治的意向中，也即在讨人喜欢方面不向自己的情敌让步，而是尽可能地用她的风趣和魅力去战胜她们。但即使是上述第一种意向，也像一般的意向那样并不适合于用来描述任何一部分人对另一部分人的外部特征。由于对那些比我们优越的东西形成意向，这是人所共有的，因此我们尽可能进行统治的意向也是这样，所以它并不表示女性的特征。然而，女性间相互争斗，对于男性是有好处的，反映了多个女人在争夺男人的宠爱。在这里，统治的意向成了现实的目的，而公共享乐，当它使女性魅力的活动空间得到扩展时，只不过是一种对那种意向产生影响的手段。

唯有把大自然在创造女人时的目的，而不是将我们构成自己的目的的东西作为原则来运用，才能把女性的特征刻画出来。由于大自然不得不借助于人类的愚蠢来实现它的这一目的，但按照自然的意图却又必须具有智慧，因此，甚至这个不由我们选择，而是要用人类的性来实现某种更高意图的智慧的原则也可以用下面这些推测中的大自然的目的来做出规定，它们就是种的保存和由女性来让人受到社会的教化和培养。

当大自然把它最宝贵的信物,即种,委付给女人的身体并通过胎儿使人类繁殖下去以致永恒时,它似乎是因为考虑到种的保存,因而就把一种恐惧,即对身体伤害的恐惧以及对类似危险的胆怯植入了女人的天性之中,这种软弱性给了女性合法地从男人那儿要求得到保护的权利。

大自然还想人能善于交际并合乎礼仪提高文化教养,因此它预先性地让女性通过她们的贤惠以及说话时的能言善辩和表情丰富而成为男性的主人;她们有权要求男人礼貌和气地待人,使男人从儿时就无形中被束缚起来,尽管这并不必然就产生道德本身,但却预示会产生作为道德外在的东西,即那种为道德作准备和引导的有教养的状态。

一、少量的几点说明

女人要统治,而男人要被统治(特别是在婚前),因此就有古代尊重妇女的骑士精神。这种骑士精神本身事先就包含了自己是讨人喜欢的这样一种信念。年轻人在女人圈子里感到狼狈(困厄),因为他们总是担心自己令人生厌。女人声称她通过自己所引起的尊重来阻止男人的各种纠缠,并且即使毫无成就也要求他尊重自己,这种骄傲和权利产生于女性本身的合法要求。女人是拒绝者,而男人是追求者。女人的屈从是一种恩赐。大自然要让女人被追求,因此女人在(根据口味)作选择时没必要像男人那样挑剔。而大自然也把男人造就得更加豪放,只要在形象上他表现出保护女人的力量和干练,他就足以让女人喜欢了。如果女人在形象的美丑上令人恶心,而且对恋爱的可能性的选择又十分挑剔,那么此时她就只好表现为追求者,而他却成了拒绝者了。甚至这会在男人的眼中整个地降低女性的价值。女人必须表现得冷淡,反之,男人在恋爱中则必须表现得热情洋溢。一个男人不遵从他所爱的人的要求显得是可耻的,而一个女人只是轻易地顺从所爱的人的要求时才显得可耻。女人要让自己的魅力在所有的高雅之士身上起作用是一种卖弄风情的欲求;但装出爱上了所有女人的姿态却是男人尊重妇女的文雅。这两者都是矫揉造作,它们只能成为时髦,而产生不出任何严肃的结果,如风流韵事只能是已婚妇女装腔作势的自由,或和这相同的早先在意大利存在过高等妓女业(此外,在《土伦特宗教会议史》中也提到过:"在当时那地方至少有 300 名高等妓女,她们被称为交际花。")。关于这方面,有人认为,和混在个体家庭中进行社交比起来,这似乎包含有更多文明的公共交往的纯正教养。在婚姻中男人追求的只是他的女人,而妇女追求的则是所有男人的倾慕,她们打扮自己仅仅为了她们所嫉妒的女性的眼睛,也即要在魅力和高贵举止上压倒其他女人。相反,要是男人只是想让妻子不因他的上衣感到羞耻也称作打扮的话,那么他打扮就是为了妻子的眼睛。男人对女人缺点的评价很温和,而女人对女人缺点的(公开)评价却很严厉。对年轻姑娘而言,如果让她们选择是由男人的法庭还是由女人的法庭来评断其过失,那她们肯定都会选择男人来作她们的法官。在文明豪华高涨的时候,女人只是出于无奈才表现出端庄的品行,她们公开表示希望自己最好变成男人,因此她们可以给自己的意向一个更大更自由的活动空间,可是没有一个男人会希望成为女人。

女人并不过问男人在婚前的行为检点,而男人却极端重视妻子在婚前的行为检点。已婚的女人嘲笑的是小气(即一般男人的妒忌),但她们也不过是开玩笑而已,而未婚女子则极其严肃地看待此事。至于有学识的女人,那么她们需要书籍就像需要表一样。她们带表是为了让人看到她们有块表,通常不去管它是否停了,或者是否走得准。

女人和男人在有德或无德问题上有极大差异,这既不是根据行为也不是依据动机来区分。女人应当忍耐,而男人必须容忍;女人是敏感的,而男人是体贴的;男人的事是获取,而女人的事是节约;男人在爱的时候是嫉妒的,女人也嫉妒,但是在没有爱的时候才这样,因为其他女人得到了多少情人,那对于她的崇拜者的圈子来说就失去了多少情人;男人的兴味是为了自己,而女人把自己塑造成为一个有趣的对象却是为了男人。——女人的一条原则就是"大家所说的都是真的,大家所做的都是好的"。在严格意义上这条原则是很难和"个性"这个词协调起来。但也有这么一些头脑清醒的女人,她们在家务范围内坚持一种和她们的规定性相适合的光荣的个性。密尔顿的妻子曾经劝他接受克伦威尔死后委任给他的一个拉丁文秘书职位,而不顾及让他现在把一个他以前谴责为非法的政府解释为合法的,而这和他的原则又是多么的矛盾。密尔顿回答他妻子说:"噢,亲爱的,你们所有的女人都喜欢赶顺潮,可是我却必须作一个正直的男子汉。"苏格拉底,也许还有约伯的妻子正是这样被他们有头脑的丈夫逼入困境的。但男人的美德因自己的个性而得到维护,而毕竟女人的美德也并没有因她们陷入这种境况而使自己个性的价值减损多少。

二、实用的推论

女人必须在实际问题上让自己得到训练和受纪律的约束,而男人却不善于这么做。

年轻的丈夫对年龄比他大的妻子具有控制力,这是基于嫉妒心。嫉妒心使性能力较差的一方在另一方的侵犯面前显得担忧自己的权利,因而感到自己不得不尽力对他顺从而且殷勤。所以每个有经验的太太也只是从年龄的角度来劝阻和一个年龄要小的男人结婚,因为在以后的岁月中女人毕竟要比男人老得快。如果连这种不平等也忽视了的话,那么建立在平等基础上的家庭和睦也就将失去保障。一个年轻而理智的女人和一个健康的、年龄却要大一截的男人却能够更好地建立起幸福的婚姻。但是,一个也许因为婚前的放荡而已经破坏了自己的性能力的男子,由于他只有在给予合理要求以相应的回报时才能拥有对这个家庭的统治权,因此他在家里将成为一个小丑。

休谟认为,在婚姻上讽刺女人比在性别上挖苦女人更能把女人(即使是老处女)激怒,因为后者从来都不会是认真的,而前者却也许会当真起来,如果人们尽量地把没有结婚的人所解脱了的婚姻上的痛苦表现出来的话。但在婚姻上的自由放纵对整个女性来说却必定会具有恶劣的后果,因为她们将沦为纯粹是满足男性欲望的工具,而这种欲望很容易演变为厌倦和轻佻。婚姻让女人自由,却让男人失去自由。

对一个将要结婚的人,尤其是年轻人,考察他的道德品质,这从来都不是女人的事,因为她总把他看得比他可能具备的更好。即使是一个变坏的男人,她也认为自己有足够的理智把他引上正途。和这相同的还有那些天真的人们的看法,他们认为这个人在婚前的纵欲是情有可原的,而只要他现在还没有耗尽精力,就会从他妻子那里让自己的性欲得到足够的满足了。这些天真的好心人没有想到在婚姻上的放荡不羁正好是享乐的更替,但婚姻的单调会很快让他回复到原来的那种生活方式上去①。

---

① 这种结果就像伏尔泰在《斯卡门塔多的旅行》中所说的那样。他(斯卡门塔多)说:"我终于回到了我的故乡坎底亚,在那里娶了个老婆,马上就戴上了绿帽子,并觉得在所有的生活方式中这是最舒适的。"——原注

由于毕竟只能由一个人来把一切事务都结合到一种与其目的相协调的关系中去，那么在家中谁应当拥有这种支配权呢？我如果用合乎骑士精神的语言来表述（但不是说假话），那就是：妇女应该统治，而男人应当治理，因为意向在于统治，而理智在于治理。丈夫的态度必须表现为这样，即妻子的幸福是先于任何其他人而存在于他的心中。但是由于他必须最清楚地知道自己处于什么样的境况以及他能做到哪一步，因此他将像一个大臣对待那位要准备一次庆典或筹建一座皇宫的只顾享乐的君主那样，首先对君主的支配权表示必要的服从。只不过由于目前手头缺钱或者必须首先解决某些紧迫的需要等等，因而最高统治者可以干他想干的一切，但却附有这样一个条件，即由他的大臣把这种意志交到他手中。

由于女人应当被追求（而这就要求在必要时拒绝男性），因此她们甚至在婚后也必须总是力求让人爱慕，以便她们一旦成了年轻的寡妇就可以为自己找到情人。男人则通过婚姻的纽带断绝了所有这样的权利，因此因女人这种取悦于人的欲望而产生嫉妒心是不正常的。

但依照女人的本性，夫妻之爱是不可侵犯的。女人们有时拿这个开玩笑，但正如上面所讲过的，这只是一种寻开心，因为在这种权利上容忍和宽恕外人的侵犯必将引起对女方的蔑视，同时也产生对这样的一位丈夫的憎恨。

通常情况下，当父亲娇惯他们的女儿，母亲则宠爱自己的儿子，而在儿子们当中最任性的那小伙子，通常是让母亲（只愿他成为勇敢的）给惯坏的。其原因似乎是考虑到两位老人突然去世时的需要。因为如果一个男人失去了妻子，那么他就从其长女处得到照料和扶持；如果母亲失去了她的丈夫，那么长大成人、身强力壮的儿子就负有责任,同时也具有本身的自然意向要去尊重她和扶持她,让其寡居生活过得愉快。

　　我在特征的这个主题上已作了太多的讨论,超出了表现出与人类学的其他部分成比例所能容许的限度。然而大自然是如此的明智,它包含了极为丰富的有价值的东西;以至于人们在近来的研究中,总有大量的材料提出让人思考,我们也只得在赞叹中逐步发展那自然禀赋的智慧并供人实际运用。

（黎琳　刘根华　译）

论民族的特性

民族一般可以理解为结合于某个地域形成的人的群落。就此来说,它是一个整体。这样一个群落或者即使是该群落中的一部分,当它因共同的出身而自认为是统一于一个人民整体之中时就称为国民,而置身于这些法律之外的部分(即这个民族中野蛮的一群)则被称为暴徒①,他们的非法联合就是纠集(乌合之众),他们是自己把自己从一个国家公民的性质中排斥出去的。

休谟认为,每个人单独的特性如果以国民性被统一吸收(就像英国人那样),那么国民本身就没有特性了。我认为在这里他错了,因为形成某种特性正好是他本人所属的那个民族的普遍性,这种特性也是对所有外国人的轻视,其原因在于尤其当这个民族以为只凭一部将内部公民自由和对外部的武力结合起来的精确的宪法就值得自我夸耀。这样的特性和那种容易导致亲密无间的殷勤相反,它是一种目空一切的粗野,是一种因为受到误解的独立自主性而对所有外来者的执拗态度,这种态度使人相信他不需要别人,因而他也自认为可以免除他对其他人的友好行为。

---

① 骂人的叫法"下流胚"(la canaille du peuple)大概是来源于 canalicola(渠道)一词,是古罗马一群在渠道走来走去嘲笑干活者的游闲之徒(参阅普劳图斯的喜剧《尤克里奥》)。——原注

英国和法国通过这种方式成了世界上两个最文明的民族①，它们的特性是如此，互相之间又经常争斗。它们形成的特性，只是先天特性的结果，而即使按照它们的先天特性，只要它们还没有被战争的强制力混合起来，大概它们也是唯一可以被承认有一种确定特性的民族。法语成了一种的会话语言，尤其是在妇女们所处的社会中；而英语却成为了商业领域中最广泛的贸易语言②。也许这是因为其二者大陆和岛国的位置差异所形成的。然而，现在它们实际上所具有的天性以及通过语言对这种天性的培养，也许不得不追溯到它们得以起源的原始民族的先天特性，不过我们还缺少这方面的材料。但在实用人类学中，和我们有关的只是把这两个民族目前所具有的特性展现在一些例子中，并尽可能地使其系统化。人们可以从这些例子中看出，一个民族在另一个民族身上可以期待些什么，一个民族可以如何利用另一个民族的优点。

那些承袭下来或者似乎是因长期运用而成为本性、嫁接于本性之上并表达着一个民族的性情的法则，只不过这样一些大胆的尝试，与其说是哲学家们想按照理性原则对所有民族的自然倾向的多样性进行分类，倒不如说是地理学家们想依据经验来进行分类③。

---

① 当然，这种分类省去了德意志民族，因为若非笔者作为一个德国人，其夸奖就会成为自我夸耀了。——原注
② 商人的心理在自我夸耀时也通过语气的不同而表现出对自己骄傲的不同修饰。英国人说："这人价值一百万"，荷兰人说："他支配着一百万"，而法国人则说："他占有一百万"。——原注
③ 将基督教欧洲称为法兰克斯坦的那些土耳其人，假如他们通过旅行去认识人及其民族特性的话（除欧洲人外没有一个民族这么做，这证明其他所有民族精神上的局限性），那么他们也许会根据这些民族特性的缺陷进行描述，而用下述方式划分民族特性：1. 时髦的国家（法国）；2. 乖剌的国家（英国）；3. 预感的国家（西班牙）；4. 华丽的国家（意大利）；5. 头衔的国家（德意志、丹麦和瑞典，（转下页）

以为一个民族的所有特性都取决于政府形式的,这种看法是未经证明的并是模糊的。因为可以设想政府又从哪里获得其特殊的性质呢?即使是气候和地理也无法给这个问题提供答案,因为整个民族的迁移表明他们并未因为其新的居住地而改变特性,而只是因环境而使他们的特性适应于这一新住地,同时又让人终归还是在语言、谋生方式,甚至穿着上看出其出身的印迹,并看出其特性。我将更多地从他们的缺点和对规律的偏离方面,而不是从美化的方面(但也无需漫画化)大致地来勾勒一下他们的肖像线条。因为除了谄谀使人堕落、责备却让人改善以外,如果一个批评者只是一概强调人们的缺点,以为他的夸奖会因而激起受批评者之间的不平,那他对人们的自私心理是缺乏了解。

(1) 相对于其他所有的民族,法兰西民族是以说话幽默而独具特色的,在这方面它可称得上是其他所有民族的典范。他们尤其对来访的陌生人文雅有礼,虽然现在宫廷礼节已不流行了。法国人的这种特性并非由于利害关系,而是由于交谈兴味上的直接需要。因为这种兴味首先涉及和广大妇女界的交往,所以女士语言成了这个圈子里的通用语。在甘愿为他人服务和助人为乐的友善方面,以及逐步在人类的博爱原则方面,这种方式的意向无疑也一定会有自己的影响,而且一定会让整个的这样一个民族变得亲切可爱。但事情的另一面却是,热烈并未运用经过考虑的原则进行足够的约束,而且在理性的观察上也是马马虎虎的,只因为某些

(接上页)总之是日耳曼各民族);6. 主子的国家(波兰),这个国家的每个公民都想成为主子,但这些主子中却没人愿意成为仆人,除了那不是国家公民的人以外。俄国和欧洲土耳其这两个地方将被置于法兰克斯坦之上,它们中绝大多数源于亚洲血统,前者是斯拉夫血统,后者是阿拉伯血统,它们来自两个种族,这两个种族曾经统治过的欧洲部分比任何别的民族所扩充的都更大,并且陷入了有法而无自由,因而没有人是国家公民的这种法制状态。——原注

形式被认为是陈旧的,甚至仅仅被认为是过分的,就不能长久地坚持它们,即使是他因此而感到快乐。另外就是一种传染性的自由精神,尽管在其活动中也引入了理性,而且在民族和国家的关系中产生了一种震撼一切的热忱,但这种热忱仍然超出了限度。这个民族用魔法的方式表现出来的,但却是来自现实生活的那些特性,只要借助于生成这一特征的素材,即一些随口说出的互无关联的片言碎语,就可以很容易地作一个整体的说明,而无需进行进一步的描述。

像这样的词:Esprit（statt bon sens）[机智（而不是健全理智）]、frivolité（轻佻）、galanterie（骑士精神）、petit maître（花花公子）、coquette（卖俏）、Îtourderie（轻率）、point dhonneur（名誉至上）、bon ton（时尚）、bureau d'esprit（精神贵族）、bon mot（俏皮话）、lettre de cachet（密旨）——等等,是很不容易用另一种语言翻译的,因为与其说它们描绘的是一些浮现在头脑中的对象,还不如说它们刻画了说这话的民族在性情上的特点。

（2）英吉利民族。这个不列颠的古老血统①（克尔特人的一支）好像以前是一个勤奋的种族,只不过德意志人和法兰西血统的人民的迁入（因为罗马人短暂的出现并不能留下显著的印迹）,而让这个民族的独创性泯灭了,就像他们混杂的语言所表明的那样。而且,由于他们那颇有利于抵挡外敌、更能诱使他们自己成为侵略者的孤立的地理位置,使得这个民族成了一个强大的海上商业民族,因此他们就具备了一种即使原先在天性中并不具备的,却为自己获得了的特性。所以,即使英国人的特性仅仅是指从过去的经

---

① 正如比瑟博士所正确指出的那样（根据"不列颠"一词而不是"布列塔尼"一词）。——原注

验教训中学到的一些原则，这种呆滞的思想也会给一个人带来了这种重要的特性，即人们肯定知道可以把他看成什么人，以及他会把别人看成什么人。

法兰西民族的这种特性对于任何别的民族来说更是不相投合，这可以解释为：因为英国人在和他人甚至他们自己人之间打交道时放弃了像法国人那样的一种最优秀的亲善的交往性，只要求他人的尊敬，而每个人又只愿相信自己的头脑。英国人为自己的同胞们建立了庞大的在其他所有民族都没有的慈善机构，却因为命运而流浪到他们土地上的并陷入危难的外国人却因他不是英国人，常可能死在垃圾堆里。

但即使在他们自己的国土上，英国人仍然是孤立的，是吃自己的所得。与在餐馆吃饭比起来，他宁愿一个人花同样多的钱在单独的房间里吃，因为毕竟在餐馆里要讲究一定的客套。而在外国，比如在法国，英国人来到那里只是为了把沿途的旅馆宣布为令人厌恶的（像夏普医生说的那样）。他们聚在这些旅馆里，也仅仅在他们之间保持交往。但令人奇怪的是，一方面大多数法国人喜欢英吉利民族，并对其抱有尊敬的赞美，另一方面英国人（不必走出自己的国土）则对法国人怀有普遍的憎恶和蔑视。也许这怪不得邻国的竞争性（因为英国人把自己看得必定比法国人优越），而应归咎于普遍的商业精神，这种精神以最优先的地位为前提而产生，在这个民族的商人之间它是和社交相背离的①。由于这两个民族

---

① 一般来说，商业精神就像贵族精神那样本身就反社交。一间店面（商人这样称自己的柜台）与另一间店面是由各自的生意分开来的，正如一块骑士领地和另一块是由吊桥隔开来一样。它们都毫不客气地把友谊的交往从中赶出去，除非这涉及他的被保护者，但这些被保护者并不会因此而被当作他的亲密无间的兄弟那样来对待。——原注

隔海相望，只由一条沟渠（虽然也可称作海峡）隔开来，然而在他们的争斗中，这两个民族间的竞争毕竟产生出以不同方式改变了的政治特性，一方面是担忧，另一方面是憎恶。这是他们不可调和性的方式，一方企图自保，另一方企图控制对方，并在对抗中消灭对方。

现在我们更有可能去把握别的民族的性格特征了。他们的民族特性不像上述两个民族那样通常从不同的文化类型中产生，而要从他们由不同原始血统的混合而来的先天素质中产生出来。

（3）由欧洲和阿拉伯（摩尔人）血液的混合而来的西班牙人，在公共和私人作风中都表现出某种庄重性，甚至农民在依法律不得不服从的上司面前，也显示出自己尊严的意识。西班牙人的庄重风度，甚至于在他们的谈话中也存在的语言的虚夸，都显示出一种高贵的民族傲气，因此对于法国人的亲密放肆他们是完全反感的。他们温顺地服从法律，尤其是真心诚意地服从他们古老的宗教法律。这种庄重也并不妨碍他们在轻松愉快的日子里尽情娱乐（比如用唱歌跳舞来开始收获的时候）。当夏夜里欢快地跳起了探戈舞时，有不少在此时享有空闲的劳动者就在大街上伴着这音乐跳着舞。这是我们看到这个民族好的一面。

这个民族的不足是他们不向外国人学习，不愿为了认识其他民族而旅行；①在科学上也许还停滞在几百年之前；对所有的改革表示沉默，以无需工作为荣，喜欢像斗牛那样的浪漫主义情调；像从前的 Auto da Fé（宗教法庭的火刑）证明的那样残忍，而且在其

---

① 既未萌发过要用自己的眼睛认识外部世界的无利害的所有的好奇心，更不想（作为世界公民）移居国外的民族，其精神的局限性就描绘了他们的某种特性，这就使得法国人、英国人和德国人要超出于其他民族之上，也即在其他民族面前表现得出类拔萃。——原注

兴味中显示出一些非欧洲的血统。

（4）意大利人融合了法国人的热烈（欢快）和西班牙人的严肃（庄严），他们的审美特点是一种和激情相联结的兴味，就像从他们的阿尔卑斯山到那些有诱人风景的山谷，一方面给人提供勇气的源泉，另一方面也给人以宁静的享受。这种气质既不是混浊的，也不是零乱的（因为那是产生不了什么特性的），而是一种感性的情调，它产生了崇高的感情，只要这种感情同时又可以和美的感情一致。在他们的表情中表现出他们情感的强烈活动，因而他们的面部是表情丰富的。他们的律师在法庭上的控诉是如此地满怀激情，看上去就像是舞台上的一席朗诵。

意大利人在艺术趣味方面占有优势，就像法国人在说话趣味方面有优势一样。法国人喜欢个人消遣，意大利人则更喜欢公共娱乐，如壮观的列队游行、大型戏剧、狂欢节、化装舞会，公共建筑的豪华、用画笔或镶嵌工艺所作的绘画、宏伟气派的古罗马遗迹，这些都是为了观看，也是为了在大庭广众之中被观看。但同时（为了不忘利）也发明了股票、银行和彩票。这是他们好的一面：这样一种自由是冈朵拉船夫和那不勒斯流浪汉在上等人面前也可以拥有的。

比较坏的一面是：像卢梭所说的他们在宫殿里交谈，却在老鼠窝里睡觉。他们的茶话会和交易所相似，一个大型聚会的女主人不惜破费，以便人们在闲逛时相互传送当天新闻，但不一定要有友情，这女主人只和从中挑选出来的一小部分共进夜宵。糟糕的方面则是：持刀杀人、拦路抢劫、杀人犯躲进圣地避难所、警察的玩忽职守等等。但这一切都不能归罪于罗马人血统，这倒是要归罪于他们的双头政治的政府形式。——但这些指责决不能由我负责，它们通常是英国人传播开来的，这些英国人除了他们自己的制度外不喜欢任何其他制度。

（5）德意志人有一种品质好的名声，即诚实与俭朴的名声，这些特性恰好是和表面上显得庄严的事情不相适合的。德国人在所有的文明民族中是最容易且最持久地服从他所属的政府的，对于所适用的规章制度，他们离改革的欲望和冲突的情绪最远。他们的性格是融合有知性的粘液质，既不对已有规章制度作什么幻想，也不自己设想出某种制度来。然而他们又是各种国土和气候条件下的男子汉，随便地移居国外，并不狂热地固守于自己的祖国。但同时他又是作为殖民者到国外去的，他在那里立即与其同乡组成某种形式的公民团体，这种团体通过他们语言上、部分也是宗教上的统一使他们定居为一个小民族，它在上级政府之下，在一种温和而有道德的状态中，以勤奋、整洁和节俭在别的民族的移民们面前显示出自身的优越性。对此，英国人也对在北美的德国人作有以上的评价。

因为粘液质（从好的一面）是这么一种气质，即冷静思考，坚持不懈地追求自己的目标，同时又忍受得住随之而来的艰辛，所以，对于德国人的正确知性和深刻反思的理性的天赋，人们可以寄予上述厚望，就像对任何一个有能力创造最伟大文化的民族那样。只是除去机智和艺术趣味的领域，他在其他一方面也许比不上法国人、英国人和意大利人。这就是他通过坚持不懈的勤奋可以达到的好的一面，而这恰恰不需要天才①。天才也是和这种实用性，

---

① 天才是发明那些不可经传授或学习得来的东西的天赋。人们尽管完全可以由他人传授，如要他写一篇好的韵文，但却不能叫他写首好诗，因为这必须出于作者自己的天赋。所以人们不能作为工业产品由定购或付足够的钱来得到一首好诗，而必须像期盼灵感一样来期盼它。灵感是一种诗人自己也说不清是怎样得到的东西，即某种他不知缘由的偶然本心。（守护神知道，我们天生的幸运受制于哪颗星星。）所以，天才偶尔出现又消失，在一瞬间的显现中闪光，这不是随意点燃和随意燃烧下去的火光，而是像迸发的火星那样是由精神的幸运的心血来潮从创制的想象力中诱发出来的。——原注

即和德国人与健全知性的天赋相联系的勤奋截然不同的。在与人交往中,这种特性就是谦虚。他们学的外语比任何其他民族都要多,他们是渊博知识的批发商(像罗伯特逊所描述的那样),他们在科学领域中开创了一些新的道路,让其他民族随后车来人往地顺道而行。他们没有民族自傲心,像世界主义者那样不留恋自己的故土,但他们在自己的故乡却比其他任何一个民族都更加对外国人好客(如波斯维尔所承认的那样);他们严厉地教育自己的子女懂规矩,就像他们也宁愿专横地让自己的爱好和规章制度相符而不许有什么革新(尤其是在政府里任意进行改革)那样,这是这个民族的优点。

他们的不足是其模仿趋向,独创性的意见在这个民族中少有发现(这和固执的英国人正好相反);但尤其是某种秩序癖,比方说不是将自己和别的国家公民依据近乎平等的原则来分类,而是依据优越性的层次与某种等级秩序来严格分类。在这种等级框框中,在头衔的发明中(如尊贵者和高贵者,名门、望族和贵胄),他们变得全无创造性,因而单纯地拘谨迂腐而最终变得奴颜婢膝。尽管这一切也许要归咎于德意志的帝国组织形式,但同时这种看法也是不容回避的,即这种拘谨迂腐的形式的形成毕竟是源自国民精神和德国人的自然倾向:必须在统治者直到服从者之间创设一个等阶,其中每一级都被标上用于识别的相应称谓。而那些既无职业又无头衔的人就是所谓的贱民。虽然他们也仍然给颁发头衔的政府带来了某些利益,尽管如此,他们仍在臣民们那里激起这样的要求,即要对非臣民的人在重要性的评价上进行限制。在别的民族看来这肯定会显得可笑,实际上为了在一个概念下抓住一个整体而进行有条理的划分的这种严格性和需要,则反映了在天生禀赋上存在的某种局限。

俄国还不是一个需要对其已经发展起来的自然素质确定一个概念的国家,波兰则更不是一个这样的国家,欧洲的土耳其各国却从来也没有而且也不会成为需要获得某种确定的民族特性的国家。所以,对他们的描述在此就可以适当地略去不谈了。

一般来说,因为这里谈论的是各民族可以说是扎根于人类血缘混合的天生的自然特性,而不是那种后天取得的。人为造成(或修饰过)的性格特征,所以人们在对这种特性描绘时必须十分地小心谨慎。希腊人在严苛的土耳其及其温和不了多少的卡罗耶耳的压迫之下,就像他们的身体、形象和面部特征的形态都没有了一样,他们的特性中属于他们自己的性情(如热烈和轻佻)也已经没多少了。相反,如果宗教和政府形式能在某种幸运的情况下恢复其自由的话,那么这些特性也许会重新成为事实了。对于另外一个基督教民族亚美尼亚人而言,占统治地位的是某种特殊形式的商业精神,即从中国的边境出发,一直步行到几内亚海岸的科尔索海角去做买卖,这说明这个理智而勤奋的民族有一种特殊的血统。这个民族在一条从东北到西南的路途上几乎横穿了整个旧大陆,而且知道怎样和他们遇到的各个民族和睦相处,他们在现代人的轻浮和谄媚奉承面前显示出一种优越的特性,这种特性起初是如何形成的我们已无法研究了。也许大体上可以对此下这样的断言:血统的混杂(在大征服中)使民族间的性格差异逐步消除,在无形之中体现了博爱主义对人类带来的意义。

(黎琳　刘根华　译)

论种族的特性

对这一方面我可以引证汉诺威枢密顾问官吉尔坦纳先生在其著作中（和我的原则一致）为此所作的透彻的解释和漂亮的发挥。只不过对可看作同一种族的人所表现出来的家族类型、多样性和变异，我还要再作些说明。

大自然在此作为自己的法则来运用的并不是故意让各种不同种族融合为类似的，而恰恰相反，也即并不是在产生种族时使各种特性经常不停地相互接近，以至于最后只剩下一幅相同的肖像，就像是用一个模子印出来的一样；不消说，这是在同一人种（如白人）的民族中，在同一血缘甚至是同一家庭中，都在肉体上和精神上无限地分化为各种各样。虽然保姆为了奉承一位雇主而说："这孩子这里是继承了父亲，那里是源于母亲。"如果真是如此，那么所有人类生育的模型就早用完了，而且那样一来繁殖就会受到阻碍了，因为交配的多产性是通过个体的异质性来给予补充的。因此比方说，灰色头发并不是由一个黑色头发的人和一个金黄色头发的结合而造成的，而是标志着一个特殊的家族类型。大自然本身有足够的储存，而不至于由于缺少现成的模型而把一个过去已存在过的人送到这个世界上来。众所周知，连血缘相亲也会产生不育的后果。

（刘根华　译）

论种类的特性

如果要从类来确定某些生物的特性,那就需要将这些生物和另外那些我们熟悉的生物置于同一个概念之下,而使这些生物区分开来的东西则被当作特点而规定为并被用作区分的基础。然而,当拿一个我们熟知的生物的种(A)来和我们并不认识的另一个生物的种(非A)进行比较时,如果我们缺少用于比较的中间概念,我们怎么能期待或者要求对前一个生物的种确定一种特性呢?最高的种类概念也许是尘世的理性生物的概念了,因此我们就说不出它的一种特性来。因为想要能确定它的特性从而将那种尘世生物放在一般理性生物中来确定其特征,那我们缺少非尘世的理性生物的知识,所以看来要确定人类特性这一难题根本就解决不了。问题的解决必须在两种理性生物的比较中通过经验的方法,但是后一种理性生物却没有为我们提供经验。

所以,为了在有生命的自然体系中排定人的位置,并对其特性进行确定,我们面前只剩下这样一点:人具有一种自己创造自己的特性,因为他有能力按照自己采取的目标来完善自己,他因而可以作为先天具备理性能力的动物而把自己造就为一个理性的动物。因此,首先他是保持着自己和自己的种类;其次,他锻炼和教育着这个种类,并对其进行日常社会性的教化,另外,他还把它作为一个(按理性原则安排的)社会性的整体系统来治理;但同时,经过和地球上可能产生的理性生物的一般理念作比较,人类的特征就是这样来描绘的:大自然把不和的种子植入了人类中,它原本是要让人类自己的理性从这种不和中形成那种和睦的大同,或至少是不断地向其逼近。虽然这种大同在理念中是目的,但是实际上前者(不和)在大自然的设计中却是一种我们无法得知的最高智慧的手段,即通过文化的进步来形成人的完善,即使这伴随有人的某些生活乐趣的牺牲。

在有生命的地球居民中,人和其他所有自然存在物可以作这样一种区分,即人可以利用事物的技术性素质(和意识相联结的机械性素质)、实用性素质(巧妙地利用他人达到其目的)以及在他本性中的道德性素质(根据法则下的自由原则来对待自己和别人)。这三个阶段中的每个阶段本身就足以规定人的特性,并将其从别的地球居民中区分开来。

(1) 技术的素质。问题如下:在起源上人是确定为四足行走的(如莫斯卡所推测的,也许只是加在学位论文的论题上的),还是两足行走的? 或者,是确定为长臂猿、猩猩、黑猩猩还是别的动物?(林耐和康培尔对此争论不休),他是食果动物(因为他有个膜状胃)还是食肉动物? 他既无利爪也无尖齿,因而(除理性外)他没有任何武器,那么他天性是不是猛兽? 对这些问题的回答是没有什么疑虑的。也许还可以提出这个问题:人天生是好社交的动物还是独居的或者厌恶邻居的动物? 其中也许后一种情况是极为可能的。

人类的祖先以自然为伍,以自然为食。如果他们不具备这种自然本能,那我们人类就会很难和大自然保存种类的计划相符合。第一个人就会在他碰上的第一个池塘里淹死,因为游泳已经是一种必须学习的技术,或者他会大吃毒茎毒果以至于在持续不停的危险中死去。大自然把这种生存本能植入了人类第一对夫妇中,这对夫妇又把这一本能传给他们的孩子,人类因而习以为常了。

鸣禽教给幼鸟以某种歌声,并经由传统将其流传下去。一只还没睁开眼就从巢里取出来并单独养大的鸟儿,在它长大后便没有了歌声而只有某种天生的嗓音。那么,最初的歌声是从哪里来的呢?① 因为这并不是学来的。但如果是根据本能产生出来的,那为什么又不遗传给幼鸟呢?

人作为有理性的动物,其特征已经在他的手、手指和指尖的形状构造上,部分是在组织中,部分是在细腻的感觉中显现出来了。大自然因此而使他变得灵巧起来,这不是为了把握事物的一种方式,而是不确定地为了各种方式,因而就是为了运用理性;人类的技术性或机械性素质通过这些就标志为一个有理性的动物的素质了。

(2) 实用的素质。这是一个更高的阶段,就由教化产生的文明以及人类的一种自然倾向。这时人在社会关系中走出仅凭个人武力的野蛮状态,因而成为一种有规矩的(虽然还不是有道德的)、被规定为和睦一致的生物。他有能力而且也有必要通过教导和训练(纪律)而受到某种教育。这就有一个(同意还是反对卢梭的)问题:人类的特性按其自然素质来看,在其自然的野蛮状态中是否

---

① 人们可以和林耐爵士一起接受自然考古学的这一假设:从普遍覆盖着整个地球的海洋中,起初从赤道底下耸起了一个山峰般的岛屿,在这个山峰上渐渐形成各气温带,和与之相适应的动植物一起,从低岸边炎热的赤道气温直到峰顶上寒冷的北极气温。至于各种鸟类,它们模仿着各种天生嗓音,只要嗓子允许就把每种声音和另一种结合起来。鸟类就是这样形成了自己一定的歌声,然后通过传授由一只鸟将这歌声(像传统那样)传给另一只。甚至可以发现莺类在不同国家也形成了不同的鸣叫。——原注

要比在后果无法预测的文化的修饰状态中更好一些。首先必须记住,在所有其他只顾自己的动物中,任何个体都实现着它的规定性,但对于人却只有类才可能会如此。所以,人类唯有经过世世代代的无穷尽的一系列进步,才能努力去追求其规定性,在这里,他的目的终归是永远停留于展望之中。人类去达到这个最终目的的这种倾向也许经常会受阻,但又不会使人类完全倒退回去。

(3) 道德的素质。此处的问题在于:人性本善还是人性本恶,或者,人在由某个人对他进行教育时其本性上对善或恶是否都同样容易接受("他就像一块蜡,任凭罪恶摆弄")。假如是后一种情况,那么人类本身就是没有特性的,但这却是自相矛盾的。因为一个具有实践理性能力和意志的自由意识的生物(一个人),即使在某种义务法则的最模糊的观念中,在对他所遭受的或他让别人遭受的公正或不公正对待的感情中(此时这种感情就称为道德感情),他也能觉察到那种意识。这本身就已经是一般人类的一种良知的特性了。就此而言,人依其天生素质(即天性)是善的。但是经验也表明在人的身上也有一种竭力希求违禁事物的倾向,哪怕他知道这是违禁的,即引向恶的。由于这种倾向是不可避免并萌发得极早,以致人们一旦运用其自由它就开始了,因此也可以将其视作天生的。人们按其善感的特性也可以被(从天性上)看作是恶的,但这并没有谈到类的特性时的那种自相矛盾,因为人们可以承认人类的自然规定性是存在于连续不断地向更为完善化的进步当中。

针对人类的规定性的实用人类学整体以及人类教养的特征描述如下:人因其理性而规定为和他人处于同一个社会中,并在社会中通过艺术和科学受到教化、文明化和道德化;即使他消极地沉湎于被其称为极乐的安定和舒适生活的诱惑中,即使这种动物性趋势极其巨大,人们也会更积极地与把他束缚在本性的野蛮中的障碍作斗争,以便建立起人类自己的尊严。

人必须被教育是为善的,但那个教育他的人又还是一个处于自然的野蛮状态的人,此时却要促成其自己也仍然需要的那件事,因此他就经常地偏离其规定性,同时又总是重新回到自己的规定性上来。我们想列出解决这个难题的困难和障碍。

(1) 人类在肉体上最低限度的规定性就在于他要保持作为动物的类的这一驱动力,但是此时人的发育的自然阶段还不会直接与公民性的那些阶段相吻合。根据前一种阶段,处于自然状态中的人至少在15岁时就受到性本能的驱动,也有能力产生和保持他的种;而根据后一种阶段,他在20岁以前(平均来说)却很难做到这一点。因为,即使少年人早已有了足够的能力来满足他及其妻儿作为世界公民的意向,但他要作为国家公民以维持其妻儿的生活的能力也还远远不够。他必须掌握一门职业,懂得如何和一个女人一起开始家庭生活。在那些比较有涵养的民族类型中,甚至要花25年的时间,然后才能在自己的规定性上变得成熟。那么,这一段被迫和不自然地节欲的时间空白他用什么来填补呢?这就几乎只有罪恶了。

(2) 作为一种让人类变得高尚的教养,在人类整体中对科学的推动并不和寿命长短成正比。一位至今仍在文化领域中产生影响,使这个领域本身得以拓展的学者被死神带走了,由一个初学者替代了他,而这位学生刚好在其继续跨出了同样的一步以后,在其生命终结前不久又再次把他的位置让给另一个人。如果阿基米德、牛顿或拉瓦锡和他们勤奋与才华都受到大自然的恩赐,以让他们的年龄延续到一百岁而生命力却不减弱的话,那将有多少知识、多少新方法和新发明已摆在我们面前呢?然而,人类在科学知识中的进步却一直只是断断续续的（从时间上来讲），并且因倒退而得不到保障，这种倒退总是通过穿插其间的使国家遭到颠覆的野蛮状态来威胁人类科学的进步。

（3）人类的本性驱使他不断地去追求绝对，而理性却局限于将幸福建立在尊严的条件下，即建立在道德上。正因为这样，所以人类才在绝对方面似乎很少达到自己的规定性。卢梭对敢于从自然状态中走出来的人类阴郁的（伤感的）描述，宣扬重新回到自然状态和返回到森林中去。人们可不能完全把这种描述看作他的真实意见，他只是以此说明人类在不断接近人的规定性的路途上所遭遇的困难。一个人是不会无理由地编造出这种意见的，过去和现在所有时代的经验肯定让每个对此进行思考的人感到困惑，不知道人类的状况是否总有一天会变得好一些。

卢梭的三篇论缺陷的文章，第一篇谈的是由于人的力量的软弱而使人类摆脱自然、走进文化，第二篇谈的是由于不平等和相互压迫而让人类文明化，第三篇谈的是因反自然的教育和思维方式的畸形而形成所谓的道德化。这三篇文章可以说是将自然状态当成一种天真无邪的状态来描绘（天堂的守护者带着火剑拦住人们重新退回到那种状态中去），它们应当只是《社会契约论》《爱弥儿》《萨伏依副主教的自白》的前导［按：《萨伏依副主教的自白》只是《爱弥儿》中的一章］，要从缺陷的迷途中找到出路，而这种缺陷又是因人类自身的罪过而引起的。从根本上讲卢梭并不想让人类重新退回到自然状态中去，而只会是从现在他自己所处的阶段上去回顾过去。他承认人的本性（就其可遗传性来说）是善的，但却运用了消极的形式，也即他本身并不是故意要做恶，而仅仅是有被恶劣的或不适当的引导者和榜样传染和腐蚀的危险。但又因为想要由善的人来作引导和榜样，那这些人就必须是本身受过教育的，而又不可能由一个自身(因天性或教育)被腐蚀的人来对他进行教育,所以不但是按照程度,而且即使是按照原则的性质,人类的道德教育问题也还是解决不了的。人类天生的恶的倾向虽然遭到普遍的人类理性的谴责,最多还受到抑制,但却并不因此而被消灭。

将人类善的素质人为地加以提升,达到其规定性的最终目的,它的最高层次是公民状态。但在这种状态中动物性却比纯粹的人类性显现得更早,从根本上说也更有力,而驯服的家畜却不过是因为懦弱才比起野兽来对人更有用处。个人意志随时都可以爆发出其他人的反感,并常常努力让自己对于绝对自由的要求不但是独立的,而且甚至成为凌驾于本性以及像他那样的其他存在之上的主宰。这一点即使在最小的孩子身上也已经能显示出来①。因为大自然在他身上是从教养引向道德性,而不是(像理性规定的那样)从道德性及其法则开始努力引向某种以此为目标的符合目的性的教养。这难免会成为一种反目的性颠倒倾向,比如本该成为一种必要的道德教育的宗教课却从只是培养记忆力的历史教育开

---

① 在刚生下来的婴儿那里就可听到的哭叫,并不带有悲伤的腔调,而是带着愤慨和激怒。这并非因为他有什么痛苦,而是因为他感到某种恼怒,可能是因为他想要自己活动,而又感到自己的无能像条锁链剥夺了他的自由。大自然到底是为了什么而故意让婴儿大声哭叫着降生到世界上来? 在原始自然状态中,这对婴儿和母亲来说毕竟是极其危险的,因为这甚至会把狼和野猪招过来,趁母亲不在或者因分娩后极其疲倦时吃掉婴儿。然而,除了人之外(就他目前这种状况而言),没有一种动物会在降生时大声地告知他的存在,看来这是大自然的智慧为了种的存续而设计好了的。因此必须承认,婴儿这种喧闹的降生在作为动物阶段(即作为野蛮状态的演进)的早期自然阶段中还不存在,因而只是在后来的第二阶段中,当父母已达到了家庭生活所必需的那种文化状态以后才出现的。我们并不知道大自然是如何以及通过哪种起作用的原因而形成了如此发达的文化。这种看法进一步产生如下这种思考:是否紧接着这第二阶段之后,在自然界发生大变革时,还有可能出现第三个阶段,此时猩猩或黑猩猩将把自己用于行走、触摸物体以及用于说话的器官训练成人的肢结构,将其内心最深处的某个机能视作知性的运用,这个机能是因社会性的文化教养而逐步地发展起来的。——原注

始,从而徒劳地试图由此而引出道德的结果。

人类是在类的整体中接受教育,也就是说他并不是任何个体不成系统地仅作为一个拼凑起来的集合体,而是集体地接受教育并坚定不移地努力去追求一个既必须立足于自由原则,又必须立足于合法的强制原则上的公民状态,——这毕竟是人只能指望着天意即某种智慧来作的事情,这种智慧虽不是人的智慧,但毕竟是他(因为他自身的罪过)所达不到的属于他自己理性的那个理念。可以说,这自上而下的教育是有好处的,但却是粗暴的。它通过许多不幸,甚至几乎足以让整个人类近于毁灭而对人的天性进行严厉的改造,也即推进善的产生过程。这种善并非人蓄意产生,但一经存在就保持下去,而是从那自己和自己永远处于内在的分裂状态的恶中产生的。天意指的就是这么一种智慧,它是在我们不断毁灭却又总是防止毁灭的有机自然存在物的种的保存中以赞叹的心情知觉到的,但是并不由于这种赞叹就设想在这种安排中存在一个比我们在动植物的种的保存方面已采用的还要高的原则。另外,人类应该而且能够成为自己幸福的创造者。不过这一点并不能先验地从我们知道的人类禀赋中推导出来,而只能带着建立在某种必要性上的期望从经验和历史中推导出来。这种必要性就是不能对人类向善的进步感到绝望,而应是(轮到头上的每个人)都要以所有聪明和道德的示范来促成接近这一目的。

可以这样说,人类的首要特性是这么一种东西,即它可以从中事先认识到这一存在的规定性。但人们可以作为基本原则视其为自然目的的是,大自然要求每个生物都达到自己的规定性,进而使其本性中的各种素质都合乎目的地为了它自身而发展起来,以便即使不是由每一个体也是由种来达到这个目的。对于不具理性的动物,这种情况是现实地存在着的,而且这是大自然的智慧;而对于人来说却只有类才能够做到这一点。因此,我们在世界上具有理性的生物中只认识一个类,即人类,而在人类身上也只认识为此目的的某种自然倾向,即通过其自身的努力总有一天要把从恶到善的发展推进到这样一种状态,即一种可以带着有道德的(能够足以促成这个目的的义务)确信来期盼的愿景,只要这种状态不被大自然的变革突然一下子中断。因为人是这么一种生物,他尽管被恶毒败坏了,但毕竟它是先天具有丰富的创造才能同时又有某种道德素质的理性生物,对于自私自利在他们之间引发的灾难,随着文化的进步他们只会有越来越强烈的感受;而且,除了他把(个别的)个人感觉即使是不情愿也要服从某种(公民社会的强制性)原则的(所有人协调的)共通感之外,他们在自己面前看不到消除这种灾难的其他任何手段。而对该原则的服从又只是按照他们自己制定的法律,他们通过对这一点的意识来感觉到自己的高尚,并感觉到自己属于一个适合于人的规定性的类,正如理性在理想中将这一规定性展现于人的那样。

(刘根华　黎琳　译)

关于天体运行的理论构想[①]

选择这样的一个题材是吃力不讨好的,不仅因为它内容艰深,而且还因为其涉及宗教。对大部分读者而言,在这个领域也许一开始就为一种有害的成见所束缚。要在整个无穷无尽的范围内去发现把宇宙各个巨大部分联系起来的系统性,并要运用力学定律从大自然的原始状态中探索天体本身的形成及其运动的起源,这些想法似乎已经超出了人类的理性能力。而另一方面,宗教则对这种大胆行为严加指责,因为我们理应从大自然自行的这种发展、结果中发觉至高无上者的直接参与。同时,宗教还担心,在这种好奇的考察中,无神论者会找到有利于自己的辩护。面临的这些困难,我是很清楚的,但我并不胆怯。我所作的一点猜测,是一次冒险的旅行,但我已经看到了新大陆的边缘。勇于继续探索的人将登上这个新大陆,并以用自己的名字来命名它为快慰。

当然,我的探索是以自己对宗教承担的义务不致受到损害为前提的。每当我前进一步,看到迷雾四散,这使热情倍增。在那朦胧的迷雾的后面,似乎隐藏着一个伟大庄严的形象。当雾渐渐散去,至高无上的至尊就以夺目的光辉显现了出来。我知道这种努

[①] 选译自康德《自然通史和天体理论》前言,标题为译者所加。——译者注

力不会受到任何的惩罚,所以我愿意忠实地阐述一下那些善意的或不那么善意的人们在我的计划中可能认为是有违教义的东西。我准备以坦然的态度去面对正统宗教法庭的严厉制裁。卫道士们啊,就听我来陈述理由吧。

秩序井然而美好的宇宙,如果只是受到一般运动规律所支配的物质所起作用的结果,这种自然力的盲目机械运动能从混沌中如此壮丽地发展而来,并能自动地达到如此完美的地步;那么,人们在欣赏宇宙之美时所得出的神是创世主的证明,找到的根据就完全失效了。大自然是自身发展起来的,没有神来统治它的必要。于是伊壁鸠鲁①主义,又在基督教国家中找到了根据。一种不敬神的哲学把信仰践踏在脚下,不过信仰却仍然以其灿烂的光辉照耀着这种哲学。

只要我看到所讨论的这个题材有其牢固的基础,我才会深信宇宙真理的可靠,并对一切与它相矛盾的东西当作谬误而置之不理。但我的体系同宗教是一致的,正因为如此,我是无畏的并有着坚定的信念。我也承认这种证明的价值。即认为宇宙的美和完善,是有一个最高智慧的创造者的存在。只要人们不是轻率地反对一切信念,人们就必须承认这种无可争辩的理由已经取得了胜利。但是我说,由于卫道士们笨拙地利用这些理由,同自然主义者争吵不休,这样,他们这些卫道士们毫无意义地在自然主义者面前暴露出了自己的弱点。

人们习惯于谈论大自然的和谐与完美,谈论它的目的以及目的与手段之间的完善关系,并为此而赞叹不已。但是,人们在赞美

---

① 伊壁鸠鲁(前341—前270),古希腊杰出的唯物主义哲学家和无神论者。——译者注

的同时又在贬低它。人们说，大自然根本不懂得什么是完美和谐，如果它听任自然一般法则的支配，则只能导致混乱。那些和谐只表示有一种外来的力量，把无规则状态的物质强行纳入一个明智的计划之内。但是我却认为：如果物质的普遍作用规律是所谓最高设计的一种结果，那么，这些规律除了力求自行完成最高智慧所安排的计划以外，也就不可能还有别的使命。我们能否这样设想，其实，物质和它的普遍规律是相互独立而存在的，最大程度地利用它们的那种最高智慧的力量固然是很大的，却并没有大到无穷，它固然是很强的，却也没有强到无以复加的程度。

卫道士们担心的是，用物质的自然倾向来说明这种和谐，会证明大自然的存在和运动与神明无关。他们很明确地指出，如果人们对于宇宙的一切秩序可以找到自然的原因，而这些原因又能从物质最普遍和主要的性质中促成宇宙的一切秩序，那就不需要再乞灵于最高主宰了。但自然主义者觉得不反对这个假定对他是有利的。他举出一些实例来证明一般的自然规律具有它的完美性，并用这种完美性当作他们手中的武器，使那些信奉正统教派的人陷于困境。我也想来引用这样的例子，作为造福人类的安排，人们曾多次举过这样的典型实例：即在最热的地带，正当受热的地面最需要散热的时候，海风就会来满足这种要求，吹过地面，使它凉爽。比如，在牙买加岛，每当太阳高高升起照得地面很热的时候，约在上午九点海风就开始向陆地上四面八方吹来，太阳升得越高，风力就越大。下午一点，天气自然最热，风力也就最大，以后随着太阳逐渐下落风力也逐渐减弱，到了晚上就平静得和早晨太阳上升时一样了。如果没有这种如人所愿的安排，这个岛上人类就无法居住了。热带的所有海岸居民都享受到这种幸福。这些海岸也最需要风，因为那里是干旱地带，地势最低，天气也最热。海风吹不到的地方也正是地势较高,气候较凉,需要海风也较少的地方。这一切不正是很有说服力的,是运用灵巧的手段达到结果的一种有力的证明。然而自然主义者却认为,必须从空气的最一般的特性中寻找那种现象的自然原因,而不需要设想有什么特殊的安排。他们说得很对,即使没有人居住在这样的岛上,海风一定还是要作这样的周期性运动的,这种风既不是为了植物生长的需要,也不是由于别的其他原因,而是由于空气的弹性和重力造成的。太阳的热破坏了空气的平衡,使陆地上的空气变得稀薄起来,并使较凉爽的空气从海面升起,逐渐地扩散。

总之,对地球而言,不存在哪一种风的利用的好坏问题。风的出现并不需要别的安排,只是由于空气和热的一般特性,而空气和热总是存在于地球上的,和这些目的根本无关。于是,无神论者就会这样发话,如果你们自己承认人们可以用最一般、最简单的自然规律来说明有益的和具有一定目的的状况,而无须借助最高智慧来主宰,那么,你们在这个例子中就会看到你们承认了的说法的证明。整个自然,尤其是无机界,这种证明是到处可见的,它使人们认识到物质通过自己的力的作用,会得出某种正确的结果,并能自然而然地满足理性规则的要求。这样,有人如果要拯救宗教的崇高事业,想要千方百计否认一般自然规律有这种能力,他就会陷入困境,他的拙劣的辩护恰恰使他无法战胜无神论者。

但是,我们再来分析支持无神论者那些论据,如何成为反驳无神论者自己的有力武器。那些受最普遍规律支配的物质通过它的自然活动,或者说——如果人们愿意这样说的话——通过盲目的力学运动,产生合理的结果,但这些结果看起来却是一种最高智慧的设计。空气、水和热自然而然地产生了风、云、灌溉土地的雨水和河流以及其他一切有益的结果,大自然如果没有这些变化,就会悲惨、荒凉而无生机。然而大自然产生这些结果，不是由于纯粹的巧合或偶然，因为如果是偶然，那么它们同样也会产生不好的结果；人们却看到它们是受自然规律支配的，它们只能这样而不能那样地起作用。所以问题在于，人们应当去评价这种一致性，应当看到，不同性质的事物能够互相结合到这样高度一致和完美的程度，使得人类和动物都从中受益，就因为它们有一个共同的起源，即有一种无穷的智慧设计万物的主要性质的存在。如果事物的性质各自独立并互不相关，那么这是多么难以令人接受的巧合，或者更正确地说，它们各自的自然活动竟会如此合拍，仿佛有一种深思熟虑的明智选择使它们协调起来的，这是多么不可能呀！

现在，我可以进行这种具有冒险性的探讨。假定整个宇宙的物质都处于普遍的分散状态，并由此造成一种完全的混沌。根据给定的吸引定律，人们看到了物体的形成，又看到了斥力改变物体的运动。这时，不需要任意的虚构，只要按照给定的运动定律，就可以看到一个秩序井然的整个系统产生出来，这系统与我们眼前所看到的那个宇宙系统十分相似，以至人们不得不把它们当作同一个东西。在大范围内自然秩序的这种出乎意料的发展，起初曾使我怀疑这种正确的相互配合，何以能建立在如此简单而纯朴的基础上。但从上述的考虑中我得到启发，大自然这样的发展并非怪事，它活动的主要倾向所必然带来的是它依赖于那种原始本质的最好证明。原始本质甚至于其自身中包含着一切本质及其最初几条作用规律之源。这种认识使我有了自信。每前进一步，我的信心就更是增加，而我的胆怯也随之消失。

人们也许会说，你为自己所作的理论辩护，也是在为伊壁鸠鲁的意见辩护，他的看法和你的体系极为相似。与伊壁鸠鲁的观点有一致之处这一点，许多人就是以这种论据为借口而变成了无神论者。但是，仔细考虑这种论据，仍有使他们深信至高无上确实存在的可能。我们很多非常错误的结论，是由于对无可非议的原理作了颠倒的理解。伊壁鸠鲁的结论就是这样，虽然他的设想可以看作为大思想家的一种智慧。

并不否认我的理论与卢克莱修①或他的先驱伊壁鸠鲁、留基伯②和德谟克利特③的理论有很多相似之处。我像那些哲学家一样，认为大自然的最初状态，是一切天体的原始物质，或者如他们所说的原子，都普遍处于分散状态之中。伊壁鸠鲁认为，有一种重力促使这些基本质点下沉，这种下沉似乎与我接受的牛顿所讲的吸引区别不大。伊壁鸠鲁也认为那些基本质点的下降同直线运动有某种偏离，尽管他在说明这种偏离的原因及其结果上有不合理的想法；这种偏离和我们从质点的斥力中推论出来的直线下降的变化是多少相符的；最后是从原子的杂乱运动中产生的漩涡，这是留基伯和德谟克利特学说的主要部分，而在我们的理论中也将谈到它。尽管古代那些无神论者的理论与我的理论体系有很多相似之处，然而我的理论体系却没有犯他们理论的错误。事实上，即使在那些可以博得人们赞扬的最荒谬意见中，人们也可以随时发现某种真实的东西。但一种错误的原则、或者一些不假思索的推论，会使人从这些真理走上歧途，并终于陷入深渊。然而就上面提到的古代天体起源说和当代天体起源说这两种理论存在的相似性，但两者的区别却是明显的，两者得出的结论也是相反的。

---

① 卢克莱修（约前 99—前 55），古罗马诗人，唯物论哲学家，无神论者。他把古希腊伊壁鸠鲁的原子论系统化。——译者注
② 留基伯（约前 500—前 440），古希腊唯物论哲学家、原子论的奠基人之一。——译者注
③ 德谟克利特（约前 460—前 370），古希腊唯物论哲学家，与留基伯并称为原子论的创始者。——译者注

以上主张宇宙是由力学运动形成的那些学者们,把宇宙的一切秩序看作是从碰巧的偶然中得来,这种偶然性使原子侥幸地聚集在一起,从而产生了一个有秩序的整体。伊壁鸠鲁甚至还荒谬地提出,原子会毫无理由地偏离它们的直线运动而互相碰撞到一起。原子论者这种观点是那么的不合理,以至把一切生物的起源都归之于这种盲目的会合,把有理性的东西说成真正可以从无理性的东西中推导出来的。我的理论体系则相反,我认为,物质是受某种必然的规律所支配的。我看到,物质是能从它的完全分解和分散状态中自然而然地发展成为一个美好而有秩序的整体的。这种情况并不是出之于一种偶然和碰巧;相反的是自然的性质所带来的。物质为什么具有这种能达到合理而有秩序的整体的规律?难道有这种可能,性质各不相同的许多事物,能够如此自行互相制约,以至于会产生一个有秩序的整体? 如果是这样的,我们是在证明,它们有一个共同的原始起源,有一个至高无上的智慧,按照协调一致的目标去设计万物的本性。

这样来看,组成万物的原始物质是和某些规律具有联系的,物质在这些规律的支配下必定自然而然地会产生出美好的结合来。物质没有违背这种完善计划的自由。由于它受一种最高智慧的目标所支配,所以它必然为一种支配它的原始原因置于这样协调的关系之中,而且正因为大自然本身即使在混沌中也只能有规则有秩序地进行活动,所以有一个上帝存在。

我从一些人的坦率看法中受到启发,我的这种设想也为很多人所接受并愿意进行检验,这使我有把握地觉得,虽然我所列举的理由还不能消除关于我的体系会得出有害结论的一切顾虑,但至少它们已使我不再怀疑我的见解所具有的真实性。当然,还有些宗教狂热者对我这种纯洁的意见作恶意的解释,他们认为这是在履行神圣职责,但是我相信,他们的断言在有见识的人们面前,恰恰会得到与他们的意图相反的结果。再则,人们也不会剥夺我像笛卡儿那样因为敢于只用力学规律来说明天体的形成而在公平的法官那里随时所享受到的权利。所以,我要引用《宇宙通史》作者的话:"然而我们不得不相信,这位哲学家试图把某个时候宇宙由混乱的物质所形成,说成仅仅是一度被推动而引起的运动的单纯继续,并归结出几条简明的一般运动规律,这种尝试同另一个哲学家企图用物质原来所赋有的属性来说明问题,因而受到许多人的称颂的那种尝试,同样像某些人所想象的那样,是无可指责的和不藐视上帝的,因为他由此得出了一个更高级的无穷智慧的概念。"

消除宗教方面可能对我的理论带来的质疑当然很重要。我的理论本身在有些地方是存在一些困难的,虽然这理论是真实的。人们会说,上帝能给自然力以一种能自行从混沌变成完善的宇宙体系的神奇本领,但对最通常的事物尚且表示得愚顽不灵的人类智力,是否能在这样伟大的题材中研究出隐藏在它后面的本质呢?这样一种大胆的尝试是正如有人所说的:只要给我物质,我就给你们造出一个宇宙来。人的认识的局限性使之对每天碰到的最普通的事物也争论不清,再要去研究发现宇宙形成以前自然界里高深莫测的东西以及所进行的事情,这不是在做一件徒劳无益的事吗?我很明白地指出,在自然科学所能提出的各种研究中,正是这种对天体的研究可以使人们最容易也最有把握地追溯到天体的起源。同样,在自然科学所研究的各种课题中,没有哪一个课题比整个宇宙的真实结构、一切行星的运动规律及其运行的内部发动机构的研究,更能得到正确而可靠的解决了。牛顿哲学所具有的这种洞察力是任何别的哲学都达不到的。因此,我认为,在人们研究的各种自然物的起源中,宇宙体系的起源、天体的产生及其运动的原因，是人们可望首先得到彻底而正确的认识的。这方面的原因是很容易能看出来的。天体是球形的物体，所以结构最为简单，这是人们在探讨一个物体的起源时所常见的一种结构。天体的运动同样不是混乱的。这种运动无非是受到一次推动后的自由继续。这种推动与中心物体的吸引相结合，便成为圆周运动。此外，天体活动有很大的空间，彼此间的距离远得十分惊人，这一切使得那些物体既可以有条不紊地运动，又能清楚地为人们所看到。我觉得，我们在这里可以在某种意义上毫不夸张地说，给我物质，我就用它造出一个宇宙来！这就是说，给我物质，我将给你们指出，宇宙是怎样由此形成的。因为如果有了在本质上具有引力的物质，那么大体上就不难找出形成宇宙体系的原因。人们懂得物体需要什么才能成为球形，自由悬浮的圆球需要什么才能围绕吸引它们的中心作圆周运动。轨道相互间的位置，运动方向的一致，偏心率，所有这一切都可以归结到最简单的力学原因，而我们很有把握可望找出这些原因，因为它们可以用最简单明了的道理来说明。至于在微小的植物或昆虫身上，人们也能找到它们的发生、发展的原因。难道人们能够说，给我物质，我将向你们指出，幼虫是怎样产生的？难道人们在这里不是由于不知道对象的真正内在性质，以及对象的复杂多样性，而难以自圆其说？但如果我敢于说，一切天体的形成及其运动的原因，或者简单地说，现在整个宇宙的结构，倒是可以先被人所认识的，而且比较用力学的原因来说明一棵野草或一个幼虫的产生反而更为容易，人们大可不必吃惊。

这就是确立我信心，相信宇宙学的物理学部分将来总会完成的根据所在。牛顿已经解决了它的数学部分。在自然科学中，除了使宇宙得以保持现状的规律以外，也许没有比宇宙形成的规律更适宜于运用这种数学分析的了。毫无疑问，一个进行探索的测量技术人员在这个丰硕的领域内,总会有所作为。

在我尽力介绍所探讨的题材,使它得到很好的理解以后,请允许我就题材的探讨方式作些说明。第一部分是探讨整个宇宙的新体系。我在1751年的汉堡《自由判断》中看到了德拉姆斯的赖特①先生的论文,是他首先启发了我,使我不把恒星看作是杂乱无章的,而是与行星系很相似的一个系统,以至正如在行星系中行星的分布十分接近于一个共同的平面那样,恒星分布的位置也尽可能接近于某一个设想为通过整个空间的平面,并且由于恒星密布在这平面上而使它看来像一条发光的带,这条带人们就叫作银河。因为这个被无数太阳所照耀的区域的方向,非常准确的是一个最大的圆圈的方向,所以我深信,我们的太阳必然同样是在这个巨大平面的附近。当我就这种安排的原因作探索时,我看到很可能这些恒星或固定不动的星实际上是在缓慢移动着的更高一级的行星。为了证实这种关于恒星位置变动的设想,我在这里只想引证布莱德雷②先生的文章中关于恒星运动的一段话:如果我们就目前最好的观察同以前较正确的观察作个比较,并根据这种比较的结果作个判断,就可以明白,有些恒星相互之间的位置的确发生了变动。而且我们看到,这并不是由于我们行星系的什么运动。而只能是由于恒星本身的运动所造成。对于这一点,大角星显然就是一个有力的证明。我们如果把这颗星现在的赤纬③同第谷④和

---

① 赖特(1711—1786),英国天文学家,最早提出,我们所看到的大部分星体共同组成一个扁平的独立系统,形状如圆盘,这就是银河。——译者注
② 布莱德雷(1693—1762),英国天文学家,发现光行差和章动现象。曾根据大量观测编制过一本比较精确的量表。——译者注
③ 赤纬,天体在赤经圈上和赤道的角距离。通常以赤道作为赤纬零度,向南北各分90°;+90°为天北极,-90°为天南极。赤经圈就是通过天北极、天南极和某一天体的大圆,是量度天体在天球上的位置的基本圈。——译者注
④ 第谷(1546—1601),丹麦天文学家。——译者注

弗拉姆斯蒂德①所测定的位置相比较,就可以发现其中的差别比他们二人观察的不正确性所产生的误差要大。这样就有理由可以推测,在无数看得见的星球当中,必然还有其他同样性质的例子,它们相互之间的位置,由于种种原因而发生变动。如果我们设想,我们自己的太阳系在宇宙空间中的位置在变动,那么,经过一段时间以后,它将在表观上引起恒星的角距离的变动。这是因为在这种情况下,太阳系对离它较近的星球比离它较远的星球在角距离上有较大的影响,所以即使这些星球本身的确不动,它们的位置却似乎在变动。但如果相反,我们自己的行星系静止不动,而有些星球实际在运动,那么这运动也要改变这些星球的表观位置,而且当它们离我们越近,变动就越大,或者其运动的方向越是可以被我们所察觉,其变动也就越大。由此来看,当人们考察极其遥远的星球时——肯定有一些星球处于距离这样远的地方——由于有种种原因可以使星球的位置发生变化,所以,大约可能需要好几个世代才能确定一个星球的表观变动的规律。因而要确定一切最值得注意的星球的一些变动规律,必然是困难得多的事情。

要把我的体系与赖特先生体系的星线关系说得很清楚是困难的。有的地方因袭了他的说法,也有的地方我作了发展。然而我掌握了人们可以接受的一些根据,在一个方面把它大大地发展了。我考察了云雾状星体的情况,就是德·莫泊丢②先生在

---

① 弗拉姆斯蒂德(1646—1719),英国天文学家。英国格林尼治天文台第一任台长。——译者注

② 德·莫泊丢(1698—1759),法国数学家和天文学家,曾讨论过天体演化和生物进化的问题。——译者注

《论星体的形状》①一文中所提到的一些星体，它们呈现出具有或多或少漏孔的椭圆形状。这使我相信，它们不是别的，很可能是一堆许许多多的恒星。这种任何时候都呈现好像是滚圆的那样的形状则启发我，这里必定是一团多得不可思议的星群，而且它们必定是围绕一个共同中心排列着的，因为在任意排列时，它们的位置将

---

① 因为手边没有所引的论文，所以我想在此摘录1745年《学术公报》上所引的德·莫泊丢先生杂文中的有关部分。第一个现象是那些在天空中出现的光亮地点，这些地点被称为云雾状星体，并且被认为是一群小恒星。但天文学家用高质量望远镜只看到它们是些大而呈椭圆形的点点，比天空的其余部分稍微亮些。惠更斯首先在猎户座上碰到了这种现象：哈雷［Edmund Halley，1656—1742，英国天文学家。哈雷彗星的发现者。——译者注］在《英国科学报告汇编》中提到有六个这样的点点：（1）在猎户座的剑上；（2）在人马座上；（3）在半人马座上；（4）在安提穷斯［Antinous原认为指银河带北段的一个星座，现认为即是天鹰座的一部分。——译者注］的右脚前；（5）在武仙座上；（6）在仙女座的带上。如果用一个八英尺长的反射望远镜观察这点点，那么就会看到，只有这些点点的四分之一可以当作星群看待；其余各处除一个点点形状较圆，另一个点点显得更椭圆一些以外，只表现为白亮而没有显著差别的小点点。同时用望远镜在第一个呈圆形的点点上看到的小星星，也似乎不能发出那种淡白色的闪光。哈雷认为，这些现象可以说明人们在摩西《创世纪》中开头所说的事：光在太阳之前已被创造出来。德勒姆把它们比作洞孔，认为通过这些洞孔可以看到另一个不可测度的地带，这也许是净火天。他认为这样能说明与这些一点点一同被人看到的星体，要比这些明亮的点点离我们近得多。关于这些点点，莫泊丢在这篇论文中还附加上一个从赫维留斯［Johann Herelius，1611—1687，德国天文学家。——译者注］那里抄来的云雾状星体的目录。他把这些现象当作巨大、光亮、由于猛烈旋转而变成扁平状的团块。如果它们和其余的星体具有同样的发光能力，那么，形成它们的物质的量必然无比巨大，才能从距离比其余星体更远的地方在望远镜中仍出现显著的形状和大小。但是，如果它们的大小与其余的恒星差不多相等，那么，它们就不仅离我们更近，同时也具有更微弱的光；因为它们在这样的近处和以这样的表观大小，仍然显示出如此苍白的闪烁微光。所以如果它们有视差，就值得去把它找出来。因为否认它们有视差的人也许会从几个例子类推而作出一般性的结论。人们在这些点点中间碰到的那些小星星，如在猎户座中的那样（或者举一个更好的例子，如在安提穷斯右脚之前的那样，但看来这似乎不像别的，而只是一颗有云雾环绕的恒星），倘使它们离我们较近，那么，或者可用投影到这些点点的方式看到它们，或者它们会通过那些团块透映出来，好像通过彗星的尾部透映出来那样。——原注

是无规则的，不会出现有规则的形状。我还看出，这群组成星系的星球必定主要是排列在一个平面上的，因为它们不是形成正圆形而是呈现出椭圆的形状，而且它们那种苍白的光辉表明它们离我们无比遥远。从这些类比中我形成的观点，将在正文中提供给没有成见的读者自己来辨别。

这本论著最基本的内容是在第二部分。我在这部分中试图只用力学规律来说明宇宙体系是怎样从它最原始的状态发展起来的。如果有人对这种大胆行为有反感，并愿意惠予检查我的理论，从某种程度上的建议的话，我就请他们先读一下第八章，我希望这一章可以为他们判断一个正确的看法作些准备。如果我邀请对我这本论著感到兴趣的读者来检查我的见解，那我就有理由担心，他们决定仔细地来审查我所设想的自然史，耐心地来跟我绕过许多困难走迂回曲折的道路的时候，会感到这是一件苦差事，因为这样一种假设不会比哲学的幻想受到更多的重视，或许到头来他们会像伦敦市场上叫卖商人的观众①那样，嘲笑自己的轻信。不过，他们如果读了我建议先读的预备章节第八章后接受我的观点，并根据这种可能的猜测，故意对自然界作这种冒险性的探讨，那我也敢于保证，或许在以后的道路上不会走很多弯路并且碰到不可逾越的障碍了。

现在，我很谨慎地排除了一切任意的虚构。对宇宙最初的混沌状态，我没有用别的力，而只是用了引力和斥力这两种力来说明其有秩序的发展。这两种力是同样确实、同样简单、而且也同样基本和普遍。两者都是从牛顿的哲学中借用而来的。第一种力现在

---

① 参看格勒特的寓言：《亨斯·诺德》。——原注［克利斯提安·腓希德高特·格勒特（Christian Fürchtegott Gallert 1715—1769）是德国启蒙运动时期的文学家，著名作品有《寓言故事集》。］——译者注

已被公认为一条自然规律没有争议;关于第二种力,牛顿的自然科学也许不能像对第一种力那样说得那么清楚,但我在这里只是在这种理解下假定了它,就是说只是在物质,例如雾气,作最细的分解的时候才假定了它的存在,因为这是无人否认的事实。从这些极简单的理由,我自然而然地形成了以下的体系,这种体系不是我主观杜撰的,读者如果注意观察,也能想象得到。

最后,对下述理论中所提出的原理的有效性和表面价值也作一简短的说明,我希望这些原理能得到公正的裁判者的检验。人们根据商品上匠人所打的印章,来公正地判断这个商品,因此,我希望人们不要对本书的各个部分提出比我对它们的评价更高的要求。总之,决不能向这样一本论著要求极大的几何学的精密性和数学的准确性。如果这个体系是建立在类比并符合可以置信的规则和正确的思考方式的基础之上的,就可以说它满足了读者的要求。我认为在本书的某几章中:恒星系的理论、云雾状星体的性质的假设、宇宙的力学起源的方式的一般设想、土星环以及其他一些理论是达到了这种精炼程度的。其余几个特殊部分,我认为把握较小。例如,关于偏心率关系的确定,行星质量的比较,彗星的各种偏离以及其他等。

所以,我在第七章中虽然被这个体系的成就以及人们所能想象得到的最大最值得惊奇的对象的正确性所吸引住,但始终以类比的方法和合理的可信性为指导,尽可能把我的理论体系大胆地发展下去,对说明整个造化①的无限性,新世界的形成和旧世界的没落以及设想混沌的无限空间部分,人们或许因这些对象的引人

---

① 造化,德文原字是 Schöpfung,英译本译为 Creation。原意是创造,这里是指上帝的创作,也即宇宙。故译为造化,即上帝所创造的天地万物的意思。——译者注

入胜和理论之能在最大范围内保持一致而感到高兴时,我希望读者能以包容的态度,不要以几何学的严格性来判断他们。这样的探讨无疑是不可能用这种严格判断标准。在第三部分,我同样希望得到这样的公正对待。人们在这里所遇到的东西虽具有真实性,但也不是无可挑剔的。

(璐甫 译)

宇宙布局的力学证明[①]

当人们认识到宇宙结构的安排是那么的妥善,"上帝之手"所起到的作用在宇宙完善关系中的明显痕迹,会很自然对宇宙产生一种肃然起敬。理性的考虑和赞赏了这么多的美丽和卓越景象之后,有理由对擅自把所有这些归之于一种巧合或者侥幸的偶然的那种鲁莽愚昧行为感到愤怒。必然的是至高的智慧做了设计,而一种无穷的力量把它付诸实现,否则就不可能在宇宙结构中有这么许多的意图会汇合到一个目标上来。但现在的问题在于,宇宙的这种安排设计是否已由最高智力纳入永恒自然的根本规定之中并扎根于一般的运动规律之上,从而使得宇宙以一种与最完善的秩序相适应的方式自由地发展;或者还是宇宙各个组成部分的一般特性完全不能趋于一致,也丝毫没有相互连结的关系,因而必须求助于外来之手,以达到显示这种相互制约和相互联系。大多数哲学家存在一种偏见,认为大自然从它的一般规律中得不出什么神迹来,就好像人们从自然力中去探索宇宙的原始形成必然会否认上帝对于宇宙的统治一样,因而认为这种原始的形成就只是一种命运的事情。

[①] 选译自康德《自然通史和天体理论》,标题为译者所加。——译者注

但是,你若仔细考虑,便可以发现,大自然和那些规定物质相互作用的永恒规律并不是独立的和不依赖于上帝那个本源的、大自然从普遍规律得出的东西中显示出这么多的协调和秩序,必定存在一个基本本质作为它们的共同起源;这些事物由于它们的特征来源于唯一的一个最高智力,因而所显示的都是些相互关系与和谐,而这最高智力的明哲思想,把这些特性设计在一般关系之中,并赋予它们一种能力,使它们在任其自然地起作用的情况下创造出纯粹的美和秩序。作了这样一番考虑,我们就感到,自然界比通常所显示的更为可贵了。从它的发展中所能期待的只能是协调一致和秩序井然;相反,如果我们抱有毫无根据的成见,认为一般的自然规律本身只能促成紊乱,而在自然界的结构中所呈现出来的一切有益的协调,则直接显示了上帝之手的作用,那么,我们就不得不把整个自然界看作一种奇迹;就会认为不应当把雨滴分解阳光而出现的绚丽彩虹、有用的雨,能满足人类无数需要而有种种好处的风,一句话,把凡是带来合理和秩序的一切宇宙变化,都看作是从物质所固有的力中推导出来的。致力于后一种哲学研究的自然科学者,一开始就得在宗教裁判席前恭恭敬敬地请罪。因为按照他们的看法,实际上自然界的存在都是不可能的了,上帝仿佛成了一架机器在促成自然的存在或突然的消失,但是用这种奇特的方法从大自然的根本无能中来证明至高无上者确实存在,怎么能使伊壁鸠鲁主义承认自己的错误呢?如果事物的本性,按照事物自身的规律运行只能造成紊乱与不合理,普遍的自然规律只是出于一种强制而对神表示服从,而实际上对其最明哲的设计是采取反抗态度的,我们对于这样一种神迹又如何来理解呢?对于以上这些错误基本论点,那些反对有所谓神意的敌人是很容易战胜它们的,因为他们可以指出自然界的普遍作用规律,在没有种种特殊限制的情况下,能够产生协调一致。难道他们还缺乏这类例证吗?不。因此我们可以更合理更正确地作出结论说,听任其一般特性支配的自然界,是能够大量地结出美满而完善的果实的,这些果实不但显示其自身的协调和卓越性,而且还与自然界的全部本质、人类的利益和对神性的颂扬都十分协调。由此可见,它的主要特征不可能互不相关,而必然地起源于唯一的一个作为一切本质的基础和源泉的最高智力,这个最高智力把这些主要特性设计在一个共同的关系之中。所有相互处于协调中的一切事物,必定在一个全部与之有关的唯一的本质中互相连结起来。所以存在着一个所有本质的本质,一个无限的智力和独立的智慧,从这个所有本质的本质,自然界也就在整个安排的总体中按其可能性而产生了。现在我们虽不能否认有不利于至高无上者存在的这种自然的能力;但这种自然的能力发展得越完善,它的普遍规律引出的秩序和协调越美满,那就越是肯定这些情况都是来之于神性。这些情况的产生,不再是基于偶然性或巧合,一切都是将按照不变的规律从神那里发源而来,这些规律代表着许多的机巧,它们都是最为明智的,有条不紊的设计的许多特征。卢克莱修认为原子的偶然集合构成了世界,而现在的结论是不是这样,最明智的智力是世界源泉的固有的力和定律才是产生秩序的不变根源,世界秩序绝不是基于偶然,而是必然地从力和规律那里得出来的。

所以,我们必须摆脱那些陈旧而毫无根据的成见和腐朽的哲学。这种哲学在其伪善面目下力图保护愚昧隐藏无知。我希望在不相矛盾的基础上,能建立起这样一种可靠的信念:即从一般自然规律得出的机械的发展是宇宙结构的起源,此外,我们所设想的这种机械的发展方式是一种真实的方式。如果我们要对自然界是否有足够能力通过它的运动规律的机械发展促成宇宙的安排作出判断,那我们就得考虑到,天体所遵循的运动是何等的简单,而且这些运动并不比自然力的一般规律所要求的更为复杂而需要进一步加以测定。绕行运动之所以可能,是由降落力和发射运动这两者所构成的。降落力是物质特性的某种因素。而发射运动可以被看作是这种力的作用,可以看作是一种由于降落而获得的速度,在这速度里只要有某一种起作用的因素存在,就能使垂直降落运动向旁边偏出去。这些运动一旦达到了规定的要求,就不需要再有什么东西来永远维持它们。这种被推动的发射力与主要的自然力在空的空间里,通过吸引作用保存下去,并得以持续。单从这些运动相互符合一致这种类比说明,我们就能清楚地看到它们起源于力学的真实性,以至人们对之根本不用怀疑。因为:

(1) 这些运动方向是普遍一致的,六个主要行星和十个卫星无论向前移动或绕轴转动,都是从西向东、朝着相反方向进行的。它们移动方向又是彼此相符,非常准确,以至它们与一个共同平面只有很小一点偏差。而一切都以之为参考的这个平面,就是这一天体的赤道平面,这个天体处在整个系统的中心,正在以同一方向绕轴转动,都是从西向东、朝着相反方向进行的。它们移动方向又是彼此相符,非常准确,以至它们与一个共同平面只有很小一点偏差。而一切都以之为参考的这个平面,就是这一天体的赤道平面,这个天体处在整个系统的中心,正在以同一方向绕轴转动,而且由于它优越的吸引作用便成为一切运动的参考点,因而也必然会尽可能正确地参与这些运动。这就证明了全部运动它是根据一般自然规律的力学方式所产生并规定的;又证明了推动或引起其他方向运动的原因统治着整个行星系空间,而且服从于在这空间中作共同运动的物质所遵循的一些规律,以致最后所有不同的运动都将取得唯一的一个方向,它们都将尽可能正确地以唯一的一个平面为其参考的平面。

（2）由于这些速度原本就发生在这样一个空间内,在那里引起运动的力在其中心点上发生,因而随着与中心点距离的增加,程度也不断减小,以至在于小到完全地消失为止。在消失力的地方物体只能作垂直降落运动很少向旁弯曲。水星得到的离心力最大,从它开始,我们看到这力在逐步减小,而到了最外边的一个彗星,这力已经小到只是不使它掉入太阳中去。在圆周运动中,向心运动的规律要求越是接近共同的降落中心,绕转速度必然越大,人们对此是无可非议的；这就使我们可以理解为什么,接近中心的一些天体它们的轨道必定是圆形的,邻近中心的一些天体的环绕运动为什么不是很偏心,而较远的一些为什么又不是圆形的？再进一步问,由于它们都与正确的几何精确性[①]有所偏离,那么这种偏离为什么会随着与距离的增加而增加,这些情况向我们表明,有这么一个点,一切运动,都是拥向于它的,离它越近,拥去的程度也越大,除非有其他许多规定改变了这种状况。

但是,如果我们现在不想接受这种观点,即把宇宙的结构和运动的起源归之于一般的自然规律,而是直接归之于上帝之手,我们马上就会觉察到,上面所引用的这些类比显然很难站得住脚。首先就是运动方向上普遍一致问题,这里显然没有充分理由去说明,为什么这些天体必定要把它们的绕转运动恰巧都朝向唯一的一个方向,而产生这些动的机构却并不规定它们一定要如此去做。其次,当天体在其中运动的空间的阻挠作用无限地小,就不会把天体的运动只限于朝着这一边或者朝着那一边,所以如果上帝的选择没有一点动机,就不会只限于唯一的一个规定的方向,而会有更多

---

① 这是指圆形而言。——译者注

的自由显现出各种各样的变化和差别。此外，也无法说明所有行星的轨道都很精确地和一个共同平面发生关系，而这平面就是那个处于中心而控制着所有绕行运动的巨大天体的赤道平面。这一类比并不显示出一种合乎理性的动机本身，而恰恰是引起某种混乱的因素，但是这种混乱也许可以为行星轨道的自由偏离所消除，因为行星的相互吸引现在多少破坏了它们运动的均一性，而且如果这些行星轨道不是很精确地与一共同平面有关，它们就根本不会互相阻挠。

我们还可以从不存在精确安排上看插手大自然遇到的困难，这也许比前面这些类比的问题更加明显，把行星的轨道安排在近乎一个共同的平面上，如果这样做是所谓最好的话，那么，它们为什么不是完全精确地在一个平面上呢？它们之中为什么有一部分要留下一些应该可以避免的偏差呢？如果留下一些偏差，是因为那些靠近太阳轨道的行星就可以得到足以维持与吸引力相平衡的离心力。那么，为什么这个平衡不是那么十全十美呢？如果力求做这个安排是最为明智的意图，那么，行星的绕行运动在最大力量支持下为什么不是完全的圆形呢？其实很明显完全不能做到，力图把这些天体的轨道安排在同一个平面上。同时，那个支配整个天宇的力，当所有现已组成天体的物质得到了旋转速度以后，虽然在中心点附近力图与降落力处于平衡状态之中，但是总不能达到完全精确的平衡。因此，可以看到，自然界的通常做法往往会由于穿插进其他各种作用而与完全精确的规定有所不同，人们很难只在最高意志直接制定的最终目的中去寻找这种情况的原因。人们如果不是固执不化，就不能否认，对于自然特性用它们的实用性作为理由的，这种值得称颂的解释实际上在这里是经不起考验的。对于宇宙的实用性来说，不论行星轨道完全呈现图形或者稍微有所偏心；不论它们与它们的共同关系平面应该完全吻合，或者应该与之稍有偏离，都是完全一样的。事情应该这样，如果确实需要这样的一些协调，那就最好使它们完全自行做到。如果确实像哲学家所说的那样，上帝不断地在运用几何学，而且也在一般自然规律中显示出这一点；那么，这条规则就一定在全能者的意志的直接作品中完全可以觉察到，而这些作品本身也许会显示出几何精确度的一切完整性来。彗星是自然界的这些缺陷之一。从彗星的运行和它们在运行中所受到的变化来看，人们不能否认，应该把它们看作是宇宙中不完善的一批成员，它们既不能成为理性生物的舒适住所，又不能对整个行星有什么益处，有如人们所猜想的那样，总有一天它们将充当太阳的养料；可以肯定地说，它们中的大多数不会在整个行星系崩溃之前达到这个充当养料的目的。对于认为宇宙不是从普通的自然规律中按其自身发展的，而是一种直接的最高安排这种科学理论来说，这样一种解说虽是肯定的，但也许还是和它有所抵触。唯独力学的解释方式才颂扬了宇宙之美并颂扬了神的启示的万能。自然界包罗万象包含着各种不同等级的多样性，从完善的一直到虚无；缺陷本身也说明了自然界的丰富，由于它过于丰富，所以自然界才取之不尽、用之不竭。

某些来自事物本身的理由还不够充分，可以相信，关于所引用的类比将能超过一切成见而使宇宙的力学起源变为值得接受的观点。如果某些来自事物本身的理由还不够充分，如同多次设想过的那样，天宇是真空的，或者至少是充满了无限稀薄的物质，以至提不出什么能使各个天体发生共同运动的方法。面对所存在的如此的困难，以至牛顿这位有理由比任何其他一个世人都应当充分相信自己哲学观点的哲学家，在这里不顾这种表明力学起源的协调，放弃了用自然规律和物质的力来解决行星所固有的离心力的推动问题的希望。虽然对于一位哲学家来说在复杂而离开简单的基本规律还相当远的情况下，不去尽力钻研而是通过提出上帝的意志来解决苦恼，但牛顿在这里还是看出了自然和上帝的手指之间界限，即前者所引进的规律的进程和后者的指示之间的界限。这位伟大的哲学家对之都感到了无能为力，其他人却还想在困难中有所作为，那似乎太自不量力了。

离心力的方向和规定性促成了宇宙有条不紊的系统性，但是要根据自然力来理解所给予天体的离心力曾使牛顿感到绝望，然而这个困难却是我们在前面所阐述的理论体系的源泉。我们在这体系上建立起一个力学的科学理论；这个理论与牛顿认为不充分的那个理论相差是很远的。牛顿为此抛弃了一切用其他因素进行的分析，因为他误认为，那理论是所有这一类可能的方式中唯一的一个。当然通过了解牛顿的困难，我们也能很自然地通过简短而彻底的推论，来说明本书中所拟定的力学的解释方式是正确可靠的。如果假定（我们不得不如此认为）上面一些类比，都最可靠地说明了天体的那些和谐而彼此有条不紊的相关运动，以及它们的轨道都指出有一个自然原因作为天体的起源；那么，这个原因就不可能是现在充满宇宙空间的那些物质。所以，以前曾经充满过这些空间的物质，在它们聚集成天体，在空间中就不存在其他的东西，物质的运动是这天体作轨道运动的原因。或者由此可以直接得出，构成行星、彗星、甚至太阳的物质本身，开始时必定会经分散在行星系所在的空间中并处于运动的状态，而当它们聚合成特殊的团块而形成天体时，这种运动状态还保持着，这些天体囊括了以前的一切分散物质。这里，人们并没有为发现一架能给物质以运动的推动机而长久感到窘迫。物质所固有的引力，是促成物质聚集的推动力，所以，大自然第一次激动时也就成了物质运动的原始原因,引力是这种运动的源泉。至于这种力的方向总是恰好地指向中心,这是毋庸置疑的,因为可以肯定分散的物质微粒,在运动中既由于吸引中心多,又由于运动轨道交错而互相引起阻碍作用,必将使其垂直运动变为各种不同的偏向旁边的运动。在这些偏旁运动中某种自然规律,使所有因相互作用而受到限制的物质最终形成一种状态,这时一种物质尽可能不使另一种发生变化,它既促成物质运动方向大致一致,又使得速度大小不一的物质在任何距离上与中心力相称。在这样的方向和速度的结合下,因为所有物质微粒不但都朝着一个方向,而且几乎都在稀薄的天空中围绕一个共同降落中心作平行而自由的圆轨道运动,所以这些微粒就不至于流散出去。这些微粒由于运动而构成行星以后,必然还要延续下去,而且在所赋予的离心力和向心力的结合下,将无限期地保持下去。行星轨道方向的一致,对一个共同平面的精确关系,离心力与所在位置吸引力的相适应,这些类比随距离而递减的精确,以及最外面的天体向两边和向相反方向的自由偏离,所有这些现象都是建立在这个不难理解的道理上的。如果这些表示相互依赖关系的现象,在产生宇宙的安排中明显而可靠地标明有一种布满整个空间的原来运动着的物质存在;那么,在现今完全空的天空里,除了构成行星、太阳、彗星的物质而外不存在任何其他物质,这一事实就证明了在原来的空间中,这些天体的物质本身就存在的。从这个设想的基本观点出发,就有了前面我们正确地导出的宇宙的各种现象;我们之所以能够如此做,正表明这种猜测的合理。因而我们对它的评价也不能是任意的。

  关于宇宙的起源,特别是关于太阳系的起源的力学理论,当我们考虑到天体本身的形成,它们的重量和大小与其离吸引中心的远近有一定的比例关系时,这种理论的可靠性是达到了令人信服的高度。这首先是因为如果从那些总的团块来看,它们的物质密度是随着与太阳距离的增加而在不断地减小。这一规定非常清晰地说明了天体的原始形成是一种力学的安排,人们对此不能有更多的要求。那些聚合成天体的物质,有的较重的处在离公共降落点较近的地方,有的轻轻的则处在距离较远的地方;这是在天体自然形成的各种方式中一个必然的条件。但是在直接来自上帝意志的一个安排中,却找不到丝毫理由可以说明我们所设想的这种情况。那些较远的天体虽然是由较轻的物质构成,它们从阳光的微弱力量中获得必要的作用,但是这种作用只能影响团块表面的物质状况,而不能影响团块内部的物质状况。太阳的热量对内部的物质从未产生过什么作用,即使是对行星的吸引作用也没有发生过什么影响。这种吸引作用应该使围绕于太阳周围的天体向它降落。因此,内部的物质对于太阳辐射的强弱丝毫没有联系。所以,如果我们问:为什么牛顿从他的精确计算中得到的地球、木星和土星的密度之比为400、94$\frac{1}{2}$和64之比?那么,把理由归之于上帝的意图,认为那是上帝按照太阳热量的强弱程度在调节密度,这样的说法就很难具有说服力;我们的地球其实就是一个反证。太阳辐射对于地球作用只到达其表面下很浅的部分,地球团块稍为受到辐射影响的那部分,远不及整个团块的百万分之一。对于其余部分,远不及整个团块的百万分之一。至于其余部分,它就很难关照到。因此,如果构成天体的物质彼此之间具有与距离相适应的正确关系,而且如果行星由于在空的空间中遥遥相隔而不能相互制约,那么构成它们的物质先前一定曾经处于这样一种状态,那时它们相互发生作用,使自己限制在与比重相适应的位置上。因此,只能这样来解释,在天体形成以前,它们的各部分曾分散在行星系的整个空间中，并按照一般的运动规律获得了与其密度相适应的位置而不可能用其他方法来做到。

行星质量的大小随距离的增加而增加的比例关系，是证明力学构成天体的第二个理由，它也证明了我们关于天体形成的理论。天体的质量为什么随距离的增加而增加呢？如果我们追随这样一种理论，把一切归之于上帝的选择，那么，对为什么较远的一些行星质量较大，就无法作出解释。除非因为它们吸引力特别强大，能够在它们的周围捕获一个或几个卫星，以使它们上面的居民住得舒适。但是如果仅仅是为了这个目的，那么也可以用团块内部的密度特别大来说明，没有必然一定要用特殊原因来作说明，也没有必要一定要用体积的庞大来使上面的星体质量比下面的重来作说明，如果我们不去考虑这些物体的自然形成方式，那就很难对这些情况提出任何理由，但是如果考虑到了，那就没有什么能比这种安排更容易理解的了。当组成各天体的物质还分散在行星系的空间时，吸引力使这些微粒形成球体。因此，毫无疑问，球体的形成范围离开共同中心体越远，其球体越大，而中心体从整个空间的中心出发，以其特别强大的吸引作用，使得这些微粒受中心的摆布而不能有其他选择。

人们可以很自然地看到，天体轨道所开辟的空间宽度反映了原先分散的物质存在的状况。根据这一观点，这些轨道之间的空间必须看作是真空的存在，天体在形成时曾经从这里汲取过物质。人们看到，天体轨道之间的这些空间与形成天体的质量的多少关系紧密。木星与火星两条轨道之间的空间，其宽度之大足以使它超过所有下层行星轨道之间的空间的总和。因此，其空间是所有行星中最大的一个，其中质量超过其他空间中的质量的总和。我们不能把木星与火星之间这样大的距离，看作是其目的在于尽可能不妨碍它们的相互吸引。因为要是按照这个假定,两个轨道之间的一个行星总要靠近另一个的,这另一个行星与它的相互吸引使双方的绕日转动受到干扰最小;因此,它总是要靠近质量最小的那另一个行星。由于现在根据牛顿的精确计算,木星对火星运动作用的力,与木星通过它和土星的联合吸引对土星运动所施的作用之比有如 1/12 512 与 1/200 之比,所以,如果认为它们之间的距离不是决定于产生它们的力学机构,而是决定于它们的外部关系,那么我们就很容易算出,木星靠近火星的轨道应该比土星靠近它的轨道近多少。但实际情况却不是这样。实际情况是位于上下两轨道之间的一条行星轨道,往往离质量较小的行星所绕行的轨道,比离质量较大的行星的轨道要远。每一行星轨道周围的空间宽度,则总是与该行星的质量有一正确的比例关系。这就很明显,这些比例关系必定是由行星的产生方式所规定的,而且由于这些规定似乎像因和果一样相互联系着的,所以那种把轨道之间的空间看作形成行星的物质的容器的观点是十分合适的。这样就可以直接得出结论,即它们的大小必将与行星的质量成正比,但对较远的行星来说,这比例将由于这里的基本物质在原始状态中更加分散而要变大。就两个质量几乎相等的行星而论,较远的一个行星所需要的形成空间,即其相邻两轨之间的距离必定较大,其原因一则那里的物质比重较轻,再则那里的物质比距太阳较近的更分散。这也就可以理解地球的情况。地球连同它的月球加在一起,在体积上也不及金星大,可是它仍然要求在它周围有一个较大的形成空间,因为它比下面那个行星需要更分散的物质来组成。由于同样原因,还可以猜想土星的形成空间,土星就其远的一边比靠近中心点的一边伸展得更为开阔(所有行星几乎都这样);因而,土星和它上面相邻天体轨道的空间比土星和木星之间的空间宽得很多。

所以，原始创造力在行星的结构体系中有一个比例关系，一切都以这种正确的关系逐步地向前推进，直到任何无穷远处，离这种原始创造力的中心点越近，原始创造力的作用就越大。随着被推动的发射力的减小，轨道的方向和位置与最精确的协调一致的偏离天体的密度相关，大自然对天体的形成空间的节约利用，这一切都是从中心向远处逐渐减小的。所有这些都表明了行星体系原始动力与运动的力学规律有关，而不是任意的自由选择。

对天体由原始分散在天空中的基本物质所构成的作了清楚的说明。当然，这种意见远没有我们的理论更为有用。根据他的说法，如果把土星、木星、地球这些行星的密度与太阳密度之比约为 640 比 650；由于它们在行星系中是主要部分，其余如火星、金星和水星就几乎没有计算的价值了；所以，如果把整个行星系当作一个团块，人们就有理由要对其物质与太阳物质大小竟会如此明显相等，会感到惊奇。如果把这种类比归结为是一种偶然，认为在物质千差万别的情况下如在地球上就能找到一些密度相差一万五千倍以上的物质，它还是可以接近于 1 比 1。这种看法是极为轻率并不负责任的。人们必须承认，如果把太阳看作一个由各种在行星系中互相分开的物质组成的混合体，太阳周围的那些天体似乎都是在这样一个空间中形成的，在这空间中原先装满着均匀分布的物质，这些物质不加区别地集中于中心体上，但按高低的程度来形成行星的。我把这种奇特的协调一致留给那些不同意天体由力学构成的人们，如果他们认为上帝选择的理由是成立的，就让他们去作宇宙是从自然力中发展起来的，这样一个再清楚不过的事实，我不打算再给予更多的说明了。如果一个人在如此多的确凿证据面前还是无动于衷，那他必然是成见太深，或者是完全无法超越混乱的看法而升高到用纯洁的真理来考察问题。如果说，宇宙结构在它一切有利理性生物的联系中所表现出来的协调一致,似乎不外乎以纯粹的一般自然规律为根据,那么可以相信,除白痴而外(人们不要想得到他们的赞助),谁也不能否认这种理论的正确性。人们有理由相信,那些为了一个高尚目标而作出的灵巧安排,他的创造者必定是贤明并明智的;同时如果考虑到,由于事物的本性正是来之于这个本源的,它们的主要而普遍的特性就必然是自然地倾向于合理和互相一致的秩序,这样人们就会感到满意了。所以,当人们看到有利于生物各种利益的宇宙结构的安排,并归之于从一般自然规律中得出的自然结果时,也就不应当感到有什么意外。从这些规律中分析得出,不是基于某种盲目性的偶然作用,也不是基于某种不可理解的必然作用,但归根结底还是最高智慧使一般情况达到了一致。这个结论是完全正确的:如果在宇宙的结构中显露出秩序和美丽,那就是上帝。然而另一个结论的正确性也是不言而喻的,即:如果这种秩序可以由普遍的自然规律加以推导出来,那么整个自然必定是最高智慧在起作用。

　　但是,如果人们把自然的和谐与有目的的一切安排看作是上帝智慧的直接作用,不相信宇宙的发展会从普遍的运动规律中得到自身需要的协调一致。那么,为了使他们从这种成见中摆脱出来,我愿奉劝他们,当你在观察宇宙时,不要只把眼光对着一个天体而应该对着全部天体。如果认为地球自转轴的位置,出于可爱的一年四季的变化而与地球绕日运动的平面有所倾斜,这是上帝之手作用的一个证明;那么,只要把其他天体的情况作个比较,我们就会看到,其实每个天体的转轴位置都是不同的。而且在这些不同之中也有一些转轴并不倾斜。例如木星的转轴就是和它的轨道平面相垂直;而火星的则几乎是垂直于其轨道平面,两者都没有季节性的变化,但却和其他天体一样是最高智慧的作品。在整个太阳系中,唯有土星、木星和地球有卫星,如果这种与其余行星有所不同的自由偏离情况,并非说明自然界在其自由行动中没有受到特别强有力的干扰而作出的一些规定。那么,有无卫星伴随的这种情况似乎就成了至高无上者的一种特别关怀了。木星有四个卫星,土星有五个,地球有一个,其余的则一个也没有,虽然后者因为黑夜较长而似乎比前者更需要有卫星。如果我们把推动行星的离心力和行星各自距离上的向心力恰好相等看作是这样的原因:即行星绕日运动所以成圆形的以及太阳的热量可以不断地传到理性生物的住处,认为那证明了全能者的直接插手;那么,当我们考虑到这些行星的情况是在逐步递减而终于消失在天空的深处,而且正是这个对行星的递减运动曾经感到满意的最高智慧也并不排除种种缺陷时,我们就不得不一下子又回到大自然的一个规律上来了。而在整个宇宙系统完全到达不规则和无秩序以后就此告终。自然界虽然有到达完善和秩序的安排,但在它的多样性范围内却包含着一切可能的变化,甚至于它也存在许多的缺陷和偏差。因此,自然界有它的无限丰富性。无论是有人居住的天体或者是彗星,在那里,既有有益于世间的丘陵山岳,又有危害众生的断崖绝壁;既有可供生存的田野,又有荒无人烟的沙漠;既有善良与美德,又有残暴与邪恶。

(璐甫　译)

美的分析①

一、鉴赏判断②的第一个契机③，即按照质来看的

（1）鉴赏判断是审美的

为了判别某一对象是美或不美，我们不是把它的表象凭借悟性连系于客体以求得知识，而是凭借想象力（或者想象力和悟性相结合）联系于主体和它的快感和不快感。因此鉴赏判断不是知识判断，进一步说不是逻辑的，而是审美的。至于审美的规定根据，我们认为它只能是主观的，不可能是别的。但是一切表象间的关系，甚至于感觉间的关系，却能够是客观的（在这场合，这种关系就意味着一个经验表象的实在体）；但快感与不快感就不能是这样

---

① 根据 I. Kant：Kritik der Urteilskraft von Grossherzog Wilhelm Ernst Ausgabe. Leipzig.——译者注

② 这里作为根据的关于鉴赏的定义是：鉴赏乃是判断美的一种能力。判定一对象为美时所要求的是些什么呢，这必须从分析鉴赏判断才能发现。至于这种判断力在反省时所要注意的诸契机，我是遵从判断的逻辑功能的指导去寻求的（因为在鉴赏判断里永远含有它对于悟性的关系）。我首先探讨关于质的契机，因为对于美的审美判断，首先应该顾到质这方面。——原注

③ Moment 字义是指关键性的，决定性的东西，推动的主体，亦即要点，现依旧译为契机。又 Kritik 现一般译作"批判"，但康德用此字义着重在"考察，分析，清理"。——译者注

了,在这里完全没有表示着客体方面的东西,而只是这主体因表象的刺激而引起自觉罢了。

用自己的认识能力去了解一座合乎法则与合乎目的的建筑物(不管它是在清晰的或模糊的表象形态里),和对这个表象用愉快的感觉去意识它,这两者是完全不同的。在这里,这种表象是完全联系于主体,并且是在快感或不快感的名义下连系于主体的生活情绪,这就建立了一种十分特殊的判别力和判断力,但并无助于认识,而只是在主体里使得一定的表象和那全部表象能力彼此对立着,使得心灵在情感里意识到它的状态。在一个判断里面一定的诸多表象可能是从经验得来的(因此也是审美的),但是因此而下的那个判断若在判断时只是联系于客体,那么这个判断就是逻辑的方面了。与此相反,如果这些一定的表象尽管是属于纯理性的,而在一个判断里却只是联系于主体(它的情感),那么,它们就因此在任何时候都是审美的了。

(2) 规定鉴赏判断的快感是没有任何利害关系的

凡是我们把它和一个对象的存在之表象(译者按:即意识到该对象是实际存在着的事物)结合起来的快感,谓之利害关系。因此,这种利害感是常常同时和欲望能力有关的,或是作为它的规定根据,或是作为和它的规定根据必然地连结着的因素。现在,如果问题是某一对象是否美,我们就不欲知道这对象的存在与否对于我们或任何别人是否重要,或仅仅可能是重要,而是只要知道我们在纯粹的观照(直观或反省)里面怎样地去判断它。如果有人来问我,对于在眼面前看到的宫殿我是否发现它美,我固然可以说:我不爱这一类徒然为着人们瞠目惊奇的事物,或是,像那拉伊诺开的沙赫姆①那样来答复,他在巴黎就没有感到比小食店使他更满意

---

① 美洲土人酋长。——译者注

的东西,此外,我还可以照卢梭的样子骂大人物们的虚荣浮华,不惜把人民的血汗浪费在这些无用的东西上面;最后我还可以很容易地理解,假使我在一个无人住的岛上,没有重新回到人类社会里的希望,即使只要我一想念就会幻出一座美丽的宫殿,我也不愿为它耗费这种气力,假使我已经有了一个住得很舒适的茅屋。人们能够对我承认和赞许这一切,但现在不是谈这问题。人只想知道:是否单纯事物的表象在我心里就夹杂着快感,尽管我对于这里所表象的事物的存在绝不感兴趣。人们容易看出:如果说一个对象是美的,以此来证明我有鉴赏力,关键是在于我自己心里从这个表象看出什么来,而不是在于这事物的存在。每个人必须承认,一个关于美的判断,只要夹杂着极少的利害感在里面,就会有偏爱而不是纯粹的欣赏判断了。人必须完全不对这事物的存在存有偏爱,而是在这方面纯然淡漠,以便在欣赏中,能够做个评判者。

我们对这个很重要的命题不能有更好的说明,除非我们把那和利害感连结着的快感来和这鉴赏判断中纯粹的、无利害[①]关系的快感相对立。首先如果我们同时能够确定,除掉现在所应指出的那种利害关系的以外,就没有别种关系了。

(3)对于快适的愉快是和利益兴趣结合着的

在感觉里面使诸感官能满意,这就是快适。关于通常对感觉这一词可能发生的双重意义的混淆,这里就有着一个机会来加以指责和唤起对它的注意了。一切的愉快(人们说的或想的)本身就

---

① 一个对于愉快的对象所下的判断,可能是完全无利害感,但却可以很有兴趣,那就是说,它不建立于任何利害感之上而却产生出一个兴趣。一切纯粹的道德判断就是这一类。但鉴赏判断本身也并不建立任何利害兴趣,只是在社会里具有鉴赏力是有兴趣的事,这理由将在后面指出。——原注

是一个(快乐的)感觉。于是凡是令人满意的东西，正是因为令人满意，就是快适的(并且依照着各种程度或和其他快适感觉的关系如：优美、可爱、有趣、愉快等等)，承认了这一点，那么，规定着倾向性的诸感官的印象，规定着意志的理性诸原则，或规定着判断力的单纯的反省的直观诸形式，有关情感上的快乐的效果——这一切便是全然同一的了。因为这是它的状况的感觉里面的快适，又因为最后我们的一切能力的使用毕竟是为着实践的，而且必须在这里面结合为它们的目的，所以人们就不能期待他们对事物及其价值的品评，除了依凭它们所许的愉快以外还有别的什么。至于以怎样的方式来达到这一点，到底是完全无关重要的。再则，只有方法的选择在这里能有所区分，所以人们能够相互指责愚蠢和无知而不能指斥卑鄙和凶恶；因为个人照着自己的方式观看事物，都是奔赴一个目的，这对于每人是一种快乐。

如果快乐或不快的情绪的一个规定被称为感觉，那么这个称号是和我把一件事物的表象(经由感官，作为隶属于认识的感受性)命名为感觉是完全两回事。因为后一个场合表象是联系于客体，而在第一个场合只是联系于主体，而且完全不是服务于认识，也不是服务于使主体所赖以自觉的这种认识。

但是，我们在上面的解说里，把感觉这名词了解为感官的客观表象，并且，为了避免陷于常常误解的危险，我们愿意把那时必须只是纯粹主观的而且根本不能成为一件事物的表象的感觉，用通常惯用的情感一词来称呼它。草地的绿色是属于客观的感觉，作为对于感官对象的知觉；而这绿色的快适却是属于主观的感觉，它并不表示什么事物，这就是说它是隶属于情感，借赖它，事物被看作愉快的对象(而不是对于它的认识)。

当我对一对象的判断表现了我把它认为快适时，这里也就表现了我对于它感到有兴趣。这从下面事实可以看出来,那就是经由感觉激起一种趋向这个对象的欲求,说明这种愉快不仅仅是对这一对象的判断,而且是假定着当我受着这样一个对象的刺激时,它的存在对我的状况的关系。因此,对于快适,人们不仅是说它使我满意,而是说它使我快乐。我献给它的不仅仅是一个赞许,而是对于它发生了爱好;至于极其泼辣的快适,就不再容有何等批判它的客体性质的余地,专一从事寻找享受的人们("享受"这一词,指说快乐的内心化),是乐于放弃一切批判的。

（4）对于善的愉快是和利益兴趣结合着的

善是依着理性通过单纯的概念使人满意的。我们称呼某一些东西对于什么好（那有用的），它只是作为工具（媒介）而给人满意；另一些东西却是本身好，它自身令人满意。在两种里面都含有一个目的的概念,这就是理性对于意欲（至少是可能的）的关系,因此是对于一个客体或一个行为的存在的一种愉快,这也就是一种利害关系。去发现某一对象的善,我必须时时知道,这个对象是怎样一个东西,这就是说,从它获得一个概念。去发现它的美,我就不需要这样做。花,自由的素描,无任何意图地相互缠绕着的、被人称作簇叶饰的纹线,它们并不意味着什么,并不依据任何一定的概念,但却令人愉快满意。对于善的愉快必须依据着关于一个事物的反省,这反省导致任何一个（不确定哪一个）概念,并且由此把它自身和那建立于感觉上面的快适区别开来。

固然那快适好像和善在许多场合是一致的。人们通常说：一切（主要是那经久性的）快乐本身就是善的；这就仿佛是说,作为经久性的快乐或作为善,这是一样的东西。但人们不久便觉察到,这只是一种错误的字义的置换,而隶属于这字上面的概念是不能相互交换的。那快适,本身就表示事物对官能的关系,固然必须通过一个目的的概念而放在理性的原则之下,以至把它作为意欲的对象而称作善。但这对于愉快却完全是另一种关系,如果我把使我快适的东西同时唤作善,从这里可以看出,在善那里永远有这问题,即是否仅是间接的善还是直接的善(是有益还是本身好);而在快适这里就根本不能有这问题,因为这个字时时意味着那直接使人满意的东西(正因这样它是和我所称为美的相接近)。就在最通常的言谈里人们也把快适同善区分开来。对于一种由于香料和其他作料而提高了口味的菜肴,人们毫不踌躇地说,它是令人快适的,并且同时也承认,它并不是善,因为它直接地能使感官能享受。但间接地通过理性而考虑它的后果,它就不使人满意了。甚至于在判断健康时,人们也觉察到这种区别。每个健康的人,都是直接感到快适的(至少是消极地远离了一切身体的痛苦)。但是要说出健康是善,人们必须通过理性而注意到目的,那就是说,健康是一种状态,它能叫我们对于一切事物兴致勃勃。关于幸福,那就人人相信,生活里的最大总数的(就量和持久来说)快适,可以称唤为真实的、甚至最高的善。但是对于这一层,理性还是抗议的。快适是享受。如果仅只是为了享受,那么对于达到目的的手段而有所踌躇,就是愚蠢的了,不论这手段是被动地接受大自然的恩赐,或是经由自动的和我们自己的作用而获得它。至于一个人,只是为了享受而生活着(在这目的之下他忙碌着),甚至于他对一切只以享受为生活目的的别人,也作为手段来竭力帮助的,因为他在同情中也同他们享得一切快乐,这种人的生存自身也可能有一种价值。然而,理性对这个也不让自己被说服的。只有人不顾到享受而行动着,在完全的自由里不管大自然会消极地给予他什么,这才赋予他作为一个人格的生存的存在以一绝对的价值;而幸福和着它的快适的全部丰富性还远不是绝对的善①。

但不管快适和善之间有多少区别,双方在一点上却是相一致的:那就是它们时时总是和一个对于它们的对象的利害结合着,不仅是那快适(第3节),和那间接的善(有益的),它是作为达到任何一个快适的手段而令人满意的,并且还有那根本的在任何目标里的善,这就是那道德的善,它在自身里面带着最高的利害关系。因为善是意欲的对象(这就是一个通过理性规定着的欲求能力的对象)。欲求一个事物和对于它的存在怀着愉快之情,就是说,对它感着利害兴趣,这两者是一回事。

(5)三种不同特性的愉快之比较

快适和善两者对于欲求能力都有关系,并且前者本身就带着一种受感性制约的(因刺激而生的)愉快;后者带着一种纯粹的实践的愉快,而这不单是受事物的表象,而同时是受主体和对象存在的表象关系所决定。不单是这对象而也是它的存在能令人满意。与此相反,鉴赏判断仅仅是静观的,这就是这样的一种判断:它对一对象的存在是淡漠的,只把它的性质和快感及不快感结合起来。然而,静观本身不是对着概念的;因为鉴赏判断并不是知识判断(既不是理论的,也不是实践的),因此既不是以概念为其基础,也不是以概念为其目的。

快适、美、善,这三者表示了表象对于快感及不快感的三种不同的关系,在这些关系里我们可以看到其对象或表现都彼此不同。而且表示这三种愉快的各个适当名词也是各不相同的。快适,是使人快乐的;美,不过是使人满意;善,就是被他人珍惜、赞许的,这

---

① 一个对于享乐的义务是显然地不合理。同样一个对一切以享受为目的诸行为所谓义务也必是不合理的:尽管人们如何愿意把它设想或粉饰为什么精神性的东西以及设想它也是一种神秘的、所谓天上的音乐。——原注

就是说，他在它里面肯定一种客观价值。快适也适用于无理性的动物。美只适用于人类，换句话说，适用于动物性的又具有理性的生灵——因为人不仅是有理性（就是说，是有灵魂）的，但同时也是一种动物。善却是一般地适用于一切有理性的动物，这个命题要留待下文才能予以充分的证实和说明。人可以说，在这三种愉快里只有对于美的欣赏的愉快是唯一无利害关系的和自由的愉快；因为既没有官能方面的利害感，也没理性方面的利害感来强迫我们去赞许。因此人们关于这三种愉快可以说：在上述三种场合里，愉快是与偏爱，或与惠爱，或与尊重有关系。而惠爱是唯一的自由的愉快。一个偏爱的对象或一个受理性规律驱使我们去欲求的对象，是不给我们以自由的，不让我们自己从任何方面造出一件快乐的对象来的。一切利害关系是以需要为前提，或带给我们一种需要；而它作为赞许的规定根据是不让我们对于一个对象的判断有自由的。

关于快适方面的偏爱心，每个人会说：饥饿是最好的美食，对具有健康食欲的人们一切都有味，只要是能吃的东西；因此一个这样的愉快是不能证明它的选择是照着鉴赏力的。只有在需要满足后，人才能在许多人里面分辨出谁人有鉴赏力，谁没有鉴赏力来①。同样也有无道德的风俗行为、无善意的礼貌、无真诚的绅士风度等等。因为在照风俗的规则而行的场合，客观上对于举止就不让人有自由选择的余地；而在满足时（或在评判别人的满足时）表示你的鉴赏力（口味），和表示你的道德的思想态度，这两者是完全不同的：因为表示后者是包含着一个命令和产生一个需要，而与此相反，道德的鉴赏却仅仅是玩弄着愉快的对象而已，而并不黏

---

① 鉴赏力或可译口味。——译者注

着于任何一个对象。

从第一个契机总结出来的对美的说明

鉴赏是凭借完全无利害观念的快感和不快感对某一对象或其表现方法的一种判断力。

二、鉴赏判断的第二个契机，即按照量来看的

（6）美是不依赖概念而作为一个普遍愉快的对象被表现出来的

这个关于美的说明是能从前面的说明引申出来：即美是无一切利害关系的愉快的对象。因为人自觉到对那愉快的对象与他是无任何利害关系时，他就不能不判定这对象必具有使每个人愉快的根据。因为它既然不是植根于主体的任何偏爱（也不是基于任何其他一种经过考虑的利害感），而是判断者在他对于这对象愉快时，感到自己是完全自由的：于是他就不能找到私人的只和他的主体有关的条件作为这愉快的根据，因此必须认为这种愉快是根据他所设想人人共有的东西。结果他必须相信他有理由设想每个人都同感到此愉快。他将会这样谈到美，好像美是对象的一种性质而他的判断是逻辑的（凭借概念以构成的对于对象的知识）；虽然这判断只是审美的，并且仅仅包含着对象对于主体的一种关系：然而因为它究竟和逻辑的判断相似，人们能够设定它适用于每个人。但是从概念也不能产生这普遍性来。因为从概念是不能过渡到快感及不快感的（除非在纯粹的实践诸规律里面，而这却自身伴着一种利害关系，这又是和纯粹的鉴赏判断无关）。所以鉴赏的判断，既然意识到在它内部并没有任何的利害关系，它就必然只要求

对于每个人都能适用,而并不要求客体具有普遍性,这就是说,它只是和主观普遍性的要求连结着的。

(7) 依上述的特征比较美、快适及善

关于快适,每个人只需知道他的判断只是依据着他个人感觉,并且当他说某一对象令他满意时,也只是局限于他个人范围内,那就够了。所以当他说:康拉列酒是快适的,这时若有别人改正他的说法,说他应该说:这酒对于我是快适的,他一定是会满意的;这不仅是对于舌、颚、咽喉是这样,对于眼和耳等所感的快适也是这样。对于一种人紫色是温和可爱,对另一种人是无光彩和无生气的。有人爱吹乐,有人爱弦乐。在这方面争辩,把别人和我不同的判断认为是不正确,说它是背反逻辑而加以斥责,这真是蠢事。关于快适,下面这一原则是妥当的,即:每一个人有他独自的(感官的)鉴赏。

在美这个方面来说,那是完全两回事了。如果某人,自满于他自己的鉴赏力,他以下面的话想来替自己辩解:这个对象(我们看着的这建筑,那个人穿的衣裳,我们倾听着的乐奏,正在提供评赏的诗)对于我是美的。这是可笑的。如果那些对象单使他满意,他就不能称呼它为美。许多事物可能使他觉得可爱和快适,这是没有别人管的事;但是如果他把某一事物称作美,这时他就假定别人也同样感到这种愉快:他不仅仅是为自己这样判断着,他也是为每个人这样判断着,并且他谈及美时,好像它(这美)是事物的一个属性。他因此说:这事物是美,并且不是因为他见到别人多次和他的意见相同,而把别人的同意也计算进他的关于愉快的判断之内,反过来他是要求着别人与他相同。如果他们的判断不相同,他会斥责他们而认为他们没有鉴赏力,而他是要求着他们应该具有鉴赏力的,因此人们不能说:各个人具有他的特殊的鉴赏力,这就等于说，完全没有所谓鉴赏力，那就是说，审美判断是没有权利要求人人都同意的。

但是在关于快适方面的判断也能在人们里面见到意见的一致，在这意义下人们否认某些人有鉴赏力，肯定另一些人有鉴赏力，并且不是就官能感觉来说，是就关于一般快适的评定能力来说。所以人可以称说某人有鉴赏力，知道怎样拿许多快适的事（各种官能的享受）来款待他的客人们，而使他们全都满意。但是在这里这普遍性也只是从比较里得来的；并且只有一般普通的（像一切经验性的）而不是普遍性的规律，而关于美的鉴赏判断却是从事于和要求着这种普遍性规律的。就善的方面而言判断固然也有理由要求着对于每个人的有效性；但是善只经由概念作为一普遍的愉快的对象被表示出来的，在快适和美的场合却都不是这样。

（8）在一鉴赏判断里愉快的普遍性只作为主观的被表现出来的

在鉴赏判断里所能见到的直感判断之普遍性的特殊规定，是一件难解之事，这固然不是对于逻辑家而是对于先验哲学家而言，它要求着他付出不少辛劳去发现它的源泉，但是也因此说明了我们认识能力里的一个特性，这种特性如果不经过细密的分析恐怕是终于难以觉察的。

首先我们必须完全相信：人们通过（对美的）的鉴赏判断来断定每个人对于这一对象都感到愉快时，却不是依据着一个概念（要这样那就是善了）。一个宣称某一事物为美的判断，本质地包含着这种普遍性的要求。没有人运用这一名词时不想到这一点的，一切不依赖概念而使人愉快的东西便算做快适，而关于快适，每人头脑里可以有他自己的一套看法，不需期待别人同意他的鉴赏判断，在对于美的鉴赏判断里却时时必须这样做。我把第一种称作感官的鉴赏,第二种称作反省的鉴赏:第一种仅是个人的判断,第二种却主张普遍的有效性,而两者都是直观的(不是实践的)判断,是对一个对象仅仅就其表象对于快感及不快感的关系所下的判断。现在却使人诧异的是,关于感官鉴赏,不但是经验表示着它的判断(对于某一事物的快感及不快感)不是普遍有效,而是每个人自己那样谦虚,不期待别人和他取得一致(尽管事实上在这些判断里常常会有很广泛的一致性)。在反省的鉴赏里,如经验所示,其(审美)判断对每个人的普遍性的要求仍往往会被拒绝,尽管它觉得自己能够提出(事实他也是这样做)要求别人与之一致的判断,并且事实上也期待它的每一个鉴赏判断都博得别人的同意,而那些评判的人们不因这种要求的可能性而争吵,只是在特殊场合对于这判断能力的正确运用可能是不一致的。

在这里首先要指出:凡是不基于对事物的概念(哪怕仅是经验概念)的普遍性,绝不是逻辑的,而是审美的,那就是说,它不含有判断的客观的量,而只是含着主观的量,对于这种量我用共同有效性(Gemeingueltigkeit)这一词来称呼它,这名词不是指表象对认识能力的关系,而是指表象对每个主体的快感及不快感的关系。(人们也可以运用这一个词来指判断的逻辑性的量,只要人们加以说明这是"客观的"普遍有效性,以别于仅仅是主观的普遍有效性,而后者总只是审美的。)

但一个具有客观的普遍有效性的判断也往往是在主观上有效而已,那就是说,假使这判断对于包含在某一概念里的一切是有效的,那么它对于每个用这概念来表示一个对象的人也是有效的。然而,从一个主观的普遍有效性,那就是说,审美的、不基于任何概念的普遍有效性,是不能引申出逻辑的普遍有效性的:因为那种判断完全不涉及客体。正因为这样,这赋予一判断的审美的普遍

美的分析

性，必须是特殊样式的普遍性，因为它①不是把美的宾语同客体的概念（就这概念的全部逻辑范围来观察）连结起来，但是它仍然涉及评判的人们的全部范围。

就逻辑的量的范畴方面来看，一切鉴赏判断都是单个的判断。因为由于我必须把对象直接保持在我的快感或不快感上，而且不是通过概念，于是那些判断就不能有像客观普遍有效性的判断的那样的量；尽管，如果这鉴赏判断的对象的单个表象依据规定着这鉴赏判断的条件，通过比较，这单个表象转换为一个概念，也会从这里成功一个逻辑的普遍判断。譬如，我看着眼前这朵玫瑰，我通过鉴赏判断称它为美。与此相反，那通过比较许多单个判断产生出来的判断：玫瑰花一般地是美的，这就不仅是作为审美的，而且是作为一个基础于审美判断之上的逻辑判断而说出来的了。现在那判断：玫瑰是（在香味上）快适的，固然也是审美的和单个的判断，但不是鉴赏判断，而是官能的判断。它在这点上和第一种判断有区别：鉴赏判断本身就带有审美的量的普遍性，那就是说，它对每个人都是有效的，而关于快适的判断却不能这样说。只是关于善的判断，它虽然也规定着对一个对象的快感，却具有逻辑的、不仅是审美的普遍性；因为它是涉及客体的，作为对它的知识的，而因此对每个人都有效。

如果人只依概念来判断对象，那么美的一切表象都消失了。也不会有法则可依据来强迫别人承认某一事物为美。至于一件衣服，一座房屋，一朵花是不是美，就不能用理由或原则来说服别人改变他的评判了。人要用自己眼睛来看那对象，好像他的愉快只系于感觉；但是，当人称这对象为美时，他又相信他自己会获得普

---

① 指普遍性。——译者注

遍赞同并且对每个人提出同意的要求;与此相反,每一个人的感觉却只靠这位欣赏者和他的快感来决定了。

从这里可以看出,在鉴赏判断里除掉这不经概念媒介的愉快方面的这种普遍赞同以外,就不设定着什么;这就是一个审美判断的可能性,能视为同时对于每个人都有效。鉴赏判断本身并不假定每个人的同意(只有逻辑的普遍判断才能这样做,因它能举出理由来);鉴赏判断只设想每个人的同意,照它所期望的常例来说,这不是以概念来确定,而是期待别人赞同。这普遍的赞同所以只是一个观念(它基于什么,这里还不加研究)①。至于那个自以为下了鉴赏判断的人,事实上是否符合这个观念而下判断那是不能断定的。但是他仍然把它联系到这观念上面来,认他的判断应该是一个鉴赏判断,他以美这词语来表示着。对于他自己,他只须意识到他已经把属于快适和善的东西从剩下的愉快分离开来,那他就会确知的②。使他自信能获得每个人的赞同的就是这一切:在这些条件下他有权利提出这个要求,只要他不常常违反了这些条件以至下了一个错误的鉴赏判断。

(9)研究这一问题:在鉴赏判断里是否快乐的情感先于对对象的判定还是判定先于前者

这个问题的解决是鉴赏判断的关键,因此十分值得注意。如果对于某一物象的快感事先出现了,但是当对此物象下鉴赏判断时却仅仅承认它的普遍传达性,这样的说法就自相矛盾了。因为这样的快感除掉单是官能感觉里的快适而外不是别的,并且因此依照它的本质来说只能具有个人有效性,因为它直接系于对象所由呈现的表象。

---

① 观念 Idee,亦可译理念或理想目标。——译者注

所以某一表象里面的心意状态的普遍传达能力，作为鉴赏判断的主观条件来说，必然是最基本的，并且其结果就必然对这对象发生快感。但是除知识及属于知识的表象而外，是没有东西能够被普遍传达的。因为只有知识才是客观的，并且以此具有着普遍的对证点，由这对证点一切人的表象能力不得不彼此一致。如果现在我们断定这种表象的普遍传达性的规定根据，仅仅是主观的，即不依存于对象的任何概念的，那么这种规定根据除心意状态外不能是别的了。这心意状态是在各表象能力的相互关系间见到的，在这诸表象能力把一个一定的表象联系到一般认识的限度内。

这表象所牵涉的各种认识能力，便取得了自由活动之余地，因为没有何等一定的概念把它局限在一个特殊的认识规律里。在这个表象里的心意状态所以必须是诸表象能力在一定的表象上向着一般认识的自由活动的情绪。但是一个表象，如果某对象是赖它而被认识的，那就是说，赖它而达到一般认识——这个表象就必须具有想象力，以便把多样的直观集合起来，也必须具有悟性，以便由概念的统一性把诸表象统一起来。这个认识能力的自由活动的状态，在一个对象所赖以被认识的表象里，必须使自己能普遍传达，因为认识作为客体的规定，那些一定的表象（不论在哪个主体里面）必须与之协调的，这才是唯一一种的对于每个人都有效的表象。

在一个鉴赏判断里，表象样式的主观的普遍传达性，因为它是没有一定的概念为前提也可能成立，所以它，除掉作为在想象能力的自由活动里和悟性里（在它们相互协调、以达到一般认识的需要范围内）的心意状态外，不能有别的，而我们知道：这种对于一般认识适当的主观关系，必须是对于每个人都有效的，并且因此必须能够普遍传达，就像一切一定的知识，究系常常依据着那项作为主观条件的关系。

这种对于对象或它所凭借的表象只是主观的（直观的）判断，是先于快感而生的，并且它是对诸认识能力之谐和性的快乐的根源，但是，和我们称之为美的对象的表象相结合着的愉快的普遍主观有效性，只是建筑在判定对象时的主观条件的普遍性上面。

至于人们能够把心意状态传达出来，纵然只是关于诸认识能力的这一点上，这种能力本身就带有快乐，这一层可以从人类爱交际的天然倾向（经验的和心理学的）来说明。但是这对于我们的意图是不够的。我们所感到的快乐，我们就推断它在每个别人的鉴赏判断里必然具有，好像当我们称为美时，就把它看作是对象的一种属性，这属性是依照诸概念来决定它具有的。因为美若没有着对于主体的情感的关系，它本身就一无所有。但是这问题的说明，我们要留待下列问题解答以后，即：先验的审美判断是否以及怎样可能。

我们现在还是需要回答较次一级的问题，即：我们在鉴赏判断中是怎样觉察诸认识能力彼此之间的主观的协和，是否直感地通过内在感官和感觉，或是知性地通过我们的有计划的活动的意识，依靠这活动把那些诸认识能力推动起来呢？

假使那引起鉴赏判断的一定表象是这样一个概念：它在判断对象时把悟性和想象力结合起来使之成为关于对象的一个认识，那么这种关系的意识将是知性的（像在纯粹理性批判里判断力的客观图式论中所述）。但是这样所下的判断将不再是在和快感及不快感的关系中的判断了，因此不是鉴赏判断。然而鉴赏判断在愉快及美的称谓的关系里规定客体时是与概念无涉的。因此那关系的主观统一性只能经由感觉表达出来。两种能力（想象力和悟性）之所以成为不确定的，但经由一定表象的机缘的媒介成为调协的活动,而这活动隶属于认识一般,其推动力是感觉,这感觉的普遍传达性要求着鉴赏判断。一个客观的关系固然只可以被设想,但是,在按照它的条件是主观的这范围内,它①仍将在对于心意的影响中被知觉察到;并且在一种不以概念做基础的关系(像表象诸力对一般认识力的关系)里也是除掉因感到下述影响:即在通过相互调协推动着的心意诸力(想象力和悟性)的活泼的活动中的影响以外,是没有别项的对于它的意识的。一个表象,它作为单个的及没有和别的比较仍然有着对构成悟性一般的事业的诸条件的一种协合,它把认识诸能力带进比例适合的调协,这种调协是我们要求于一切认识,并且因此对于每个人有效,而每个人是必须结合悟性和感官去判断的。

从第二个契机总结出来的对美的说明

美是那不凭借概念而普遍令人愉快的。

三、鉴赏判断的第三个契机,即按照在它们里面观察到的目的关系来看的

(10) 论合目的性一般

如果人们按照目的的先验的诸规定来解说一个目的是什么(而不以经验的或快乐的情感等为前提),那么在概念被视为目的的原因(它的可能性的现实根据)的范围内,目的就是一个概念的对象。一个概念的因果性就它的对象来看就是合目的性(Forma finalis)。所以当不单是一个对象的认识,而是这对象本

---

① 指客观关系。——译者注

身(它的形式或存在)只有作为效果,即通过对它的概念才有可能想象时,这时人们自己便在思维着一个目的。效果的表象在这里是效果的原因的规定根据,并且是先于原因的。意识到一个表象对于主体的状态的因果性,企图把它保留在后者里面,于此就可以一般地指出人们所称为快乐这东西;与此相反,不快感是那种表象:它的根据在于把诸表象的状态规定到它们的自己的反对面去(阻止它们或除去它们)。

欲求能力,在它只通过概念来决定,即符合一个目的的表象而发生作用时,它就是意志。可是一个对象,或心意状态甚或一个行为,尽管它们的可能性不是必要地以一个目的的表象为前提,也唤做合目的,仅仅因为它们的可能性能够被我们说明和理解,当我们假定着它的根据是依照目的的因果性,这就是说,一个意志,按照着某一定规则的表象来安排它。

要是我们不把这种形式的原因放在一个意志里面,合目的性因此可能没有目的,但是关于它的可能性的解释,又只在我们把它说明是出自一个意志的时候,才能使我们理解。再则,我们对于我们所观察的东西不是常常必要通过理性(依照它的可能性)来领悟的。所以我们对于一个形式上的合目的性,尽管我们对它不设想一个目的(作为目的关系的素质)作为它的根柢,仍至少能够观察到并在一些对象上见到,虽然这只是通过反省。

(11)鉴赏判断除掉以一对象的(或它的表象样式的)合目的性的形式作为根据外没有别的

一切被视作愉快的根据的目的,总是本身自带一种利害感,作为判定快乐对象的规定根据。所以对于鉴赏判断不能有主观的目的作为根据。但也没有一个客观的目的表象,这就是说,对象本身依照其目的之联系原则的可能性,能够规定鉴赏判断,从而善的概念也不能来规定它,因为它是一审美的而不是认识的判断。所以,这判断不涉及对象的关于性质的概念和内在的或外在的可能性,无论是经由此或彼原因,而仅是涉及表象诸力当其被一个表象规定时的相互关系。

规定一个对象为美时的这种关系,现在是和快感结合着的;而鉴赏判断却声明这种快乐是对于每个人都有效;所以绝不是一个伴着表象的快适,也不是对于这对象的完美的表象,也不是善的概念所含有的那种规定根据。所以除掉在一个对象的表象里的主观的合目的性而无任何目的(既无客观的也无主观的目的)以外,便没有别的了。因此当我们觉知一定对象的表象时,这表象中合目的性的单纯形式,那个我们判定为不依赖概念而具有普遍传达性的愉快,就构成鉴赏判断的规定根据。

(12)鉴赏判断基于先验的根据

把快感或不快感当作是和任何一个作为它的先验原因的表象(感觉或概念)相结合的结果,是绝不可能的,因为这样就会是一种因果关系,而这因果关系(在经验的事物内)只能时时是后天的和凭借经验才能被认识的。固然我们在实践理性批判里实际上曾把敬的感情从先验的普遍道德概念导引出来(这敬的感情作为情感的一个特殊的和独特的情感样式,既不和我们从经验对象得来的快感也不和不快感真正彼此一致)。但是甚至在这里我们也能够超越经验的界限并且把一个筑基在主体的超感性的性质上面的因果性,即自由的性质,导引出来。但是就在这里我们实际上不是把这种感情而只是把意志的规定从道德的观念导引出来作为它的原因的。一个从任何方面规定着的意志的心意状态,本身却已经是快乐情感并且和它同一,所以不是作为结果从它导引出来;后者只能被假定着,假使道德的概念作为一个善的概念通过规律先于意志而被规定;那么,和这概念联结着的快乐就不可能从它仅只作为一个认识而导引出来。

在审美判断里对于快乐也在类似情况中:只是它在这里仅只是静观的,并且不是对于对象发生一种利害感,而在道德判断里却是实践的。

对于主体里诸认识能力的活动中仅是形式的合目的性的意识,在一定的对象的表象上,就是快乐本身;因为在一个审美判断里,它具有一个有关于主体诸认识能力之激动的主体活动的规定根据,从而是具有那有关于一般认识而不是局限于某一种认识的内在因果性(即合目的的因果性),而因此仅具有表象的主观目的性的形式。这种快乐也绝非在任何样式里是实践的,既不像是由于快适的、感官的理由,也不像是由于所代表的善的理智的理由。但这快乐本身仍含有因果性,即维持着表象本身的状态及诸认识能力的活动而无其他意图。在观察美之时我们依依不舍留恋着,因为这种观察不断地自行加强并且反复再现,就类似当对象的表象中的一种[物质的]魅力的刺激反复地唤醒着注意时使你留恋那样这时你的心情却是被动的。

(13)纯粹鉴赏判断是不依存于刺激和感动

一切的利害感都败坏着鉴赏判断并且剥夺了它的无偏颇性,尤其是当它不是像理性的利害观念把合目的性安放在快乐的情感之前,而是把它筑基于后者之上;这种情况常常在审美判断涉及一事物给予我们以快感或痛苦的场合时出现。因此这样被刺激起来的判断完全不能要求或仅能要求那么多的普遍有效性;这要看有若干此类感情混在鉴赏的规定根据之内。当鉴赏为了愉快、仍需要刺激与感动的混合时,甚至于以此作为赞美的尺度时,这种鉴赏仍然是很粗俗的。

美的分析

魅力的刺激往往不仅作为协助审美时的普遍的愉快而计算在美之内（美却实际上只应涉及形式），它本身还会被认做美，即愉快的素材被认作形式；这是一种误解，像许多其他的误解一样，常常具有一些真理做根据，而经过细致地分析了这些概念才可以把它们消除。

当刺激和感动没有影响着一个鉴赏判断（尽管它们仍然和这对于美的愉快结合着），后者仅以形式的合目的性作为规定根据时，这才是一个纯粹的鉴赏判断。

（14）通过引例来说明

审美判断恰好像论理的（逻辑的）判断那样，可以分为经验的和纯粹的两类。第一类说明什么是快适及不快适，第二类说明一个对象或它的表象是怎样的美。前者是感官的判断（质料的审美的［或译直感的］判断），唯独后者（形式的判断）是在固有意义里的鉴赏判断。

一个鉴赏判断所以仅在下述限度里是纯粹的，即当没有单纯经验的愉快混合在它的规定根据里面的时候。如果在一个声明某事物为美的判断里有着魅力的刺激或情感参加其间，这时候混合的情况就发生了。

此处有种种反对意见提了出来，它们表示魅力的刺激毕竟不仅是作为美的必然的成分，而且本身已足够称为美。

一种单纯的颜色，譬如一块草地的绿色、一个单纯的音调（别于音响及噪音），再譬如一种提琴的音，被大多数人认为它们本身就是美的，尽管二者仅仅是以表现的质料，即只是以感觉为其基础，并且因此只合称为快适。但是人们仍将同时注意到，颜色和音调的感觉只在下述限度内才能够正当地称为美，即二者是纯粹的。这已经是一个涉及形式的规定，并且也是从这些表象里唯一能够确定地普遍传达的。因为不能设想：感觉本身的性质能够对于一切主体里是彼此一致的，或者说，一种颜色的快适超过另一种，或一种乐器的声音的快适超过另一种乐器，凡此判断都能够同样适合于每个人。

如果人们同意欧勒①所说（我对此仍很怀疑着），颜色是等时相续的振动（脉搏），音响里的声音是波动着的空气，并且，主要的是，心意不仅是由于通过感觉使器官昂进，而且是由于通过反省而达到印象的有规律的活动（因此是不同的诸表象的结合形式）：所以颜色及声音不单是感觉而已，而且，是感觉的多样统一在形式上的规定，并因此本身也能算入美之内。

但是单纯的感觉样式的纯粹性，意味着这感觉样式的同形性不被别样的感觉扰乱和中断，并且仅是属于形式方面：因为人们在此只能够从那感觉样式的性质概括出来（不论那感觉样式是否能表象和表象着何种颜色及音调）。因此一切单纯的颜色，在它们的纯粹的范围内，被视为美。混合的颜色就没有这优点；正因它们不是单纯的，人们没有评定它们应否称为纯粹或不纯粹的标准。

至于一个对象由于它的形式而具有的那种美，当人们以为凭借魅力的刺激能够提高它，这种想法是一个庸俗的错误，是对于真正的、纯洁的、有根据的鉴赏力很有害的谬误；固然除了美外仍可以加上魅力的刺激，使心意通过对象的表象除了空洞的愉快以外还感到兴趣，鼓励着鉴赏和培养趣味，尤其是当鉴赏还是粗俗和未精炼之时。可是，它们实际上破坏了鉴赏，假使它们吸引了注意而以之作为美的判定根据。因它们远不能对此有所贡献，除非在它们不骚扰那美的形式而且当趣味还微弱和未精炼时——它们是被

---

① Euler，1707—1783，德国数学家。——译者注

当作异分子而宽大地被容纳而已。

在绘画、雕刻艺术,以至一切造型艺术中,建筑、庭园艺术在它们作为美术这范围内,素描是十分重要的。在素描里,对于鉴赏重要的不是感觉的快感,而是单纯经由它的形式给人的愉快。渲染着轮廓的色彩是属于刺激的;它们固然能使对象本身给感觉以活泼印象;却不能使它值得观照和美。它们往往受美的形式的要求所限制,就是在刺激被容纳的地方,也仅是由于形式而提高着它的品格。(译者按:康德深受着十八世纪古典主义美术观的影响。)

一切感官对象的形式(外在的感官的及间接的内在感官的)不是形象便是表演,在后一场合是形象的表演(在空间里的模拟及舞蹈),或单纯是感觉(在时间里)的表演。色彩的魅力或乐器的使人快适的音响能参加进来,但在前一场合的素描和在后者的构图形式是构成纯粹鉴赏判断的本然的对象。如果说颜色和音响的纯粹性,或者它们的多样性及其彼此对照,似乎对于美有所增添,那并不意味着:因为它们本身是快适的,所以就仿佛在形式方面同样也增添了愉快,反之,所以如此,却是因为它们使得形式更精细些,更精确些,明确些,完整些。并且此外由刺激而使表象生动,唤起和保持着对于对象本身的注意。

就是人们所称作装饰的东西,那就是说,它非内在地属于对象的全体表象作为其组成要素,而只是外在地作为增添物以增加欣赏的快感,它之增加快感仍只是凭借其形式:像画幅的框子,或雕像上的衣饰,或华屋的柱廊。假使装饰本身不是建立在美的形式中,而是像金边框子,拿它的刺激来把画幅推荐给人们去赞赏:这时它就叫作"虚饰"而破坏了真正的美。

感动,这是一种感觉,当快适只由于瞬间的阻碍和接着来的生活力更蓬勃的迸发所引出的,它完全不属于美。

崇高(感动的情绪和它结合着),却要求着另一种和鉴赏所引以为依据的不同的判定标准;所以一个纯粹的鉴赏判断是既不以魅力的刺激,也不以感动,一句话说来,不以作为审美判断的质料的感觉,为规定根据。

(15) 鉴赏判断完全不系于完满性的概念

客观的合目的性只能经由多样性对于一定目的的关系,所以只能经由概念,而被认识,单从这点就可以明了:美,它的判定只以一单纯形式的合目的性,即以无目的的合目的性为根据的;那就是说,是完全不系于善的概念,因为后者是以客观的合目的性,即——对象为前提。

客观的合目的性是或为外在的,即有用性,或为内在的,即对象的完满性。我们从上面两章(美的第一及第二契机)可以看出:我们对于一对象所感到的愉快,我们因之称为美的,不能基于它的有用性的表象:因为那样就会不是一直接对于这对象的愉快,而这却是关于美的判断的主要条件。但一客观的内在的合目的性,即完满性,却已接近着美的称谓,因此也被有名的哲学家视为就是美,却附带声明着:在这完满性不是清楚地被思维着的场合。在一个鉴赏批判里确定美是否真正能归入完满性这概念里,这是极端重要的事。

评定客观的合目的性总是需要一目的的概念和一内在目的的概念(如果那合目的性不是外在的[有用性],而是内在的话),这内在目的包含着对象的内在的可能性的根据。目的一般就是:它的概念能被视作对象的可能性的根据:所以如果我们想在一事物上表出客观的合目的性,那就必须先有一个指明这事物应成为什么的概念。而在这事物里其多样性与概念的协调(这概念赋予它结合的规则)正是一事物的质的完满性。至于量的完满性,它乃是一

美的分析 | 149

事物在它的种类里的完整,所以和它完全不同,这是单纯量的概念(全量性)。在这里,事物应该成为什么已经是作为预先规定了的,问题只在什么是达到目的所需要的东西。一个事物的表象里的形式方面,即它(不定它是什么)的多样性与一物的协调,它本身完全不给我们看出它的客观的合目的性。因为,若把这一事物作为目的抽象掉了,那么,留在观照者心意中除掉表象的主观合目的性以外,便没有剩下别的。这种诸表象的主观的合目的性固然指示出在主体内一定的表象状态的合目的性,并且在这主体里把它的一种快适性赖想象力把握到这一定的形式,但是没有指出任何一对象的完满性,这对象在这里不是经由一目的的概念被思维着的。譬如,我在森林里遇到一块草场,周围树木环植,而我在此并不想着一个目的,以为这草场可以用作郊外舞蹈场,这就绝少会由于单纯形式而获得完满性的概念。去设想一个形式的客观的合目的性而没有目的,即一个完满性的单纯形式(没有一切质料及使之协调的概念,哪怕仅仅是一个合一般规律的观念),这是一个真正的矛盾。

但是鉴赏判断是审美判断,这就是说,它基于主观的根据,它的规定根据不可能是概念,因此也不能是一定目的的概念。因此如果把美作为一个形式的主观的合目的性,就绝不能设想一对象的完满性作为假定形式的但仍然是客观的合目的性。美与善的概念中间的区别,若以为只是按逻辑的形式区分着,前者只是一个混乱的而后者却是一个清晰的关于完满的概念,此外按内容和起源来说却是同一的,这话是全无意义的:因为这样它们之间就没有特殊的区别了,而鉴赏判断就会是认识判断,也是用它来指出某事物为善的判断了。就像一个普通人,如果他说道:欺骗是不对的,他的判断的根据是模糊的,而哲学家的根据却是清晰的,但是两者都是基于同一的理性原则之上。可是,我已经讲过,一个审美判断是判断中独特的一种,并且绝不提供我们对于一对象的认识(哪怕是一模糊的认识),只有逻辑的判断才能提供认识。与此相反,审美的判断只把一个对象的表象连系于主体,并且不让我们注意到对象的性质,而只让我们注意到那决定与对象有关的表象诸能力的合目的的形式。这种判断正因为这缘故被叫作审美的判断,因为它的规定根据不是一个概念,而是那在心意诸能力的活动中的协调一致的情感(内在感官的),在它们能被感觉着的限度内。与此相反,假使人们愿意把模糊的概念及以这些概念作为根据的客观判断唤作审美判断,那么,人们必须有凭感性来判断的悟性,或凭概念来表象其对象的感觉,而这两者是相互矛盾的。概念的一种功能是悟性,不管它是模糊的或清晰的。并且纵使审美判断(像一切判断那样)也含有悟性,可是悟性参与在这里面究竟不是作为对于一个对象的认识的功能,而是作为这判断和它的表象(不依赖概念)的规定的功能,依照着这表象对主体的关系和主体的内在情绪,并且在这个判断按照普遍法则而有可能的限度内。

(16) 如果在一定的概念的制约下一对象被认为美,这个鉴赏判断是不纯粹的

有两种美,即:自由美(Pulchritudo vaga)和附庸美(Pulchritudo adhaerens)。第一种不以对象的概念为前提,说该对象应该是什么;第二种却以这样的一个概念并以按照这概念的对象的完满性为前提。第一种唤作此物或彼物的(为自身而存的)美;第二种是作为附属于一个概念的(有条件的美),而归于那些隶属一个特殊目的的概念之下的对象。

花是自由的自然美。一朵花究竟是什么,除非植物学家很难有人知道。就是这位知道花是植物的生殖器的人,当他对之作鉴

赏判断时，他也不顾到这种自然的目的。这个判断的根据就不是任何一个种的完满性，不是内在的多样之总和的合目的性，许多鸟类（鹦鹉、蜂鸟、极乐鸟），许多海产贝类本身是美的，这美绝不属于依照概念按它的目的而规定的对象，而是自由地自身给人以愉快的。所以希腊风格的描绘、框缘或壁纸上的簇叶饰等等，本身并无意义：它们并不表示什么，不是在一定的概念下的客体——而是自由的美。人们也可以把音乐里的无标题的幻想曲，以至缺歌词的一切音乐都算到这一类里。

在判断自由美（单纯依形式而判断）时，那鉴赏判断是纯粹的。这里没有假定任何一目的的概念作为前提，使多样的服务于这一定的客体并且表明这客体是什么，以静观一个形象而自娱的想象力之自由因此受到限制。

一个人的美（即男子或女子或孩童的美），一匹马或一建筑物（教堂、宫殿、兵器厂、园亭）的美，是以一个目的的概念为前提的，这种概念规定这种物应该是什么，即它的完满性的概念，因此仅是附庸的美。就像快适（感觉的）和美的结合（美本来只涉及形式）妨碍鉴赏判断的纯粹性那样：善（即多样性，它对于物本身按照它的目的是好的）和美的结合破坏着它的纯粹性。

人们会把在观照里直接悦目的东西装置到一个建筑上去，假使那不是一所教堂。人们会把一些螺状线和轻快而合规则的线状将一个形体美化起来，像新西兰岛人的文身，假使那不是一个人。而这个人可能具有优美得多些和悦人的温柔的面容轮廓，假使这不是表象着一个男子，更不是一个战士。

对于一物的多样性所感到的愉快，和规定它的可能性的内在目的，这两者之间的关系，是筑基于一个概念上的愉快。然而对于美的愉快却是不以概念为前提的，而是和对象所赖以表示的表象直接地(不是通过思想)相结合着的。假使关于后者的审美判断却被做成系于前者的目的而作为理性判断从而被约制着,那么,这一鉴赏判断便不再是一自由的和纯粹的判断了。

固然鉴赏因审美的愉快和理智的愉快相结合而有所增益,因为它变成固定的了;固然它不是普遍的,可是对于一定有目的地规定的客体来说,就能给它指示出法则。但这些法则也不是鉴赏的法则,而仅仅是鉴赏和理性的统一而已,即美和善的统一。通过这统一就能够被运用为后者的企图的工具,使这自己持续着和具有主观普遍有效性的心意情调从属于下述的思想方式,这种思想方式只能经由努力的决心被持续着,但却是普遍有效的。本来完满性并不由于美而有所增益,美也不由于完满性而有所增益。但是如果我把一对象所赖以表示的表象和这客体通过一概念来比较(说它应成为什么),我们就不免要把它们同时跟主体的感觉一起予以考虑。那么,如果两方心意状态协调的话,想象力的全部能力就有所获益。

一个关于具有一定内在目的的对象之鉴赏判断,只有在下列情况才是纯粹的,即判定者或是对于这目的毫无概念,或是在他的判断里把它抽象掉。但是这个人,虽然当他把这对象判定为自由美时下了一个正确的鉴赏判断,他却会被别人谴责,指摘他的鉴赏力是谬误,因为后者把那对象的美作为附庸的属性来看待(从对象的目的来看),虽然这两个人在他们的判断里都是正确的:一个人是依照着他眼前的东西,另一个人是依照着在他思想里面的东西。经过这种区分,人们可以消除鉴赏评判者们中间关于美的争吵,人可以指出:这个人是抓住了自由美,那个人抓住了附庸美,前者下了一个纯粹的,后者下了一个应用的鉴赏判断。

美的分析 | 153

(17) 论美的理想

凭借概念来判定什么是美的客观的鉴赏法则是不能有的。因为一切从下面这个源泉来的判断才是审美的,那就是说,是主体的情感而不是客体的概念成为它的规定根据。寻找一个能以一定概念提出美的普遍标准的鉴赏原则,是毫无结果的辛劳,因为所寻找的东西是不可能的,而且自相矛盾的。感觉(愉快或不快的)的普遍传达性,不依赖概念的帮助,亦即不顾一切时代及一切民族关于一定对象的表象这种感觉的尽可能的一致性;这是经验的,虽然微弱地仅能达到盖然程度的评判标准,即从诸事例中证实了的鉴赏之评判标准,这鉴赏是来源于深藏着的、在判定诸对象所赖以表现的形式时,一切人们都取得一致的共同基础。

所以,人们把鉴赏的某一些产物看作范例,但并不是人们模仿着别人就似乎可能获得鉴赏力。因为鉴赏必须是自己固有的能力。一个人模仿了一个范本而成功,这表示了他的技巧,但是只有在他能够评判这范本的限度内他才表示了他的鉴赏力[①]。

从这里得出结论:最高的范本,鉴赏的原型,只是一个观念,这必须每人在自己的内心里产生出来,而一切鉴赏的对象、一切鉴赏判断范例、以及每个人的鉴赏,都是必须依照着它来评定的。观念本来意味着一个理性概念,而理想本来意味着一个符合观念的个体的表象。因此那鉴赏的原型(它自然是筑基于理性能在最大限量所具有的不确定的观念,但不能经由概念,只能在个别的表现里被表象着)更适宜于被称为美的理想。类乎此,我们纵然没有占

[①] 关于语言艺术的鉴赏的范本,必须在一种已不通用的和艰深的语言里去寻找:第一,可以不须遭受变化,这是活的语言不可避免要碰到的,高尚的成了平凡,通常的陈旧了,新造的只通行一短时期;第二,它具有一定的语法,这种语法不因流行风尚而任意转变,但具有它的不变的法则。——原注

有了它,仍能努力在我们心内把它产生出来。但这仅能是想象力的一个理想,正因为它不是基于概念,而是基于表现,而表现的能力是想象力。现在我们是怎样达到一个这样的美的理想的?先验地还是经验地?同样:那一种的美能成为一个理想呢?

首先应注意的是,美,如果要给它找得一个理想,就必须不是空洞的,而是被一个具有客观合目的性的概念固定下来的。因此美不隶属于一个完全纯粹的,而是属于部分地理智方面的鉴赏判断的客体。这就是说,不论一个理想是在何种评判的根据里,必须有一个理性的观念依照着一定的概念做根据。这观念先验地规定着目的,而对象的内在的可能性就奠基在它的上面。

美的花朵、美的家具、美的风景等的理想(典范)是不可想象的。但是一个附庸于一定目的的美,譬如一座美的住宅、一棵美的树、美丽的花园等等,也无理想可以表象;大概是因为其目的没有充分经由它们的概念规定着和固定着,因此,那合目的性几乎是那么松散自由地像在空洞的美那里一样。

只有人,他本身就具有他的生存目的,他凭借理性规定着自己的目的,或在他必须从外界知觉里取得目的的场合,他仍然能比较一下本质的和普遍的目的,并且直感地(审美地)判定这两者的符合。所以只有人才能独具有美的理想,像人类尽在其人格里面那样,他作为睿智,能在世界一切事物中独具完满性的理由这里有二点:第一,是审美的规范观念,这是一个个别的直观(想象力的)代表着我们[对人]的判定标准,像判定一个特殊种类的动物那样,第二,理性观念,它把人类的不能感性地被表象出来的诸目的作为判定人类的形象的原则,诸目的通过这形象作为它们的现象而被启示出来。一个特殊种类的、动物的、形象的规范观念,必须从经验中吸取其成分,但是这形象结构的最大的合目的性,能够成为这个种类的每个个体的审美判定的普遍标准,它是大自然这巨匠的意图的图像,只有种类在全体中而不是任何个体能符合它——这图像只存在于评定者的观念里,但是它能和它的诸比例作为审美的观念在一个模范图像里具体地表现出来。

为了能多少理解这个过程(谁能从自然完全诱出它的秘密来呢?),我们试作一心理学的说明。

应该注意的是:想象力在一种我们完全不了解的方式内不仅是能够把许久以前的概念的符号偶然地召唤回来,而且从各种的或同一种的难以计数的对象中的对象的形象和形态再生产出来。甚至于,如果心意着重在比较,很有可能是实际地纵使还未达到自觉地把一形象合到另一形象上去,因此从同一种类的多数形象的契合获得一平均率标准,这平均率就成为对一切的共同的尺度。人都曾经见到过成千的成人男子。如果他要判定用比较的方法以测算的规范的尺寸,那么(照我的意见)想象力让一个大数目的(大概每一千人)形象相互消长,如果允许我在此地运用视觉的表现来类推,在那大多数形象集合的空间里和在那最强色彩涂抹的轮廓线之内,这里就会显示出平均的大小,它在高和阔的方面是和最大的及最小的形体的两极端具有同样的距离,这是对于一个美男子的形体。〔人们因此能机械地把它计算出,如果人们测量每一千人,把他们的高和阔(和厚)各自加起后,各把总数用千来除。但是想象力做这事却是凭借一种力学的效果,这效果是由这诸形态的复合的印象对于内在感觉器官生出来的。〕如果我们现在以同样的方法对于这个平均的人寻找平均的头,对于那个平均的人寻找平均的鼻,那么这样的形体,就可以作为我们进行比较的这个国度的美男子的这个规范观念之基础。一个有色人在这些经验的条件下较之白人必然具有另一种的规范观念。一个中国人比欧洲人也具有另一种。关于一匹美马或狗(一定的种类的)的模范也是这样。这规范观念不是从那自经验取得的诸比例作为规定的规律导引出来的;而是依照它(按指规范观念)评定的规律才属可能。它是从人人不同的直观体会中浮沉出来的整个种族的形象,大自然把这形象作为原始形象在这种族中做生产的根据,但没有任何个体似乎完全达到它。它绝不是这种族里美的全部原始形象,而只是构成一切美所不可忽略的条件的形式;所以只是表现这种族时的正确性。它是规则准绳,像人们称呼波里克勒的持戈者那样(米龙的牡牛在他的种类里也可作例子)。正因为这样它也不能具含着何等种别的特性的东西;否则它就不是对于这种类的规范观念了。它的表现也不是由于美令人愉快,只是因它不和那条件相矛盾,这种类中的一物只在这条件之下才能是美的。这表现只是合规格而已①。

必须把美的规范观念和美的理想加以区别。美的理想,由于上述的理由,我们只能期待于人的形体。在人的形体上理想是在于表现道德,没有这个这对象将不普遍地且又积极地(不单是消极地在一个合规格的表现里)令人愉快。内在地支配着人的道德观念的可看见的表现固然只能从经验获得;但是它和一切我们的理性与道德的善在最高合目的性的联系中相结合着,即那心灵的温良,或纯洁或坚强或静穆等等在身体的表现(作为内部的影响)中

---

① 人们将见到,一个完全合规则的脸,画家请他坐着做模特儿的,通常是无所表现的:因为这脸不具有特性,亦即较之个性的特殊点更多地表达这种的观念。这种的性夸张过分,便破坏了标准观念(种的合目的性),这就唤作漫画。经验也指出,完全合规则的脸在内心里也通常暴露着一个平庸的人,我猜想(如果假定自然界在外表表现着内在的诸比例)是由于这原因:因为,假使从心意诸禀赋里没有一种出所必需的比例,这只能构成一个没有毛病的人,而不能从他期待人所唤作天才那东西,在天才里自然界好像从心意诸能力的通常的关系中趋向唯一一种能力的优。——原注

使它表现出来：谁想判定这，甚至于谁想表现它，在他身上必须结合着理性的纯粹观念及想象力的巨大力量。一个这样的美的理想的正确性是这样得到证实的，那就是：自己不允许任何官能刺激混和到他对于对象所感到的愉快里去，但却仍然对它（按指对象——译者）有巨大的兴趣，这却证明着，按照这样的标准的评判绝不能是纯粹审美的，按照一个美的理想的评判不单单是鉴赏的判断了。

从第三个契机总结出的对美的说明

美是一对象的合目的性的形式，在它不具有一个目的的表象而在对象身上被知觉时①。

四、鉴赏判断的第四个契机，即按照对于对象所感到的愉快的情状来看的

（18）一个鉴赏判断的情状是什么？

从每一个表象我可以说：它（作为认识）是和快乐结合着的，这至少是可能的。关于我所称之为快适的表象，我说，它在我内心里产生着真实的快乐。至于美，我们却认为，它是对于愉快具有着必然的关系。这种必然性是属于特殊的种类：不是一个理论性的

---

① 人们可以反对这个说明而引来作根据说：在那里是有诸物，人在它们身上见到一个合目的性的形式而不能在他们身上见到一个目的，例如常常从古老坟地里掘出来的石器，上面具有一个为了扎捆用的洞，这些石器固然在其形状里明显地暴露出一种合目的性，而人们不知道这目的，因此而不被认为美。但是，人把它们看作一件艺术品，这就已经足够使人必须承认它们的形状是与一些企图和一定的目的有关。因此在对它们直观之时也完全没有直接的欣赏。与此相反，一朵花，例如一朵郁金香，将被视为美，因为觉察它具有一定的合目的性，而当我们判定这合目的性时，却不能联系到任何目的。——原注

客观的必然性,在那里能够先验地认为每个人将感到对于这个被我称为美的对象的这种愉快;也不是一个实践的,在这里,经由一个纯粹的理性意志的诸概念,这理性意志对于自由行为的存在者是作为规则的——这种快适是客观规律的必然结果,并且除掉意味着人们应该(没有其他意图)在一定的方式内行动外没有别的。审美判断里所指的必然性却只能被称为范式,这就是说,它是一切人对于一个判断的赞同的必然性,这个判断便被视为我们所不能指明的一普遍规则的适用例证,因为审美判断不是客观的和知识的判断,所以这必然性不是从一定的概念引申出来的,从而也不是定言的判断。它更不能从经验的普遍性(对某一对象的美的诸判断的彻底一致)推断出来。因为不仅是经验很难提供足够的多量的证据,在验诸判断的基础上不容建立这些判断的必然性的概念。

(19) 我们所赋予鉴赏判断的主观的必然性是受制约的

鉴赏判断期望着每个人的赞同;谁说某一物为美时,他是要求每个人赞美这当前的对象并且应该说该物为美。所以,在审美判断里的应该是依照一切为了评判所必需的资料论据而说的,可是仍然仅能是有条件的。人们争取着每个人的同意,因为人们要为它找出人人所共同的根据;人们也能够期待这种同意,只要人们常常确知当前的场合是正确地包含在那个作为赞同的规则的根据之下。

(20) 一个鉴赏判断所要求的必然性的条件是共通感的观念

假使鉴赏判断(像知识判断那样)具有一个一定的客观原理,那么谁要是依据这原理下了判断,他将会宣称他的判断具有无条件的必然性。假使鉴赏判断没有任何原理,像单纯感官的趣味的判断,那么人们就完全不会想到它们的必然性。所以鉴赏判断必需具有一个主观性的原理,这原理只通过情感而不是通过概念,但仍然普遍有效地规定着何物令人愉快,何物令人不愉快。一个这样的原理却只能被视为——共通感,这共通感是和人们至今也称作共通感(Sensus Communis)的一般理解本质上有区别:后者(一般理解)是不按照情感,而是时时按照概念,固然通常只按照不明了地表示的原理判断着。

所以只在这个前提下,即有一个共通感(不是理解为外在的感觉,而是从我们的认识诸能力的自由活动来的结果),只在一个这样的共通感的前提下,我说,才能下鉴赏判断。

(21)人们能不能有根据假定共通感?

知识与判断,连同那伴着它们的确信一起,必须能够普遍传达,否则它们与客体之间便不能一致:它们结合起来将仅仅是表象诸能力的主观的活动,正像怀疑论所要求的。但如果知识能够传达,那么那心意状态必须能够普遍传达,那就是说,认识能力与一般认识之间的一致,以及为了可以从其中获得认识而适合于(对象所赖以表现的)表象的这两者之比例,是必须能够普遍传达的。因为没有这个作为认识的主观条件便不能产生作为结果的知识。这种情形实际上随时实现着,如果一定的对象凭借感官把想象力推动去集合多样的东西,而想象力又把理智推动去统一这多样的东西使之成为概念。但是这认识诸能力的调协依照已知的客体的各异性而具有不同的比例。

但仍然必须有一个比例,以便两种心意力量所赖以彼此推动的这种内在关系,就(一定对象的)认识来说,对于这两种心意力量总是最有利的;而这调协只能经由情感(而不是依照概念)被规定着。

然而现在这调协本身必须能够普遍传达,从而我们对它的情感(在一定的表象里)也必须能够普遍传达;一种情感的普遍传达性却以一种共通感为前提:所以这共通感是有理由被假定的,而且不是根据心理的观察,而仅仅是作为我们知识的普遍传达性的必要条件,这是在每一种逻辑和每一非怀疑论的知识原则里必须作为前提被肯定着的。

(22)在鉴赏判断里假设的普遍赞同的必然性是一种主观的必然性,它在共通感的前提下作为客观的东西被表象着

在一切我们称某一事物为美的判断里,我们不容许任何人有异议,而我们并非把我们的判断放在概念之上,而只是根据情感:我们根据这种情感不是作为私人的情感,而是作为一种共同的情感。因此而假设的共通感,就不能建立在经验的基础上;因为它将赋予此类判断以权利,即其内部含有一个应该:它不是说,每个人都将要同意我们的判断,而是应该对它同意。所以共通感,根据它的判断而提出我的鉴赏判断作为一个例子,并且因此我赋予它范例的有效性,它是一理想的规范,在它的前提下人们就能够把一个与它协和的判断和在这判断里表示出对一对象的愉快颇有理由地对每个人构成法则:因为那原理固然是主观的,却仍然被设想为主观而普遍的(对每个人必然的观念),它涉及不同的诸判断者的一致性,就像对于一客观的判断一样,能够要求普遍的赞同;只要人确信它是正确地包含在那原理之下。

我们确实是在设想一个共通感,这种不确定的规范为前提的:我们之敢于下鉴赏判断就证明了这一点。至于实际上是否有一个这样的共通感作为经验的可能性的构成原理,或是有更高级的理性样原理把它对我们仅仅做成节制的原理,以便在我们内部产生一个为了更高目的的共通感;鉴赏力是否原始的和自然的,抑或单是一种获得的和人为的能力的观念,以至鉴赏判断,连同它的普遍赞同的要求,事实上仅是一种理性要求,是一种要求产生感性形式

的一致性，而那应该，就是说，每个人的情感和每个别人的个别的情感彼此符合的客观必然性只意味着彼此一致的可能性，而鉴赏判断只是这个原理应用的一个实例：关于这些我们在此尚不愿也不能加以研究，而我们现在只从事于分解鉴赏能力直到它的成分和最后把诸成分统一于一个共通感的观念中。

从第四个契机总结出来的对美的说明

美是不依赖概念而被当作一种必然的愉快的对象。

五、对于美的分析的总结

从以上分析引申出来的总结，可以见到一切都归结于鉴赏的概念：鉴赏是关联着想象力的自由的合规律性的对于对象的判定能力。如果现在在鉴赏判断里想象力必须在它的自由性里被考察着的话，那么它将首先不被视为再现，像它服从着联想律时那样，而是被视为创造性的和自发的（作为可能的直观的任意的诸形式的创造者）。固然它在把握眼前某一对象时是被束缚于这客体的一定的形式，而且在这限度内没有自由活动之余地（像在做诗里），而我们仍然可理解：对象正是能给予它这样一个形式，这形式含有多样的统一，正像想象力在自由活动时，在和悟性的合规律性一般协调中可能设想出来的一样。但是说想象力是自由的却又是本身具有规律的，这就是说，它是自主的，这是一个矛盾。唯独悟性能提供规律。如果想象力却被迫按照一定的规律去进行，那么它的成果将在形式方面被概念规定着，照它所应该的那样。但是这样一来我们上面所述的那种愉快却不是对于美，而是对于善（对于完满性，自然只是形式方面的）的愉快，而这判断不是通过鉴赏的判断了。这将就成为一个没有规律的合规律性和想象力对悟性的主观性的协调一致而并非有客观性的(协调一致),因表象是对于一对象的一定的概念联结着,将能和悟性的自由的合规律性(这也被称为没有目的的合目的性)及和一个鉴赏判断的特异性单独地共同存在着。

几何学合规则的形象,一个圆形、正方形、正六面体等等,被鉴赏评判家们通常引来作为美的最单纯的和毫无疑问的例证;但是它们之所以被称为合规则,正因为它们除了这样不能用别的方法表象出来,亦即它们被视为是一个概念的单纯表现,这概念给那形象指定了规律(唯有依这规律它才有可能)。所以在这里必然有一方面是错误的:或是那些鉴赏评判家的判断,赋予所设想的形象以美或是我们的判断,认为美必须要不依赖概念的合目的性。

没有人能够轻易地下一个判断,说一个具有鉴赏力的人在一个正圆形上较之在一个歪曲的轮廓上,在一个等边等角正方形上较之在一倾斜的,不等边的,即歪曲的四方形上获得更多的愉快;因为对于这只要常识而不需要任何鉴赏力。在企图判定例如一个场所的广大,或明白各部分相互间及对全体的关系时,那就只需要合规律的形象并且要其中最简单的种类;而愉快不是直接基于形象的观照上,而是基于形象对于各项目的有用性之上。一个房间,它的墙壁构成斜角,一个同样的庭园场子,以至一切破坏了形象对称的如在动物(譬如独眼)中,在建筑或花床,是令人不愉快的,因为它违反目的,不仅是实践地在这些动物的一定的应用里,而且也对于在一切可能意图中的评判里;在鉴赏判断的场合就不是这样了,当鉴赏判断是纯粹的时,愉快或不愉快是不顾及用途或目的的,而是直接地和对象的单纯观照接合着。

导向对一个对象的概念的合规则性,是不可缺少的条件,来把

美的分析 | 163

这对象掌握在一个单一的表象里并将多样性在这表象的形式里来规定。这个规定就认识来说是个目的。在这个关系里它也时时和愉快结合着（这愉快伴随着每一纵然只是可疑的意图的实现）。这却单是对于满足了一个课题的解决的赞许，而不是心意诸力和我们称之为美的东西的一个自由的无规定而合目的性的娱乐，在这里悟性对想象力而不是想象力对悟性服务。

在一个只通过意图才有可能的物件，在一个建筑，甚至于在一个动物，那建立于对称里的合法则性必须表现出观照的统一性来。这观照的统一性伴着目的的概念而同样隶属于认识。但是在一个仅是表象诸能力的自由活动（却在这样的条件下，即悟性在此不受到打击）被持续着的场合，在娱乐园里，室内装饰里，一些有趣味的家具里等等，强制的合规则性便尽可能地避免掉；关于庭园的英国趣味，对于家具的巴洛克趣味竟驱使想象力的自由达到光怪陆离的程度，而在这摆脱一切规则的强制中恰好肯定着这场合，在这场合里鉴赏力在想象力的诸设计中能够表示它的最大的完满性。

一切僵硬的合规则性（接近数学的合规则性）本身就含有那违反趣味的成分：它不能给予观照它时持久的乐趣，而是当它若不是显著的以认识或一个一定的实践目的为意图时令人厌倦。与此相反的是，那能使想象力自在地和有目的地活动的东西，它对我们是时时新颖的，人们不会疲于欣赏它。马尔斯顿在他关于苏门答腊的描绘中曾指出，在那里大自然的自由的美处处会吸引围观者，而因此对他不再具有多少吸引力；与此相反，一个胡椒园，藤萝蔓绕的枝干在其中构成两条平行的林荫路，当他在森林中忽然碰见这胡椒园时，这对于他便具有很多的魅力。他由此得出结论：野生的、在现象上看是不规则的美，只对于看饱了合规则性的美的人以其变化而引起愉快感。但是只要他做一个试验，一整天停留在他的胡椒园里,他内心就会感到,如果悟性经由合规则性把自己置于他处处所需要的秩序井然的情调里,那对象将不会长久地令他感到有趣,甚至于对他的想象力加上了可厌的强制;与此相反,那富于多样性到了豪奢程度的大自然,它不服从于任何人为的规则,却能对他的鉴赏不断地提供粮食。——甚至于我们不能纳入任何音乐规则内的鸟鸣,好像包含更多的自由,并因此比起人类的歌声来是更加有趣,而歌声是按照音乐艺术的一切规则来演唱的。因为如果多次并长时间重复,后者早就会令人深深厌倦。但是这里我们恐怕是把对于一个可爱的小动物的欢乐的同情和它的歌的美互易了。它的歌,如果被人们完全准确地模仿出来(像今日对于夜莺的鸣声所做的那样)这对于我们的耳朵将是十分没趣的。

还要区别美的对象和对于对象的美的眺望(这对象常常因遥远的距离不再能认识得清晰)。后者似乎鉴赏力不单是抓住想象力在这视野里所把握到的更多的是在于想象力有机会去做诗,那就是说它把握着真正的幻想;心意保持着这些幻想,当它经由冲击着眼帘的多样性连续地唤起来的时候;就像看见一个壁炉火焰的流动不停的或一小溪细流的形象,二者并不是美,但对于想象力却带来了一种魅力,因为它们保持着它们自由的活动。

(宗白华 译)

人性本恶

　　人们对世界之邪恶的抱怨就像有记载的历史那样古老,甚至像更为古老的诗歌那样久远;实际上,这样的观念的确和所有最原始的诗歌和宗教祭司一样的古老。然而,处处都表现出来的是人们认为世界的创造却起始于善,那是黄金般的时代、天堂似的生活,甚至人类会因和天堂中圣神的交流而更是感到幸福和快乐。但人们又认为,这样的幸福时代会像梦境一样昙花一现,稍纵即逝,然后他们就陷入罪恶(道德上的恶,且总伴随着肉体上的恶),而且会更快的急奔至更恶、更坏。所以,如今我们正生活在人类的最后一个时代(即我们眼下的这个样子,尽管像历史一样古老),世界末日和世界毁灭即将来临;就像在印度斯坦的某些地区,作为世界的审判者和毁灭者的楼陀罗(有时称湿婆)已经被看作大权在握的上帝而得到敬仰,而作为世界的保护者,即毗湿奴,几个世纪以前就已辞去了让他感到沮丧的职位,而这个职位是世界的创造者大梵天授予给他的。

　　在这以后是一种很不普遍的,也许仅仅在哲学家之间获得认可的,而且在当今时代主要是在年轻的讲师中流行的一种与之相反的英雄主义观点,即世界正不断地朝相反的方向准确无误地前进,从字面上看,是由恶到善,尽管这几乎是感觉不到的;但是这种前进的力量至少存在于人性之中。然而它如果意指道德上的善或恶(不是指文明),那么这种观点肯定不是建构在经验的基础上,因为它遭到了一切时代的历史强有力的驳斥,但是这种观点可能是从塞卡到卢梭的道德学家们的关于一个人性本善的假说,旨在督促人们义无反顾地去培育那可能存在于我们人类本身的善的胚芽,如果一个人可以依赖这样一个存在于人类自身中的自然基础的话。

这里还有这样一件要思考的事情,就好像我们必须假设人的肉体一生下来就是健全的那样,在此似乎也没有理由反对我们假设人在精神上也是天生高尚的,这样自然性本身就会帮助我们在我们内部发展这种向善的道德能力。"如果我们愿意接受的话,无可挽救的罪恶和悲痛就会有助于我们回到与生俱来的正直中。"塞涅卡说。

但是,既然有理由认为,在所假定事实的两个方面都可能有谬论,问题就是是否有可能存在一个折衷,即作为人这一种类,可能既不是善的也不是恶的,甚或无论如何,他就像其他存在物一样,一半是善的,一半是恶的。然而,当我们说一个人是恶的时候,并不是因为他的行为不好(触犯法律),而是因为这是我们可以由此从他身上推断出恶的准则的一种举措。虽然我们现在可以通过经验来评判那些行为是违法的,并且(至少在我们自己看来)他们还是故意这么做的,然而我们却不可能察看到准则本身,即使对于我们自身也常常是不可能的。所以,认为如此行为的当事人是恶人的这一判断不能明确地建立在经验的基础上。因此,要说一个人是恶的就应该从某些行为或者从单独一个有意的坏行为中先验地证明有一条恶的准则作为这种行为的基础,因而得出所有特定道德之恶的准则的施行者都有一个普遍的本源,而其本身又是一个准则。

如果人的本性像往常那样意味着和源于自由行为的本源相反

的含义,以免在本性一词的表述中有困难,那么本性一词就会直接和道德上的善或恶的本质发生冲突,我们会观察到,我们现在所讲的人性只不过是人在普遍意义上(在客观道德法则下)运用的它的自由的主观基础,而不论该主观基础在什么地方,它总是比任何在此意义上产生的行为要先。然而,这个主观基础本身必须总是一个自由的行动(就道德法则来说,别的那些关于人可自己选择的意志的运用或滥用不可能归因于他,他身上的恶或善也不能成为道德上的恶或善)。所以,恶的根源不会存在于任何一个由爱好来决定能选择的意志的客体中,或者任何一种自然冲动中,它只能存在于一个可选择的意志为了自身而采用它的自由的法则中,也即存在于准则之中。我们现在不可能就这个问题继续提出质疑:主观的基础是什么?为什么会选择它?为什么不是相反的准则?因为如果这一基础根本就不是目前的这个准则,而只是自然的冲动,那么对自由的应用就会变为由自然冲动所决定从而处在和它的概念相矛盾的处境。当我们接着讨论人的本性是善的或是恶的时候,只不过是在说他具备了接受善的准则或恶的(违法的)准则的本能(这对我们来说是不可思议的)①。

一般来说,作为人就是如此。而且他最终理所当然地要由此来表现出作为人这一种类的特性。

因而我们应该说,这些特性之一(即将人和别的可能具有理性能力的生命加以区别)是人天生的东西,并且我们必须始终牢记,

---

① 从关于选择道德准则的原始主观根源是不可思议的认识,这一点就能看到,就像这个选择是自由,它的根源(为什么我接受了一个恶的准则而不是一个善的准则的原因)就不应该从任何自然冲动中去寻找,而应总是从一个准则中去寻找,同时犹如这也有其基础一样,准则是唯一能够或者应该能够证明的可自由选择意志的决定性原则,在没能伸触到原始根源的情况下,我们总是被远远地逐回到主观决定原则的无穷尽头。——原注

本性自身既不承担对它的诘责(如果它是恶的),也不承担对它的褒誉(如果它是善的),因为人是其自身的创造者。但是,既然决定我们行为准则的这一原始根源本身必须是一直存在于这个能自由选择的意志之中,那它就不可能是一个经验的事实,所以人(就道德法则来说,作为选择某一个准则的主观原始根源)的善或恶只不过在这个意义上来说是与生俱来的,它在所有的对自由的应用被经历之前(从最早的童年时期追溯到出生时)就已经具备力量,以至于它被表述为人在出生时就已经存在,而不是它的起因就是出生。

前面所提的两种假设之间的冲突,都基于这么一个选择性命题,即人(从本性上讲)要么在道德上是善的,要么在道德上是恶的。然而,人们不难意识到应该先去问这个选择性命题是否正确,以及人们是否不能证实人的本性既不是善的也不是恶的,或者是另外一种观点所认为的,人在一出生时就善恶兼备,也即人在有些方面是善的,但在另外一些方面则是恶的。经验好像已为我们证明在这两个极端之间存在着一个折衷。

然而,一般来说,关键是让伦理学在最大可能的限度内去接受。在人类的行为(非善非恶)和性格特征中不存在折衷,因为在这种模棱两可的情形中,一切准则都将冒着失去方向性和确切性的风险。那些遵从这种严格意义上的观点的人,往往被称作严厉主义者。后者可以被称作漠不关心的中立自由主义者,或者称其为融合论的调和自由主义者①。

---

① 如果假设善＝a,那么其对立面就是非善。这也许是因为缺少让善＝0 的准则而导致的结果,也可能是因为没有让非善＝－a 这一确定的准则而引起的。后者即非善可以称作真正的恶。(在谈到快乐与痛苦时,就存在着这样一种折中,那么快乐＝a,痛苦＝－a,两者都不存在的状态就是漠不关心,即,＝0)。(转下页)

严厉主义者①对上述问题的解答是建立在这样的一个重要认

(接上页)如果道德准则不是存在于我们之中的能选择的意志的一个根源,那么道德的善(意志和法则的协调)就=a,非善=0,而且后者只是因缺少一个道德根源,即=a+0,但存在于我们中的准则是=a的一个根源,因而这个寻求在它(=0)和可选择意志间的协调的行动则仅仅可能是和可选择意志真正相反的决定因素的结果,那就是它的对抗力=-a。也即只不过是起因于一个恶的选择意志;所以,恶的天性(准则的内在原则)和善的天性之间的中和状态是不存在的,但恰恰是这些恶的天性决定了行为的道德性质。一个在道德上中立的行为(无善无恶道德论)将是一种只源于自然法则的行为,并且和道德法则毫不相干,也即和自由法则毫不相干。由于这个在道德上中立的行为不是一种真正的行为,并且就此而言既不是命令也不是禁止,更不是法律许可,因此它没有一个重要的或者是不必要的位置。

① 舍勒教授在其关于道德中的怡人(优雅)和尊严的论述精到的论文中发现了给人以责任的这一方式的缺陷,就好像是它暗示了天主教加尔都修会隐修修士的精神;但是就像我们在许多重大原则上能达成一致那样,如果我们不能达到相互理解,我就不承认在这方面会存在分歧。我承认正是由于责任的威严,我无法将任何一种愉快和责任的关系联系起来,因为它包含着和愉快直接对应的无条件的义务。法典(就像刻在西奈山上的法典)的宏伟激起了敬畏(不是令人厌恶的恐惧,也不是能带来亲切感的愉快),它唤起了臣民对立法者的敬仰。在现在这种情形下,后者就存在于我们当中,这是一种比任何一种美更吸引人的,更能对我们的命运激发豪情壮志的感觉。但是美德,即这个按时实现我们的责任的稳固的天性,存在于它的慈善的结果当中,并且远为胜过世上因天性和艺术所造就的所有事物;以这种形式显现的慈爱的高尚的画面,十分完美地容纳了希腊三位美女神的陪伴,但是只要单单考虑到责任,他们就会敬而远之。然而,如果我们关注一下美德,当它到处都可找到通道时就会向世界传送愉快的结果,那么由道德引导的推理就会将敏锐的感受力纳入角色中去(通过想象)。只有在消灭了巨人怪兽之后,海格立斯才变为马撒刻第斯,但在此之前,那些善良的姐妹们已经退却了。那些维娜丝、乌拉尼亚的同伴们,在他们一插手有关责任的决定性因素的事情时,就吸引了大批的维娜丝、狄俄涅的追随者,并且努力为其提供机会。现在如果同情感特征是什么样的一种类型,要是性格是美德的话,那它是有活力的和快乐的,还是焦急沮丧的和失望的?几乎没必要去寻求答案。如果没有一种内隐着的对法则的仇视,后面那种无创意的思想是永远不会存在的,并且一个人在履行自己的义务(不是因为意识到它而得意)时,发自内心的快乐就是品德高尚的真实表现,甚至是虔诚的;其中不包括忏悔的罪人的自我折磨(这一点非常模糊不清,常常只是触犯了谨小慎微的法则而发自内心的谴责),但是,这个由倾向于善的进步所激励的、要在将来做得更好的坚定目标一定会创造出一种快乐的心情。如果没有它,一个人就永远不能确定他已经投身于善,也即他已经将它纳入了自己的行为准则。——原注

识上,即可选择意志的自由权所具备的特点是,除了只有人已经将它纳入了自己的行为准则(已经让它成为自己行为的普遍的法则)之外,它不能够被任何行为动机用来限制人的行为;无论是什么样的一种动机,唯有通过这种方式才可能够和可选择意志(自由权)的绝对自发性并存。唯有根据理性下判断的道德法则这个法则才是出于人自身的动机,并且它在道德上是至善的。关于现在谈及的那种行为,如果这个法则不能决定一个人的可选择意志,那么和它相对的动机一定对其可选择意志产生影响;既然这种情况通过假设只有在人将它纳入(并最终偏离这个道德法则)自己的行为准则(此时他是个恶人)时才存在,那么接下来的结论就是,就道德法则来说,其天性从来就不是中立的,而总是两者择一,或善或恶的。

一个人也不可能同时既是善的部分,又是恶的部分。假如他有部分的善,那他已经在自己的行为准则中接受了道德法则,而如果同时在另一部分他又是恶的,那么既然遵守责任的道德法则只有一个而且是普遍适用的,有关它的行为准则也就应该是普遍适用的,而且还同时具有唯一性,这样就产生了矛盾。①

当我们说一个人具有这样或那样的性情,即一种天生的自然品质时,并不是说这不是他后天获得的,而是说他不是这种个性的创造者,但这也只是说他不是一生下来就获得的(即他从小到大就

---

① 那些几乎穷尽了所有关于高尚品质学说的古代道德哲学家们,他们没有忽视对上述两个问题的思考。他们将第一个问题表述为是否一定要学习高尚品质(由此推知人的本性是淡漠的,并且是邪恶的)?将第二个问题表述为是否除了一种美德之外另有其他东西(换言之即人是否有可能一方面是品质高尚的,另一方面是邪恶的)?这些哲学家们对此作了公正而有力的否定的回答,因为他们认为美德本身是理性(好像人应该这样似的)的一种理念。然而,如果我们要对这个道德存在者,即现实中的人,一个可以凭经验来了解的人形成一个道德上的判断,我们就可以肯定地对上述问题做出答复,因为我们不是用纯粹理性的天平去估量他,而是用一种实证标准(在人的判断以前)来进行评价。——原注

一直是这样一个人或者那样一个人)。性情,作为接受行为准则的基本主观来源只能有一个,并且普遍地适用于对自由的完整运用。但是为自由意志所接受的一定是性情本身,要不然不会遭到谴责。因此,我们无法对性情之所以被接受的主观依据或者起因作更深的了解(尽管我们会忍不住要问),否则我们就不得不引进另外一种行为准则,而性情被纳入其中,这自然又会有它的理由。既然我们不能尽早地从这可选择意志的任何首次行为来推导出这种性情,或者更为确切地说,推导出它的最终根源,那么我们就将其看作是从本性上就依附于可选择意志的一个特性(尽管它是在自由中建立的)。我们在谈一个人本性是善或恶时,我们应公正地在整个人类中运用这个标准,而不能把这个标准只应用于某个人的身上(在这种特殊情况下,一个人可能被假定为本性是善的,而另一个人则是恶的),我们在人类学调查中所要证实的也正是这些原因,才让我们公正地将这两个特性之一归入一个人的天性,我们没有理由将任何一个人排除在外,因为它包括了整个人类。

(1) 人性中向善的原始能力

根据不同的目的我们可以很方便地考察这种能力(本能)并将它作为人存在的目的因素:

① 从生命个体上说人所具有的作为动物天性的能力。

② 从人性上讲人所具有的不仅是一个活的个体,还具有作为理性的能力。

③ 从人格上说人所具有的不仅是有理性的个体,还具有作为责任个体的能力(有能力承担罪责)①。

---

① 这里不能看作被包含在前面的概念之中,而应该将它作为一种特殊的能力。这并不是说由于一个存在物有理性,而理性包括一种可以无条件由其行为准则的限制条件的观念来决定可选择意志,成为一个普遍适用的法则的能(转下页)

就第一点来看指的是人具有的动物本性的能力,这很容易做出一般意义上的理解,即认为是肉体的和纯机械式的自爱,也即不需要理由。它包括三方面:第一,维持其自身的生存;第二,为了传宗接代和维持其子孙的生存;第三,与其他人交往,即社交的欲望。各种罪恶都可以嫁接到这种能力上,但是这些罪恶并非来自作为根源的能力本身。它们可以被认为是人性未经开化时存在的罪恶,并在它们极度偏离人性追求的目标时变为残忍的罪恶:诸如放纵、淫荡和无法无天(在和他人交往时)。

就第二点而言指的是从属于人的人性的能力尽管是物欲的自爱,但通常可以理解成比较性的自爱(要有理由),也即唯有通过和其他人进行比较才能评估自己是快乐的还是不快乐的。由此就产生了要获取在他人看来是有价值的东西的倾向,而且主要是为了平等,即不容许他人有凌驾于自己之上的特权,夹杂着担心其他人可能会竭力夺取这种权力的不断的焦虑,因此而最终引发出一种要获得凌驾于他人之上的特权的不正当欲望。所以极为凶恶的嫉妒和好斗就会被纳入这种欲望之中,我们将对那些认为与我们非属同类人,表现出内心的或者公开的敌意。但是这些欲望并不是完全自发地产生于我们作为人的本性,而是为了维护某种特权而产生的可恶倾向,而本性则会利用这种竞争(它本身并不排斥相互

(接上页)力,所以它自身就是实践的,至少我们能够看到的就是如此。世上最理智的存在者仍然需要来自其喜爱的对象带给他某些诱因,从而决定他的选择意志;而且,考虑到动力源的最大的总数,另外还有取得由此决定的对象的手段,他就会将最理智的慎思用在这些方面。但却从未怀疑过这么一种可能性,即任何像道德法则一样的事物都有可能绝对地颁布它的命令,并宣布自己就是一种动力源,而且是至高无上的。如果我们之中不存在这个法则,我就不可能像这样用理性来发现它,或者通过说服可选择意志去行动的方式来发现它;这个法则是唯一能让我们意识到可选择意志可以具有摆脱任何别的诱因影响的独立性,同时也意识到有能力对我们的行为承担责任。——原注

之间的爱),因此它是社会文化因素在起作用。联结在这种倾向上的邪恶可以说是具有文化性的,这些邪恶的东西达到顶点(只是一种极为恶劣、极不人道的想法),表现为如嫉妒、忘恩负义、故意伤害他人等时被称为恶劣的行为。

就第三点而言指的是从属于人格的能力是对道德法则的一种尊重,同时将它作为有充分理由地存在于它自身的可选择意志的一个动力源。在我们之中存在的只不过是对道德法则尊重的能力,是一种道德情感,它本身不能产生自然能力的目的,而只能这样当作可选择意志的一个动力源。既然只有自由意志吸收它为自己的行为准则的内容的可能性,那么这种可选择意志的特性就是善。就像可自由选择意志的所有特性一样,它只能是后天习得的。可是这种通过后天获得的可能性要求在我们的本性中具有一种绝对不会被任何恶的东西嫁接的能力。纯粹道德法则的思想以及与其不可剥离的对法则的尊重,严格地说还不能称作是一种属于人格的能力,因为它就是人格本身(即完全理性的考虑的慈爱的理念)。然而当我们将这种对道德法则的尊重融于我们的行为准则并作为一种动力源时,这种行为似乎就是附加在人格上的一个主观的依据,反映了人所具有的人格能力。

对上述的三种能力进行分析,我们就会发现第一种能力在支配人的行为时是不要理由的;第二种能力以理由为基础,虽然它是现实的,但它仍然受到另外一些动机的支配;第三种能力在支配人的行为时以理性作为其根本,它本身就是现实的,即具有无条件的立法权;所有这些在人的身上的能力不但是(消极的或者否定的)善(不违反道德法则的),而且是具有向善的能力的(增强对善的服从)。它们是原初的,因为它们是人的本性的潜能。人类可以利用前两种能力违背他自己的目的,但是不能消灭它们。通过人类的这些能力我们就可以理解人的各种构成因素以及这些能力的组合体的不同形式，因为正是它们让他成了这样一个特定的人。假如这些能力对这样一个人的存在的可能性而言是至关紧要的，那么它们就是原初的；如果无需这些能力人本身就可能存在，那么它们就是偶然的。我们正在讨论的这些当然是与人的自由意志及愿望的运用直接相关的能力。

（2）人性向恶的习性

所谓习性，我把它理解为根源于人的主观性的一种偏好的倾向（习惯性欲望，声色欲望），人在一般意义上看来，这种习性的形成是偶然的①。可以用这样一个事实把习性和能力区别开来，即虽然习性是天生的，它没有必要被想象为如此，但可以被看作是后天习得的（当它是善的时候），或者（当它是恶的时候）是被人自己加到身上去的。然而我们在这里所讨论的只是所谓真正的，即道德上恶的习性，因为有可能它仅仅作为自由选择意志的决定性因素，并且这只能通过其行为准则来判断它是善的或是恶的，它一定存在于偏离了道德法则的行为准则的可能性的主观依据中，而且如果把这种习性假定为对人是普遍适用的（从而属于人类的特性），那么它将被称为人向恶的自然习性。我们可以进一步将可选择意志因自然习性是否把道德法则纳入其行为准则的能力或者无

---

① 实际上习性只是一种追求快乐的倾向，当主体有了体验后就会出现这种倾向，所以，所有未开化的人都有沉迷于事物的习性。因为，尽管他们中有许多人并不是很了解什么是沉迷，因而，他们就不可能有要占有能给他带来沉迷的事物的欲望，但你只要让他们尝试一下这些事物，就会为他们带来一种想占有它们的几乎永远不会熄灭的欲望。事先假定和客体是熟悉的，在习性和倾向之间的就是本能，这是一种想去做某事或者享受某物的可触摸到的一种要求，而人对这些事物还不具有概念（犹如存在于动物或者性冲动之中的机械性的本能）。超越了倾向的在欲望能力中更强烈的东西就是激情（不是爱，因为爱是属于快乐和烦恼的感觉），它是排除自制的倾向性的。——原注

能称作是一个善的心灵或者恶的心灵。

我们可以就此勾勒出三个明显不同的层次,第一个层次是普遍地遵从既定行为准则时存在于人类心灵中的弱点,或者是人性的脆弱面;第二个层次是将非道德的动机和道德的动机混淆的习性(即使有时是出于善的目的和按善的行为准则行事),这就是不纯洁;第三个层次是运用恶的行为准则的习性,那是人性或者人的心灵的堕落。

第一个层次即人性的脆弱面,有一个基督教传道士以抱怨的方式甚至作了这样的表达:"意志和我同在,但我不知怎样运用它",也即我已经把善(法则)纳入了我的可选择意志的准则中;然而,在它的理想概念中客观存在着的这个动力源是不可抗拒的,但是在开始实行这个准则时,这个动力源就会在主观上变得比倾向还要软弱。

第二个层次即人类心灵的不纯洁在于,尽管在其目标中准则是善的(想要遵守法则),并且也可能有足够的力量去付诸实践,但是它不是纯道德的,即也不是根据它自然的样子单独将法则作为它足够的动力源,而是经常(或许总是)需要包括它在内的其他动力源,按照责任的要求来决定可选择意志,换言之,就是尽责的行为并不是纯粹出于责任。

第三个层次即人类心灵的堕落,如果可以的话,也可称其为腐败,这种行为准则的习性以欣赏别的(非道德的)动力源胜过那些源于道德法则的动力源。它也可以被称为人类心灵的背离,因为就一个自由选择意志的动力源来说,它颠倒了道德的顺序;虽然合法的善良行为可以和它保持一致,道德天性却因而在其根源处即已经腐烂,所以这个人的行为就只能是恶的。

甚至有人会将人之向恶的习性归属于至善(行为中的至善)。

如果我们可以证明人类的向恶习性是普遍存在的,那么情况肯定如此。此处表明了同样一件事,即向恶习性和人之本性缠结在一起。

然而,一个具备良好道德的人和一个道德良好的人从其行为与法则保持一致上来看,他们是没有区别的(或者至少是不应该有区别);只有当一个人并不总是将法则作为其行为的唯一和最高动力源,而另外一个人却可以始终如一时,两个人才是有区别的。我们可以说,前者只是在字面意义上(即就法则命令的行为而言)遵守法则,而后者则从精神上(道德法则的精神依赖于它,这本身就是一个充足的理由)遵守法则。不从信念上遵守法则,人在思想倾向上就有可能从恶。当然除了法则之外,还有别的动力源的存在,在决定可选择意志做出遵从法则的行为时是必要的(例如仰慕的欲望,一般意义上的自爱,或者是由于善良天性的本能,如同情),那么这些动力源也不过是和法则偶然地相一致,因为它们可能同时促使人去违背法则。因此,在这种情况下由于背离法则的力量的作用,人的行为也就不自觉地从恶了。

为了明确习性这个概念,我们有必要对它做出进一步的阐释。每种习性可以是物欲的,即是作为一个肉体的人的意志,也可以是道德的,即是作为一个道德的人的可选择意志。在第一种意义上没有趋向道德恶的习性,因为道德恶习一定是源于自由,一种想要对自由的任何特定使用的物欲的习性(建立在感官欲望上),无论是由于善还是恶它都是一种矛盾。向恶的习性只能作为一种道德能力才依附于可选择意志。所以,没有什么别的东西是道德上恶的(即可以被归罪),恶的只是我们自己的行为。另一方面,所谓习性,我们指的是先于所有行动的、决定可选择意志的主观基础,所以它自身不是一个行动。因此,只在向恶的习性这一概念中就会产生一个矛盾,除非"行为"一词真正可以从两个不同的意义上去理解,并且这两种理解都和自由概念一致。如今"行为"一词普遍地适用于对自由权的行使,而最高准则正是由此进入了一个人的可选择意志(和法则一致或者相背),同时他还适用于行为本身(关于它们的内容,即可选择意志的目标)依据法则所进行的情形。向恶的习性是第一种意义上的行为,同时还是第二种意义上的各种行为的正式来源,它在内容上违反了法则,被称为罪恶;虽然第二种情况经常可以避免(出于动机而不是法则本身),但是第一种错误仍然会存在。前者是一种只有借助于理性才可觉察但触摸不到的行为,且没有任何时间限制;后者则是在特定时间里可以感知的、体验的。和第二种意义相比,前者才特别称作是习性,或者称为天生的,因为它不可能被消灭(既然要求最高准则必须是善的,但那种习性从本质上说却是恶的);特别是因为,尽管我们最高行为准则的腐败是因我们自身的行为引起的。我们所讲的是向大家表明,我们发现了道德的恶的三个来源,并依据自由法则分析了哪些东西会影响我们接受或者遵从某一个准则。我们的分析不是为了说明所谓感受力(作为接受能力)的问题。

(3) 人性本恶

"没有人天生地完美无缺。"——贺拉斯

依前所述,人是恶的这一观点仅仅是指:他知道道德法则,但是却因此接受违犯法则的行为准则(有时候)。他本性是恶的就相当于是说,将这种属性视为它这个种类本身就具有的,而不是从人(一般意义上的)这个特定概念中所能够推断出来的(因为那样的话它就会是必要的了);但是我们却无法凭借着从经验得到的对他的了解来对其作出判断,也许我们可以事先假定它是每一个人在主观上必须具备的,甚至最完美的人也是这样的。

现在,这种习性本身应该被看作是道德上的恶。因此不应该认为这是一种自然属性,而应把它看作是一种加罪于人的东西,它一定存在于偏离了法则的可选择意志的行为准则之中;但是如果考虑到自由,这些准则就应该被看作是偶然发生的,它们和恶的普遍存在性不相一致,除非一切行为准则的最终主观基础,无论以什么方式和仁爱缠结在一起,好像在里面扎了根似的,所以我们把它叫作一种向恶的自然习性;然而,就像人总是会招来谴责一样,它甚至会被称为人性中的一个极恶,而且天生就是如此(但还是由我们自己引起的)。

既然在人当中一定会根植这么一种腐败的习性,那么就没有必要在这许多通过经验事实摆在人们面前的那些引人注目的有关人的行为的例证前正式地验证它。如果我们要从这样一种状态中得到例证,也即在许多哲学力图发现人性中自然存在着优秀的善的状态或者所谓的自然状态时,那么我们只要看看在新西兰的托佛航海者群岛所发生的谋杀场面中无缘由的残忍事件,还有在美国西北部从未中断过的大量的浪费现象(希尔内船长所提到的),大家都能从中得到一点好处①;将这些与那个假设进行对照,我们拥有的野蛮生活的罪恶就会大大超过让我们放弃那种看法的

---

① 比如发生在阿萨巴斯卡族和达格里布族印第安人之间的持久战争,除了屠杀没有任何别的目的。他们认为,战争中的英勇是通过残忍可得到的最高美德。即使在文明状态下,它也是在该职业中要求的被特别崇敬的一个令人仰慕的目标和基础,说它是唯一的美德,这并不是毫无道理。因为一个人总会将某些东西当作高于其生命的价值,他认为,通过它可以实现其人生目标(如光荣、放弃私利),这也表明其本性中有某种崇高的东西。但是透过征服者炫耀他们的胜利(大屠杀、滥杀无辜等等)的自得,我们可以看到这只是他们自己努力带来的优越感,并且除了破坏,没有任何其他目标可以让他们真正地得到满足。——原注

罪恶。

另一方面，如果有人倾向于认为人性能够在一个文明状态下（此时个性特征可以获得完美的发展）得到更好的剖析，那么它就会听到一篇有关抱怨人性的冗长而悲哀的祈祷文，关于隐藏着的虚假，即使是在最亲密的朋友之间也不例外，因此一个普遍性的谨慎原则就是在相互交往中哪怕是最要好的朋友也不能过于信任对方；关于憎恨那个你对他负有义务的人、时刻准备施恩于他的人的习性；关于因为善良的心愿而不得不承认这句话："在我们最好的朋友遭到的不幸中，总有些事情不会让我们难过"，以及有关掩藏在美德中的其他各种罪恶，而那些毫不掩饰的人的罪恶就更不用说了，因为我们乐于称一个合乎中等道德标准的坏人是好人。这将给人足够的文化的罪恶与文明的罪恶（这是最让人感到可耻的）而使他不顾及人类的行为，以免陷入另一种罪恶，即愤世嫉俗。然而，如果他仍然不能得到满足，那他只须考虑将这两者掺和起来的一种奇怪状态，即各国的外部情况——文明国家间的相互关系处于一种自然的野蛮状态（一种长期的准备作战的状态），而且他们决心永远也不放弃它——他会开始注意被称作国家①的大社会所应用的原则，这些原则和民众公认的原则相对立，但决不会被弃

---

① 如果我们只将它们的历史视为绝大部分隐藏起来人的内心特性的一种现象，我们就能注意到某一特定的指向其目的自然的机械过程，它们不是这些国家的目的而是人之本性的目的。任何国家只要其邻近还有别的可以去征服的国家，那它就会尽力占领以扩张自己，来谋求实行普遍的君主制——其中所有自由权都被消灭，包括美德、判断力和知识（这些都是自由的产物）。但当它吞并了邻国，这个大怪物（一切法则在其内部都丧失了效力），最终会自己衰退，反叛与不和睦使它分裂为几个小国，而不是竭力建立一个联合国家（自由联合的共和国），同样的游戏会再次进行，并且每次都是因为它自己，所以战争永无止境。的确，战争不像一个普遍的君主制（甚或一个联合国家保证君主统治每个国家都得进行下去）的灭亡那样坏到不可救药。然而，就像古人所看到的那样，战争使很多人的生命被恶人夺去。——原注

于一旁,而且还没有哪一位哲学家可让这些原则和道德相一致,(遗憾地说)他们也提不出什么更好的办法让它和人类本性相协调;所以那种建立在世界共和国的国家联盟,它所追求永久和平状态的形而上学理想,往往被讥讽为是幻想,就像神学那样,它追求的是整个人类的完美的道德进步。

恶的本源不能像往常那样被放在人的感觉中,也不能把它放在由感觉产生的自然倾向中。因为这不仅和恶没有任何直接联系,它们反而为道德特征提供机会展现自己的能力,而且对于它们的存在我们也不负责任(我们不能对它们负责,因为它们在我们当中扎下根来,但我们却不是它们的创造者),但是我们要对向恶的习性承担责任。由于当它涉及这个主体的道德,从而可以在自由行为者身上找到这种习性时,这种习性一定是作为他本身的错误而归罪于他的,因此尽管它稳固地扎根在可选择意志中,我们还是会说在人的本性中可以找到它。这个邪恶的本源不应该说存在于能提供道德法则的理性的腐败之中,似乎理性可以由它自己废除法则的权威并且不承担自己的义务,因为这是绝对不可能的。想象自己是一个行动自由的人因而不受使主体成为这样一种人的法则的约束(道德法则),这就等于是想象一个理由充足但却不受任何法则制约的动机(因为受到自然法则制约的决定因素是被自由排斥在外的),这应当是矛盾的。因此,为了达到将道德邪恶的本源说成是存在于人之中这个目的,感觉所包含的内容就会太少,因为在它剥夺那些来自自由的动机的行动中,它让人仅仅是成为一个动物的个体;另一方面,由道德法则释放出来的理性假如是一个极恶毒的理性,犹如一个恶的理智意志,则理性所包含的内容又太多,通过这种和法则的对抗,它自己就可以作为行动的动力源(因为没有动力源就不能决定可选择意志),主体也因而变得邪恶了。人也不再是原来意义上的人了。

我们虽然能够从人类意志和法则之间直接的冲撞中去展现人性向恶的习性的存在,但这种体验并不能让我们认识到它的真实的属性以及这一冲撞的缘由。这种习性涉及自由意志(一种可选择意志,因此这个概念不是实证的)和作为一个动力源的道德法则(这一概念同样也纯粹是理性的)的关系。只要自由法则(义务和责任)和它相关,它的属性就一定会被认为可以经由恶的概念来先验地进行认识。下面就是这个概念的发展:

可以说人(即使是最恶的)在任何一种行为准则指导下都不会背弃道德法则、不会不遵从它。相反,这一(法则)力量本身会凭借一个人的道德本性而无法抗拒地施加于他,如果没有别的动力源和它对抗,他就也会将其作为他的可选择意志的充分的决定原则归入他的最高行为准则之中,也即他会在道德上是善的。但是由于其生理上的特性(同样这也是理所当然的),他仍然要依仗行为的可感知的动力源,同时也把它们接纳为自己的行为准则(由于主观的爱己原则)。然而,如果他不顾道德法则(这都存在于他的心里),将这些自身就可以独立地决定其意志的充分要素,那么他在道德上就是恶的。当他将这两者都自然地纳入了自己的行为准则,并且当他发现,如果它是独立起作用而且每一个都能有效地决定他的意志时,那么就可以断言,如果这些行为准则的区别只是依据动力源所产生的不同(有关这些行为准则的内容),即根据它们是由法则或者某种感觉的冲动配备起来的,也许他立即就成为道德上既是善的又是恶的。这(正如在前言中我们所看到的)是一个矛盾。因此,一个人是善还是恶的区别一定存在于主从关系中,即两者之中他将哪一个作为另一个的条件;而不是存在于他归入到自己行为准则的动力源之间的区别中(也即它不是在行为准则的内容中,而是在其形式之中)。所以,一个人(即使是最善的)只有当他在将那些纳入自己的行为准则的行动中破坏了动力源的秩序时,他才是恶的。实际上他的确同时接纳了道德法则和爱己原则,但当他发现这两者不可能以平等的条件共处下去,而其中一个又必须从属于另一个并将其作为自己的最高条件时,他就把爱己的动机和爱己的倾向作为服从道德法则的条件。然而与之相反的是,道德法则应该被当作唯一的动力源纳入他的可选择意志的一般行为准则中去,因为这才是爱己的动机及其倾向可以获得满足感的最高条件。

所以,他的行为准则会改变这些动力源,从而和道德法则对立起来,但是他的行动可能会和法则一致,就好像它们是来自真实的原则;假设理性广泛地运用行为准则的统一性,这是符合道德法则的,其目的仅仅是要将本来不属于它们的统一性以快乐的名义(比如真诚,如果以此为原则,它就可以消除我们如何使谎言保持一致的焦虑,还可以逃脱被卷入这些谎言的缠交错结圈的危险)纳入嗜好的动力源中去。在这种情况下,经验的特性是善的,而理智的特性则是恶的。

如果人的本性中有这种倾向的习性,那么也一定有向恶的自然习性,既然最后一定能在一个自由选择意志中找到这种习性,而且还可以归罪于它,那么在道德上它就是恶的。这个恶就是劣根性,因为它败坏了一切行为准则之源;同时作为一种自然习性,它不可能被人的力量破坏,因为这只能由善的行为准则去实行;假设一切行为准则的最终主观来源遭到了破坏,那么它们(这些准则)也就无法存在下去;然而,由于它是从一个自由行动的人的身上找到的,因此它一定能够被击败。

人类本性之堕落并不总是这样被称作恶,假如这个词是从严格意义上来说,即作为一种将恶看作一个动力源(因为那是邪恶的)而归入自己的行为准则的天性(行为准则的主观原则)。但是考虑到结果,心灵的堕落当然也被称作是一个恶的心灵。这也许总是和一个善的意志共存,它源于人性的脆弱,况且还有不得根据道德法则将各种动力源(甚至善意的行为)区分开来的不道德的行为,从而使它不能始终如一地遵从它所接受的原则。所以,它最终只能尽力使其行为和法则相符合,而不是倾向于让行为偏离法则,即要保证法则自身是唯一的动力源。虽然这并非总是导致错误的行为和另一种习性即向恶,但是将"没有邪恶存在的状态"看作是"心灵和义务法则(如美德)一致"的这个习惯本身一定会被认定为人类心灵的完全堕落(因为在这种情况下,在行为准则中根本不会考虑动力源,而只会从字面含义上去服从法则)。

这叫作天生的罪过,因为自由权的应用一旦将它自己从人的身上显现出来,它就会被发现。但是它一定是从自由中产生的,因而是可以归罪于它的。在它的前两种层次上(脆弱和不纯洁)它可以被看作非故意的罪过,但在第三种层次上就被看作是故意的,并且它被人类心灵的某种恶毒打上了烙印,在其自身善的或者恶的习性方面欺骗自己,而且假设只有它的行为才不具有那种利用它们的准则行事本应带来的恶的结果,同时又不是因为其本性而使它焦虑不安,而是相反,即把自己带到法则面前去裁决。接着就产生了许多人良心上的平静(他们自以为是良心上的),如果法则还没有放到行为中去讨论,或者至少这并非一个重要问题的话,那么他们得到的就只是逃脱恶果的侥幸。也许他们甚至会想象他们有功德,并不会因自己的任何违背原则的行为感到内疚,因为他们看到别的人也被牵连进去。从来不问一问是否因此该感谢命运,也从来不问问如果他们没有因权力、气质、教育、时间、地点和环境这些会产生诱惑(这一切都不能归罪于我们的事情)的因素的缺乏而远离罪恶,那么这种习性就不会将他们引到像罪恶一样的现实中去,而是只要他们愿意,他们是能够在自己身上找到这种习性的。这种附于我们身上的虚假,妨碍了真正的道德原则的建立,它将自己向外延伸为虚假和欺骗他人。如果我们不称之为恶,那至少也应称之为毫无价值,并且在人性的极恶中寻找其存在的根源,它(就形成对一个人的判断而言,它违犯了道德判断,并且不管是从内部还是从外部使归罪都变得很不确定)构成了我们本性中腐败的一面,如果我们不铲除它,就会妨碍善的源泉的自我发展;而铲除了它,善的源泉就可以得到发展。

一位英国议员在一场激烈的辩论中宣称"每个人都有自己的价格"。如果真是那样(每个人都可以给自己估价)——如果各种德性都能找到某种诱惑进行推翻的话,如果是否能让我们站在善的或者恶的精神的一边只不过是取决于谁的叫价最高并能马上付款的话——那么,十二使徒所说的话就能真正普遍地适用于人类:"没有区别,他们全部是罪人,没有一个人的行为是善的(按照法则的精神),是的,没有一个人。"①

(4) 人性中恶的起源

所谓起源(原初的)就是它的原始起因,它是原来演变物的根

---

① 这里不包括由道德判断的理性提出的这个诘责的恰当的证明,而只是讨论包括通过经验对道德判断的确认以及邪恶的根源,在和法则有关的自由选择意志的最高准则中,这种行为是可以理解的,它先于一切经验。根据这一点,也即依最高准则的统一性,它所指的法则只有一条。也可看出在对人产生一个纯理性的判断时,为什么必须假定在善和恶之间没有一个中立的原则;但是要从可感觉的行为中(真实的行为)产生经验的判断却要假设在这两个极端之间存在一个中立原则,既包含先于培养的一种漠不关心的消极的因素,又包含混合着的积极的因素,因此这是部分的善和部分的恶。但后者却只不过是对人的外表所表现出的道德的判断,而要作出最后的判断就应依照前者。——原注

据,即它并不是另一个同类起因依次发展的结果。它可以被认为是合乎理性或者世俗的一种起源。在第一种意义上,它是只被考虑到的结果的存在;第二种意义则是指它的产生,因此它被看作是一个对应于它的原因的即刻发生的事件。如果该结果被认为是从某个和自由法则有关的原因产生出来,就像和道德上的邪恶相联系的情况那样,那么可选择意志对其产物的决定性因素就被认为是不和它的决定原则在时间上有关联,而只是在理性的概念上与之相关,而且也不能从任何预先的状态中推断出来。但在另一方面,当一种恶行作为人世中的一个事件被归结为它的本因时,它就能够被推断出来。如此(正如我们对待本体性结果那样)去寻找自由行为的时间起源就是一种矛盾;而寻找人的道德特性的时间起源也是如此,人们总是把它归结于某种偶然性,因为这是自由权赖以运用的依据,但人的自由权(一般还是指自由意志的决定原则)则只能到理性的概念中去寻找。

但是,不管人的道德的邪恶起源是什么,一切可以根据邪恶在我们同类和各代人中传播和延续的状况得出结论的最不恰当的观点就是,认为邪恶是我们从先辈那里继承下来的;因为我们可以像诗人歌颂善那样来论道德的邪恶:

"……我们无法对我们的出身和祖先进行评价,也无法对我们没有做的事进行评价……"①

---

① 那三个所谓的高级阶层,每一个都会以自己的方式来解释继承,即遗传的毛病,或遗传的罪过,或遗传的背叛罪。1. 医学阶层会认为遗传来的邪恶就是一些像绦虫一样的东西,关于这一点许多博物学家就持这种观点,因为不管是在我们之外的任何其他元素中,还是(属于同种类的)其他动物身上都找不到它,所以它一定在我们的祖辈身上就已经存在。2. 法律阶层会认为它是我们继承前人留给我们的遗产的合法的结果,但我们却要为此背负一个严重的罪名(因为出生就是为了得到大地为我们创造的财富,而这些又是我们生存所不可或缺的)。因此我们必须还债(赎罪),并且最终会被全部剥夺(死亡)。对,是合法地!(转下页)

下面可以看到,我们探问邪恶的起源时,并非一开始就考虑到这种倾向性(似乎罪恶存在于力量中),而仅仅是在其内在可能性中,并且在必须同意促使意志采取行动的过程中,只考虑特定行为的真实存在的邪恶。

当我们问到恶的合理起源时,每一个恶的行为都会被认为,似乎这是人从无辜的状态直接滑落进去的。因为无论其原初行为是什么,以及影响他的自然起因是哪一种,甚至不管这些是内在的还是外在的,他的行动还是自由的,而不取决于任何原因,并且它能够而且必须总是被认定为是他的可选择意志的一个创造性的练习。无论他过去处在什么样的环境中,他本都不应该去做,因为毕竟没有理由让他停止作一个自由行动的人。确实,就公平而论,人应该对他以前自由但错误的行为的后果负责;但这仅仅意味着他没有必要求助借口决定以后的行为是否是自由的,因为在它们的理由所许可的自由行动中有充分的责任依据。但是如果一个还没有坏到就要自由做恶的时刻(所以习惯已成了第二天性),因此做得更好一些不但是他的责任,而且提高自己同样也是他的责任,因而他也一定能够这样做,要不然的话,他就会在行动的那一瞬间承担责任,就好像是天生地有了向善的自然能力(这不能和自由分离),而他已从无辜的状态走向邪恶。为了给习性下定义,也即为了明确这个唯有通过它才能接受悖理行为作为我们的准则的普遍的主观原则,也即要问:人所存在的那种习性,我们可否对其加以

(接上页)3. 神学阶层会把邪恶视为我们祖先亲自参与的一次应受诘责的造反行动的结果,或是因为我们当时的确从中掺和过(尽管我们现在不知此事),或是因出生于天国下的凡世(作今生的王子),我们喜欢世间财富胜过天国统治者本身的命令,并且我们没有足够的忠诚让我们脱离自己的祖先,因为我们必须从此和神一起分享他的那块土地。——原注

解释,并从时间上来探查这种行为的起源,还是只能从理性中找到它的根据?

这一点和《圣经》在描述"恶的起源是人类的开始"时所使用的表述方式是一致的,因为《圣经》的作者们把原罪呈现给历史,其中那些必须被当作事件本性(和时间无关)中最原始的东西,在时间上确实是第一次出现。按《圣经》的表述,邪恶不是起始于向恶的一个根本习性——否则其开端就不会来自自由权——而是来自罪恶(所谓罪恶是指违背作为神圣命令的道德法则)。而在所有向恶的习性产生之前的状态被称为天真无邪状态。道德法则首先是一个禁令,因为"是人就不纯洁",他肯定被好恶所诱惑(《创世纪》)。现在,人不是直接遵从作为充分动力源的这条法则(唯独这个动力源就是有条件的善,对此不会有质疑),而是去寻找别的动力源。它们只能是有条件的善(即法则至少还没受到损害),人就将其作为行为准则——如果我们认为这行动是有意识地产生于自由——以便去遵从这不是来自责任的责任法则,而是来自别的某些顾虑。因此他开始责问法则的严格性,消除任何其他动力源的影响;然后他说服[1]自己遵从该法则,但只是在有条件地符合"遵从爱己原则"的那些行为方式的范围之内,最终,更是将感官动机超越法则动力源的优越性归入行为准则,所以邪恶就出现了。改动了的命令,来自传令的讲述者。

我们做的都是一个样,最终"在亚当身上就已犯罪"并且仍在进行,这一点从已有的事情就能看得很清楚;所以最终难免要预先

---

[1] 只要不许道德法则在人的行为中具有高于别的可选择意志的决定性原则的优越性,正如这个动力源本身就已经足够的一样,对该法则的一切公开的尊敬都是假装的,下面这一倾向也是内在的虚伪,也即人们有一种倾向总是在自欺欺人,说他在解释道德法则时弄错了,正因为这样,《圣经》(基督教部分)才认为邪恶的创造者(存在于我们自身)一开始就是说谎,并且进一步把在他身上显示出的邪恶的主要原则当作他的特征。——原注

假设在我们身上具有天生的向恶的习性,但是相反,在第一个人那儿却是无罪,所以发生在他身上的悖理被叫作堕落,而在我们身上却被认为是来自我们本性的天生的恶习。然而这种习性所包含的远非如此,如果我们要让自己适于从一开始就是邪恶的解释,那么在我们身上发生的悖理行为,都要到我们生命的前一阶段去寻找其原因,即追溯到我们实现理性的运用还没有得到发展的时间为止;换言之,我们必须根据倾向于它的一种习性去探寻恶的本源(作为本性中的一个基础),并因此而认为这是天生的。在第一个人的情形中,如果他被显示为已经具有运用其理性的全部力量,那么这是没必要的,实际上也是不可能,要不然自然的基础(恶的习性)一定早就在他身上产生了,因而他的罪就被表现为直接产生于无罪状态。但是我们不能在应该对一个道德特性承担责任时去寻找作为这一特性的一个时间上的起源,而当我们尽力去解释其存在的偶然性时,这是无法避免的(因此《圣经》会将其表述为和我们的弱点一致)。

然而,从可选择意志接纳一些次要动力源作为其自身的最高行为准则的方式来看,误用这种意志的合理起源,即向恶的习性的起源,对我们来说还是深不可测的,因为它本身应该是可归罪于我们的,并且最终所有准则的终极基础都会再次要求应有一个关于恶的准则存在的假设。本来恶行只能起源于那些道德上的恶(不单是人之本性的界限),而起初的本性是适合于善的(就算人愿为这个腐败承担责任,它也不能受到除了人自己之外的其他任何东西的败坏),因此没有任何我们可以想象得出的根源,道德的恶就是从这里开始流入我们之中的。《圣经》①以它历史性的描述,表

---

① 这些话不应被看作是特意去解释《圣经》——这是存在于理性之外的事情。我们解释道德的使用方式可能形成为一个历史陈述,且须断定这是(转下页)

达了这种不可想象性,同时它利用将邪恶表现为在世界开始之前就已经存在的方法,更加准确地为我们人类的堕落下一个定义,但是它不存在于人之中,而是存在于一种一开始就注定追随一个崇高境界的精神之中。总的说来,所有邪恶的首次出现都会被表述为我们所无法理解的(邪恶是从什么时候起进入那个精神中的?),人们走向邪恶只是缘于诱惑,因此这还不是根本性的腐败(也就是即使在其原始的向善能力中),而仍然可以得到改进;这和诱惑精神不一样,也即寓于一个人的肉体中的诱惑不能看作是减免他的罪过;至于前者,虽然他的心灵已经腐败,但是仍然拥有一个善的理性的意志,因此他还有回归到被他背叛了的善的希望。

(5) 作为结论的关于最大限度地恢复向善的原始能力

在道德意义上,一个人是怎么样的或者应该是怎么样的必须由他本人做决定或者他一定已经做了决定。两者都应该是他意志自主的结果,否则就不是归罪于他,并且最终在道德上他可能既不是善也不是恶。当我们说他被造就成善的时候,那只是意味着为了善他被制造出来了,并且最初在他身上的本性是善的,但只是根据他是否把这个本性所包括的动力源纳入他的准则中去(这必须共同留给他自己去选择),他才使自己成为善的或是恶的,而在此之前还不能够让他自己成为善的。假设一次超自然的合作对于让一个人成为善的或者更加善也有必要,不管它是仅仅基于减少阻

(接上页)作者的意思,还是只不过是我们援引的意思。假设它只对其自身来说是真实的,无需任何历史证据,同时也是为了我们自己的进步,这是我们可以从《圣经》的一个段落中得到些什么的唯一途径,要不然这将只是对我们的历史知识的一个无利可图的附属物。我们一定不要毫无意义地满足于某个事件的历史性权威,它是不是以某种方式去理解并不能帮助我们变为一个更好些的人,而在确实有这种帮助时,即使没有历史证据我们也能够而且肯定会理解历史事件。就每个人都可自我判断似乎已为自己找到了最有感化力的方法来说,历史知识并不内在地具有证明书来证明它可以为每个人守住善,它属于非善非恶。——原注

力还是正面的帮助,那他必须事先就让他值得去接纳这个帮助(这可不是件小事),也即将正面的力量的积累作为其行为准则,单单由这种方式,善就有可能附于他身上,使这个人从善。

一个人天生为恶,要使他从善,这是一个超出我们理解能力的问题,这就像一棵坏树是不能结出好果实来的。但是,既然已经承认最初是棵好树(关于它的能力)已结了坏的果实,①这一从善到恶的堕落过程(当它被认为是源于自由时)就不比从恶到善的再次上升更难理解,后一种情况的可能性就确定无疑。因为尽管有这种堕落,"我们应该成为更好一点的人"的命令仍然以永久性的力量在我们的心灵中回响,虽然就我们自身所能够做到的来说是不够的,并且我们尽管只会因此而让自己容易受某种神秘的高级协助力的影响,但是我们最终一定会这么做。然而,一定要提前假设有一个善的胚芽始终保持其完全的纯洁性使它不会受到破坏或者败坏——这个胚芽一定不是爱己的,②当把爱己原则当作我们全

---

① 一棵树是好的,那它的能力也是好的,但实际上并非如此,因为如果真是这样,它就不会结出坏的果实。只有当一个人出于道德法则接受了置于其中的动力源作为自己的行为准则时,他才被称作是一个善的人(树也因此完全是一棵好树)。——原注

② 当原则都很清楚时,那些允许有两个含义完全不同的词往往会长久地妨碍人们对它们的信任。一般意义上的爱和特定含义的爱已可以分成关于善良意志的和关于自己满意的(善良愿望和自满),两者(很明显)都必须是理智的。将前者当作自己的行为准则是很自然的(谁不希望它能一直和自己相得好呢?),由于它所选择的目的和最大的以及最持久的幸福是一致的,并且为了幸福的每一个因素它又选择了最恰当的方法。在这里,理性成了自然倾向的执行者,在那种情况下假设的行为准则和道德没有任何关系。但是如果把它当作选择的无条件的原则,那么它就是和道德激烈对抗的一个根源。一个人理性的自满之爱可能会这样来理解,即我们上述已提到的准则中的自满被引导为对自然倾向的满足感(就因遵从它们而达到的目的来说),那么一个人对自己的自满也是这样;一个人对自己感到满意,对于一个商人,其贸易投机活动成功了,他为其所接受的准则祝贺自己的洞察力。但是在自己身上的爱己与无条件的自满的准则(不是依仗着行动结果所产生的收获或损失)将是满足感的内在原则,它只在我们将(转下页)

部行为准则的原则时,这个原则就会成为一切事实上的邪恶的根源。

在我们内心恢复向善的本能,这并不是要得到被丢失了的向善的动力源,因为我们永远不会丢失这种依赖于对道德法则的尊重而存在的东西,如果有可能丢失的话,那么我们就永远不可能重新得到它。我们现在只需恢复其纯洁性,将其作为我们一切准则的最高原则,因而它被当作条件吸收进来,不只是和别的动力源混合在一起或者作为别的(倾向)的附庸,而且是让它在其完全的纯洁性中作为一个自我充足的动力源去决定选择意志。在承担一个人的责任上,最初的善是行为准则的崇高状态,人可以借机将这份纯洁纳入自己的行为准则,虽然他本身在那一方面并不崇高(在准则和行为之间仍有一个很大的间隔),但他是全力以赴地走在近乎崇高状态的道路上。当遵从责任的目的的坚定性成了一种习惯时,也就会称作美德,就合法性来说,这是它的实证的特性(德性现

(接上页)自己的行为准则依附于道德法则的情况下才是有可能的。没人可以在漠视道德的情况下得到一种自满,或者确切地说,他可摆脱对自己的强烈的不满,假如他意识到了这些准则和他内在的道德法则不相符的话。我们可以称其为理智的自爱,这可阻止他将任何别的从其行动结果中得到的满足感的原因与其意志的动力源混在一起(以此来获得幸福的名声)。当后者只是对法则的无条件服从时,在对原则的清晰理解过程中为什么要通过运用一个理智的爱己的表达方式设置一个障碍呢? 这个表达只有在前面所述的情况下才是道德的,我们在这里卷入了一个圈子(因为一个人只有在他意识到其准则是为了对法则和他的意志的最高动力源表示尊敬时,他才能用道德的方式去爱自己)。作为依赖于感官能力的对象的人类,幸福是我们(本体的)本性所追求的第一个并且是无条件的目标。但是(如果将我们身上所有天生的东西都冠以自然属性的名称的话)由于我们天生具有理性和自由,从本性上说,幸福远不是我们行为准则的首要的和无条件的目标;这种特性就叫"配享幸福",即我们全部行为准则和道德法则的巧妙配合。由此构成道德的整个箴言就是客观条件,在这种客观条件下盼望前者出现的心愿就会和理性的立法默契配合,并且道德特性存在于只许一种有条件的愿望的精神状态中。——原注

象)。因此它就具有行动和法则保持一致的坚定的行为准则,而不管因此而要求的是什么样的动力源。从这种意义上说,美德就会逐渐地取得,这已被有些人描绘成一个漫长的过程(就服从法则来说),一个人正是通过这一过程用不断改进自己的行为和坚定自己的行为准则的方式完成了从向恶的习性向另一个相反的习性的转变。这不要求改变任何信仰,而只不过是转变道德观念。当一个人觉得自己在遵守职责中坚持了自己的行为准则时,他就可以认为自己具有美德,尽管这可能不是源于所有准则的最高原则;然而,就像一个放纵的人会为了健康而再次节制,说谎者为了名誉而重回真诚,不正义的人为了和平与利益回到普遍的公正等等,这一切都依赖于大为赞誉的幸福原则。但是一个人不仅应该成为一个法律意义上的善人,而且还应成为道德意义上的善(让上帝满意的)人,也即必须让美德渗入到他的理性品质(德性本体)中,只有当一个人将一件事作为其职责时,他才会除了职责本身这个概念以外无需任何别的动力源,但是只要他的行为准则仍然不纯洁,这一点就不会因心灵的逐步改良而实现,而只能通过心灵的革命来实现(向思想的崇高的准则过渡),而且他只能通过一种新生来变成一个新人,正如经过一次新的创造(《约翰福音》,并与《创世纪》进行比较)和一次心灵的转变(改变信仰)。

但是一个人如果他所遵循的行为准则的这个基础本身是恶的,他自身不可能有力量来使他从善。因此,职责要求我们革命,并且是切合实际的。而它的唯一方式,就是改变我们心智的习性。这不同于对可感觉的脾气进行逐步的改良,而是具有革命的特点的,但这种革命也是具有必然性在其中的,也即当一个人借助一个单纯的不可改变的决心来改变让他成为恶人的准则的最终原则时(他于是就成了一个新的人),在原则上和个性上他就是一个易受善的影响的主体;但是只有在不断的奋斗和成长中,他才能成长为一个善的人,即他会期待伴随这种已经被接纳的可选择意志的最高准则的原则的纯洁性,并凭借其稳定性,他就会在从恶到善的不断进步的善的道路上(尽管狭窄)艰难行走。在那个能看透心灵的可理解的原则(是可选择意志的所有准则)的洞察者心中,这个没有尽头的进程对他来说是一个统一体,即在上帝眼里,这和成为一个真正的善的人将是一样的(让他高兴),并且迄今为止,这种改变可以认为是一种革命,但在人类的判断中,他们只凭借在时代进程中通过逐渐驯服感觉能力而得到的优越性来估量他们自身及其行为准则的力量,它只能被认为是一场追求进步的永不停息的战争;换言之,它被认为是对反常习性或向恶的习性的逐步改良。

可以说,人的道德文化一定是伴随着思想的转变和某种个性的确立开始,而不是伴随着道德观念中的进步开始的,虽然人总是朝另一方向前进,只是因反对罪恶而满足,而不顾及它们存在的普遍的根源。即使是智力最有限的人也能感觉到对行为和职责保持一致的持续推进的尊重;考虑到可以用爱己的方式来影响行为的准则的所有别的动力源,他就会合理地撤回来;甚至儿童也能发现对行为的虚假动力源相混合的蛛丝马迹,在这种情况下,行为的一切道德价值就立刻在他们眼里消失了。向善的本能通过始终如一的善人的榜样得到极佳的培养(由于他们和法则相符,因此是善的),并允许一个人的道德追随者从其行为的真实的动力源中评价许多准则的不纯洁性;它慢慢传递到个性中去,于是职责便开始完全自发地在他们的心目中占据极为重要的地位。但是无论他们要作出多大的牺牲,师道者都执意要他们去崇拜有德行的行为,这并不是一个正确地维持追随者对道德的善的感情的方式。由于无论一个人的品行有多高尚,他所能做的一切善行都不过是他的职责,在履行一般道德命令所要求的职责,因此这根本不值得人们去崇拜,相反崇拜反而是贬低了我们对于职责的感情,似乎服从它就成了非同一般的、值得颂扬的功德似的。

这样,当我们正确地审视我们自己时,就会发现在我们心里有一样东西,让我们禁不住以极其惊异地眼神看待它,那种惊异和崇拜之情往往是持续上升的,我们是在惊叹我们当中普遍存在的最初的道德能力。我们可以自问在我们心中究竟有什么样的宝贝,我们这些因欲望缠身而总是一直必须依赖自然界的人凭借它竟然可利用我们心中那一种原始能力的理念,从而大大超越于自然界之上,以至于我们将那些欲望看得毫无价值,并且将我们自己也看作是一文不值的存在物——假如我们总是沉醉于满足和法则对抗的欲望中的话;要知道这条法则是经过理性的权威才规定下来。虽然只靠这种享乐本身就可以让生活变得令人向往,但是理性仍然既不给予允诺也不进行威胁。每一个具有最平凡能力的人都会深感这一问题的重要性,他们曾经被教导说:高尚存在于有关职责的理念中,但他们从来没有上升到对自由理念的询查,它起初就从这个法则中产生。① 谈到一种被称为神圣起源的能力,即使这

---

① 关于可选择意志的自由权的概念在我们心中不会先于道德法则的意识出现,它是借助这个法则从我们意志的可决定性推断出来的,这条法则就是一个无条件的命令。如果一个人问自己是否能马上确信自己有这样一种才能,即凭着对目标的坚定信念让他克服各种要违犯法则的动机,而不论这动机是多么的强大(即使暴君法拉里斯也制止像热衷于发假誓的陶罗族人那样的伪君子的存在),那么他可以立即就有信心。一个人不能不承认在这种情况下他根本不知道他是否能坚定自己的目标。尽管如此,责任仍会无条件地命令他:"君当矢志而不渝!"因而他就公正地得出结论:他一定能做到这一点——所以他的意志是自由的。那些将这种深不可测的能力描述成容易理解的人,用宿命论一词创造出一种幻觉(一个关于可选择意志会被内在充分的理由决定的论点),似乎困难是基于将它和自由权的调和,虽然无人对此进行假设;这一困难就是,预先决定论说:自愿的行为作为事件提前具备了它们的决定性原因(它所包括的一切不再是我(转下页)

种能力具有不可理解性，也一定会激起人们的热情并不断地得到强化，因为在它的身上包含了人们由尊重而带来的全部内容。

一个人道德本性上的提升会出现感情的经常性的激动，尤其当在唤醒他的道德情操这样一种方式时，因为他要调整自己某种习惯性的倾向，使自己以无条件地尊重法则，将其当作遵从所有行为准则的终极条件，开始恢复法则这个行为动力源作为最为基础的地位，并且恢复人类心灵在其最初的纯洁状态时的那种向善的能力。

用个人自身的力量去直接对抗人生的某种腐败，并由此来体现善，这是人性的一种恢复。毋庸置疑，就可理解性来说，也即以我们的可能性的悉察，就像所有事物都在时间长河中存在并受自然法则的支配，与道德法则相对立的事物的自由权仍然是存在的。但它不反对这种恢复行为本身成立的可能性，因为如果道德法则命令我们应该成为一个更善的人，我们就必然也会更好些。有关生来就邪恶的观点在教条式的道德中不能够适用，因为在它的箴言中总是一成不变地包含着那些相同的责任，在我们身上无论是否存在违反法则的天生的习性，这些责任都继续有效。在道德文化中这种观点具有更重大的意义，但其含义也不过如此。在对被

（接上页）们力所能及的），那么预先决定论怎么才能和自由权一致呢？凭借自由，行为本身与其对立面肯定是在它发生的一刹那处于主体力量的控制之下；这是人们想看清楚的，但却永远搞不清楚。

自由权的概念和作为必然存在的上帝的理念之间进行调和不会是困难的，因为自由权不依赖于行为的偶然性（它根本不是由理性来决定），也即不在于宿命论（如果上帝的行为可以称作是自由的，那么上帝应该同样可能去做善事或恶事），而在于完全的自发性。这个自发性会受到预先决定论的威胁，因为它事先就将决定性原则渗入到行为中，因此行为已不再受我们控制，而由自然界操纵，而且我们已被不可抗拒地决定了；由于上帝不相信时间上的连续性，这个困难也就不存在了。——原注

创造出来寓于我们之中的向善的道德能力的道德化培育中,我们不可能起始于一个纯粹的自然状态,而一定是始于这样一个假设,即在运用和原始道德能力相对的行为准则时,可选择意志是堕落的,而且,既然习性根深蒂固,我们就必须不断地努力纠正它。现在,由于这只能引起从恶到善的无休止的进步,因此就有了结论:由恶的习性朝一种善的习性的转变,将根据道德法则被置于他所有准则的最核心原则的变化当中,条件是这个新的原则(全新的心灵)是不可改变的。但是一个人不可能通过直接的意识,或者通过那个从他追求的生命过程中获取的证据自然地得到自信(是不可改变的),因为他的内心深处(其准则的主观第一原则)对他来说是神秘的;但是在通往这一条由在本质上得到提升的气质指给他的道路上,他一定会盼望通过自己的努力达到它,因为他应该会成为一个善的人,而且他只能因为可以对自己的行为承担责任,他才被称作在道德上是善的。

当理性不愿付出道德努力时,常借口说是我们的本性软弱因而抵制宗教对人的"自我改良",还将我们本性的无能归咎于上帝,因为听说是上帝自己把幸福原理作为他的命令的最高条件。我们如今可以将所有的宗教对半而分——追求自己偏好的宗教(只是敬仰)和道德的宗教,即追求善的生活的宗教。凭借着前一种宗教,一个人可以自认为上帝最终会让他获得永久的幸福(通过赦免其过失),但他自己却没任何必要成为一个更好的人,或者他居然认为上帝能让他成为一个更好的人,而他自己除了向上帝提出要求外,从不为此做出任何努力,就像在一个对一切都坐视不管的人面前,要求和愿望差不多,也即事实上什么也不做;因为如果只要有愿望就够了的话,那么每一个人都会是善的。但是在道德的宗教中(在曾经存在过的一切大众宗教中,唯有基督教是道德的),一个人如果要使自己变得更好一点,他要做的是全身心投入,这是一条基本原则——只有当他充分挖掘其天生的才能时(《路加福音》)以及当他为了成为一个更好的人而运用其向善的本能时,他才能够希望那些在他的力量之外的东西将会通过更好的合作来提供。但人们是否一定要了解这种合作的根据,这并不十分必要。或许不可避免的是,它产生的方式在某个时候已经显示出来,不同的人在另一时刻可能会对它产生不同的理解,并且那是完全诚实的理解。但这条原则是重要的,即:"人们都想知道上帝为了拯救他,上帝要做些什么或者已经做了什么,但其实这是无意义的。"有意义的是:为了赢得上帝的拯救,一个人自己应该做些什么。

(黎琳　刘根华　译)

权利科学的一般意义①

一、什么是权利科学

权利科学研究的对象是所有可以由外部立法机关颁布法律的原则。假设有这样一个立法机构,它把这门科学运用于实际工作之中,所立的法就成了一种实在的权利并被归入实在的法律体系之中。精通这一体系知识的人,人们称他为法学家或法学顾问。从事实际工作的法律顾问或职业律师,是精通和熟悉实在的外在法律知识的人,他们能够利用这些法律来处理生活中可能发生的案件。可以把这种实在权利和实在法律的实际知识看作是法理学(根据该词的原有含义)的范畴。但是,关于权利和法律原则的理论知识以及不同于实在法和经验的案件则属于纯粹的权利科学。所以说权利科学研究的是关于自然权利原则的哲学意义上的系统化的知识。从事实际工作的法学家或者立法者必须从这门科学中推导出所有实际立法的不可更改的原则。

二、什么是权利

就犹如问一位逻辑学家"什么是真理?"——这样一个众所周

---

① 译自康德《法的形而上学原理》,标题为译者所加。——译者注

知的问题一样,问一位法学家"什么是权利?"常会使他感到很为难。回答很可能就是这样,为了尽量避免同义反复,人们只得从某种事实出发,即指出某个国家某个时期的法律被认为是唯一正确的东西是什么,而不正面回答所提出的那个普遍性问题。针对具体实例指明什么是正确或不正确的这是非常容易的,譬如指明在某时某地的法律是怎么样的或可能是怎么说的。然而,要决定已制定出来的那些法律本身的正确与否,并对可被接受的普遍标准作出规定以便明断是非,搞清楚什么是公正的或不公正的,那就有很大的困难了。对于从事实际工作的法学家而言,这一切可能还不是完全清楚,直到他暂时抛弃那源于经验的原则而在纯粹理性中对上述判断的根源进行探究,以便给实际的实在立法奠定真正的基础。他的经验性的法律在这种探究中的确能提供给他非常有用的指导;但纯粹经验性的体系(对理性的原则是无效的)正如费德拉斯童话中的那个木头脑袋那样,尽管很像头的形状,但可惜的是没有脑子。

权利概念——从权利涉及的相应责任(它是权利的道德概念)来看,首先,它仅仅涉及一个人对另外一个人的外在和实践关系,因为通过他们的行为这一事实,或许直接地或间接地互相影响。

其次,权利概念并不表示一个人的行为对另外一个人的愿望或单纯需要的关系,也不管它是友好的行为还是不友好的行为,它只表示他的行为自由和别人的行为自由的关系。

最后,权利概念在这些有意识行为的相互关系中并不涉及意志行为的内容,也不涉及每个人可能决定将此内容作为其目的。换句话说,在一个权利的问题中不需要问别人。他为了自己的事情去买东西时并不去问任何人,在这个交易中能否获得好处的权利,而只是考虑这笔交易的形式和相互间意志行为的关系。意志行为或有意识的选择之所以受到考虑,只不过是因为它们是自由的,并且考虑按照一条普遍法则,两者中一方的行为能否和另一方的自由相协调的问题。

所以,可以把权利理解为全部条件,根据这些条件,任何人的有意识的行为按照普遍的自由法则,确实可以和别人的有意识的行为相协调。

三、权利的普遍原则

"任何一种行为,如果它本身是正确的,或者它所依照的准则是正确的,那么这一行为按照普遍法则能在行为上与每个人的意志自由同时存在。"

因此,按照普遍法则,如果我的行为或我的状态能和任何其他人的自由并存,那么任何阻碍我完成该行为或阻碍我保持这种状态的人对我就是不公正的,因为按照普遍法则,这种阻碍或者阻力不能与自由并存。

由此可见,不能渴求这条包括所有准则的原则自身就是我的准则,也即我将它当作我的行为准则。因为大家都可以是自由的,虽然他的自由对于我的自由根本就无关紧要,甚至虽然我内心还想侵犯他的自由,但是我并未通过我的外部行为果真去侵犯其自由。然而伦理学(它和法理学不同)给我提出的一种责任,就是要将权利的实现变成我的行为准则。

所以,权利的普遍法则可以这样描述:"外在地要求这样行动:你的意志的自由行使,根据普遍法则可以与其他所有人的自由并存。"毫无疑问这是把责任加在我身上的一条法则,但只就这一责任而言,它根本不能期待我,更不能命令我应该用这些条件来限制我的自由。理性仅仅是说它在这方面深受其自己的意见的限制,并且很可能事实上也受到其他条件的限制;理性将该普遍法则当作一个不需要进一步证明的公式来加以规定。由于该公式的目的不是教人以至善与道德的,而是用来说明权利是什么,因此权利的法则就像上面所说的不能够、也不应该被解释为行为动机原则。

四、权利是和资格相联结或者和强制的权威相联结的

反对任何一种效果的阻碍,实际上就是扩大这种效果,而且和这一效果的完成相符合。现在按照普遍法则,所有妨碍自由的事情都是错误的,一切方式的强制或强迫都是对自由的阻碍或抵抗。所以,如果行使自由在某种程度上本身就是对自由的阻碍,那么按照普遍法则,这是错误的,因为这是对自由的阻碍的制止,而且和那种因普遍法则而存在的自由相符合。因而依照矛盾的逻辑原则,一切权利都伴随着某种不言自明的资格或权限,对事实上可能侵犯权利的任何人进行强制。

五、权利在严格意义上也可表示为这样一种可能性:按普遍法则,普遍的相互强制能够和所有人的自由相协调

这个命题意味着权利不能视为由两种不同的要素所组成:依据那条普遍法则产生的责任,以及一种权利,即有一方可以通过他自己的自由选择来约束并迫使别人去完成某种行为。然而,这个命题意味着权利的概念可以看作直接含有普遍的相互强制的可能性,并和一切人的自由相协调。因为一般的权利所涉及的对象只是外在的行为,所以,严格意义上的权利和伦理没有任何关联,它只考虑行为外在的部分,而不顾及行为的别的动机。因为它是纯

粹的权利,不夹杂任何道德的法令,所以,严格意义上的权利(从这个词的狭义上)就是那种可以称之为完全外在的权利。这样的权利毫无疑问是建立在每个人按照这条普遍法则形成的责任的意识上。然而,如果它的确是如此的单纯,那它就既不可能也不应该将这种意识当作动机,并通过这一动机来决定意志的自由行动。为此目的,这个命题就建立在某种外在强制的可能性原则之上,按照普遍法则,这种强制可以和每个人的强制并存。所以当人们说债权人有权要求债务人偿还其债务时,这根本不是说债权人可以让债务人的心里感觉到那是理性要求他这样做,而是说债权人可以借助某种外在强制力迫使任何一个债务人还债。而按照普遍法则,这种强制和所有的人(包括债务的有关各方在内)的自由相符合。由此可见,权利和强制的权限是一码事。

如前所述,权利的法则是在普遍自由的原则把握下,根据每个人的自由必然表现为一种相互的强制。这样,权利的法则就可以说是权力概念的典型结构,即根据作用与反作用的物理法则对物体自由活动的可能性作了类比研究,再用一种纯粹先验的知觉去加以说明。既然我们在纯粹的数学中不能直接从一个单纯的抽象概念推导出这一学科的研究对象的各种属性,那我们就只能利用有形结构或该学科概念的描述去发现这些属性,对权利的原则也是运用这种方法。对纯粹形式上的权利概念而言,这种方法还不是十分的重要,但是对普遍与平等的相互强制的关系来说,则尤为重要,因为相互强制和权利的法则相协调,并且按照一般法则进行归纳,如此便有可能对权利法则概念加以描述。就像那些力学中被提出来的概念,都是建立在纯数学的形式上的描述(犹如几何学中提出的那些概念那样)。因此,理性同样已注意到了用先验的直觉描述,并力图让人们能够理解权利概念的结构。在几何学的线条中,正确是相对性的,比如直线,它是相对于曲线和斜线来说的。在第一种对应中,此处涉及线条的一种内在的特性,即在已知的两点之间画线,只可能有一条直线或者一条正确的线段。在第二种情况下,如果两条相交的或相遇的线,它们的位置也是这种性质,即只有一条线可称作垂直线,它不能偏向于任何一边,并且将空间分割为两个相等的部分。通过这种类比,权利科学的目的就是决定每一个人都像数学那样准确地取得他自己的一份;然而,在善德的伦理学中,由于它不能不允许一定的范围作为例外,因而不能企望做到这样。但是,无需进入伦理领域,就存在着两种情况,即众所周知的不明确的权利"衡平法"和"紧急避难",它们要求做出法律决定,但找不到谁能对它们做出决定。从它们和权利的关系看,可以说是属于伊壁鸠鲁所指的"天体之间"的问题。我们一开始就必须将它们从权利科学的(这是我们即将讨论的)具体描述中删掉。现在,我们可以考虑用补充说明的方式附在这个导言中,这样,它们那些不确定的条件就不至于给权利的正确学说的确定原则带来混乱的影响。

六、对不确定的权利的补充说明

从严格的意义上来说,每项权利都和一种强制的权限相联系。但是,还可以设想别的更广义的权利,它们所具有的强制的权限任何法律都不能作决定。这些真实的或假设的权利有两种:公平法与紧急避难权。第一种是没有强制的权利;第二种则是没有权利的强制。没有一个法官能够被派来对这种不确定性作出判决,但是,它却可以很容易地通过特定的事实,即那些令人怀疑的权利案件为人所知。

(1) 公平法

客观上,公平法并非严格地产生一方对另一方提出仁慈的或慈善的道德义务所要求的一个理由。但是,谁根据公平的理由坚持要得到任何东西就等于是根据他的权利提出了要求。在这种情况下,无论怎么样,还缺少法官行使职责所必须具备的条件,以让他可以决定用什么,或者以什么方式来满足这一要求。比如一个商业公司,它是根据相等的利润条件组织起来的,但是有位合伙人比别的成员做得多,结果他的损失也大,按公平原则,他应向公司要求得到比其他人得到的同等的利益额要多一些。但是根据狭义上的权利(法律)——假如我们设想法官怎样考虑他的案件——法官提不出任何确切的材料可以确定按合同他应该多得多少,作为一件法律诉讼案来说,这样的要求会被驳回。又如一个佣人说好干一年以后可拿到工资,但是,由于这期间货币贬值,因此他得到的工资不可能与当初他订合同时的价值相等了,如果他拿到的钱和合同规定的相同,那他不能依法要求补偿因货币贬值所造成的损失。他只能按照公平的(一位哑女神,她不要求听到权利)理由提出要求,因为在服务合同上没有任何规定,法官不能根据模糊的或无法确定的条件作出判决。

由此可见,一个法庭由于公正为了判决这项具有争议的权利会陷入矛盾。唯有在关系到一位法官自身的正当权利的地方,以及在他能作出决定的那些事件中,他才可以或应该听取公平的声音。如果国王的法庭接受请求,对某人的损失或在服务中受到的损害给予赔偿,国王的法庭就可以负责承担这么做的责任,因为按照严格的狭义上的权利(或法理)来看,这种要求是会被拒绝的,其理由在于缔约双方(或各方)在履行合同的过程中,对偶然发生的损失应各自承担其风险。

公平的格言也许是这样:"最严格的权利(法律)是最大的错误或不公正。"然而,这种危害用权利(法律)的形式是无法消除的,尽管这涉及到权利的问题,因为由此造成的不幸,只能提交"良心的法庭",而任何权利的问题必须向民事法庭提出。

(2) 紧急避难权

所谓紧急避难权是指一种假定的权利或权限,即当我遇到可能失去自己生命的危急情况时,去剥夺并没有伤害到我的另一个人的生命的权利。很明显,从权利学说的观点来看,这就必然陷入矛盾中。因为,现在的情况并不是有个不法的侵犯者不公正地袭击了我的生命,因而我就先下手剥夺他的生命。所以,这不是一个纯属温和劝说的问题,即既不属于作为善德学说的伦理学问题,也不属于作为权利学说的法理学问题,这是允许运用暴力去对付一个没有对我施以任何暴力的人的问题。

显而易见,不能客观地了解这种权利的推断,即不能根据法律客观规定,而只能根据主观的了解,也即根据法庭在这种情况下会怎么判决。实际上没有任何一部刑法会对下面所提到的这样一个人判处死刑:当一条船正在沉没,他为了自己的生命而把另一个人推倒,使后者从木板上掉入水中,而他自己却在木板上幸免于难。因为法律惩罚的威慑不可能比此时害怕失去生命的危险具有更大的力量。这样的刑法此时完全失去了它意欲达到的效力,因为一个还没确定的威胁——如法庭判处死刑——不能超过对那种灾难的恐惧(在上述情况下肯定会淹死)。但是,这种为了自我保存而引起的暴力侵犯行为不能看作完全不该受到谴责的,它只不过是免受惩罚而已。然而,由于概念上的奇怪的混淆,法学家们一直把这种豁免的主观条件看作在客观上也是合法的同义语。

紧急避难权的格言可以用这么一句话来概括:"在紧急状态下没有法律。"但是,不能因为紧急避难而使错误的事情合法化。

很显然,在有关判定"公平"和"紧急避难权"时,涉及的不确定是因为客观条件与主观条件的混淆而产生的。当人们从理性或法律条文这两个不同的方面去考虑以及援引权利的原则时,所持的理由肯定就不一样。各方自以为有充足的理由可以去证明这行为是对的,在(正义的)法庭看来,也许却找不到相同的观点;反之,他认为某一行为本身必定是错误的,但它有可能得到公平法庭的承认。造成这种状况的原因是,这两种情况中人们所持的权利概念不止一个而且也不具有相同的含义。

(璐甫　刘根华　译)

国家的权利与宪法[①]

一、文明联结体和公共权利的起源

我们并非从一个外在的权威立法产生以前的任何经验中就认识到人们之间存在具有自发性的相互攻击的规律，以及存在他们相互发生争斗的罪恶倾向。在这里也无需假设，只不过是由于偶然的历史条件或事实才导致必须有公共的立法的强制措施。因为权利问题不管处置得多么恰当或多么值得称颂，人类可以被认为仅仅考虑其自己，这个还没有通过法律来调节的社会状态的理性观念必须看作我们讨论的出发点。这个观念揭示出，在一个法律的社会状态能够公开形成以前，单个的个体、民族和国家根本不可能是安全的、可以不受暴力侵犯的。从个人的意志发展来看，就可以把这种情况看得很清楚，每个人按其自己的意志都自然地按照在他看来似乎是好的和正确的事情去做，根本不考虑其他人的意见。所以，除非下决心放弃这个法律的社会组织，否则的话，人们首先不得不做的事就是接受一条原则：必须脱离自然状态（在这种状态中，每个人根据自己的爱好来生活），与所有那些不可避免地要互相来往的人组成一个政治共同体，大家服从由公共强制性

[①] 译自康德《法的形而上学原理》，标题为译者所加。——译者注

法律规定的外部限制。于是人们进入了一个公民的联合体,其中每个人按法律规定拥有那些被认定为他自己的东西。通过一个强大的外部力量而不是他个人的力量使他所应拥有的东西得到保障。对所有人而言,首要的责任就是进入文明社会状态的关系。

照此理由,人类的自然状态不一定要描述为绝对不公正的状态,似乎起初人们相互间的关系不可能是别的,而只能是一切都由武力决定。如果自然状态曾经存在过,那么这种状态一定会被认为不是由法律来调整的社会状态,一旦发生权利问题的争执,就无法找到一个强制性的法官对这个争执作出权威性的法律裁决。如果大家都必须运用武力来压制别人,那么从这种无法律的生活状态进入有法律的文明社会状态就是合乎情理的。尽管私人依照这种权利的观念可以通过占领或合约而得到外在物,然而,在自然状态中这样所获得的东西只不过是暂时的,只要这种取得还没有经过公共法律的认可。因为在没有得到这种认可之前,占有的条件不是由公共分配的公正来决定,也没有受到任何执行公共权利的权力所保障。

如果人们在进入文明状态以前,并没有意愿去承认任何公正的获取,即使是暂时的,那么这种社会状态就不可能会产生。因为,只是按照理性的概念来观察那些在自然状态中关于"你的和我的"的法则,在形式上它们所包含的东西恰恰是人们在文明状态中制定的那些东西。只是在文明状态的各种(获取的)形式中才制定了各种(获取)条件。按照这些条件,那些在自然状态中正式的因长期使用而获得的权利,符合分配的公正才成了现实。所以,如果在自然状态中甚至连暂时的外在的"你的和我的"都不存在,那么对于人们也不存在任何法律的义务,其结果就不会有任何要从自然状态过渡到其他状态的责任。

二、国家的形式及其三种权力

国家是许多人按照法律而组织起来的联合体。这些法律必须要被看作是先验的必然,是出自于外在权利的概念,也即它们并不是纯粹地由法令建立起来的。国家的形式包括于国家的概念之中,应该从纯粹的权利原则来加以考虑。这个理想的形式为每个真正的联合体提供了规范性的标准,以便将联合体构建为一个共和国。

每个国家都包含三种权力,人民的普遍联合意志并在一种政治的"三合体"中人格化。它们就是立法权、执行权和司法权。① 立法权力在一个国家中具体为立法者;② 执行权力具体为执行法律的统治者;③ 司法权力具体为法官,其职责是依据法律为每个人裁决,哪些东西归他所有。这三种权力可以和实践的三段论中的三个命题进行类比:主要的作为大前提以规定意志的普遍法则;次要的根据作为小前提原则的法则,提出可以应用于一次行为的命令;结论则包括判决书或者在具体案例中正在考虑的权利的判决。

三、立法权与国家的成员

立法权,从其理性原则来看只能是人民的联合意志。因为所有权利都应该从这个权力中产生,所以它的法律必须对任何人都不能有不公正的做法。如果任何一个个人都根据他和其他人相反的观点去决定所有事情,那么他就可能经常对其他人做出不公正的事情。然而,如果由大家来决定并颁行作为他们自己的法律,就不可能会出现这种情况。常言道:"自己不会伤害自己。"因此,只有全体人民联合并集中起来的意志(即每个人为全体决定同一件事情以及全体为每个人决定同一件事情),才应该在国家中拥有制定法律的权力。

文明社会的成员如果为制定法律而联合起来并因此组建一个国家,就称作这个国家的公民。公民依权利有三种不可分离的法律的属性,它们是:① 宪法规定的自由,这是指每个公民除了必须服从他表示同意或认可的法律以外,他可以不服从任何别的法律;② 公民的平等,这是指一个公民有权不承认人民之中还有超乎其上的人,除非是这么一个人,即出于服从他自己的道德权力而加在他身上的义务,好像别人有权力这样做;③ 政治上的独立(自主),这种权利使一个公民生活在社会当中并继续生活下去,这并不是因为别人的专制意志,而是因为他自己的权利以及作为这个联合体成员的权利。所以,一个公民的人格的所有权,除了他自己以外其他人是代表不了的。

具备选举权的投票能力就构成了一个国家成员的公民政治资格。但是,这种投票能力却又是预先假定这一单个公民在该国人民中具有自给自足的独立性,也即他不能仅仅是这个共和国的偶然附属部分,还应是该共和国的一名成员,并与其他的人一起在这个社会中实施他自己的意志。在这三种性质中,最后一种必定涉及产生积极公民身份与消极公民身份的区别,尽管消极公民身份的概念显得和公民的定义有矛盾,下述例子或许能解决这个矛盾。比如:一个商人(或做生意)的学徒,一个不是国家雇佣的仆人,一个没成年的人,所有的妇女,还有任何一个不是凭自己的资产来维持生活而由别人(国家除外)安置的人,都没有公民的人格,他们的存在也可以说只是附属地包括于这个国家之中。就像我在庄园里雇用的伐木工,像印度的铁匠,带着他的锤子、铁砧和风箱到那些雇用他的人家里干活。他们与欧洲的木工或铁匠不同,后者能拿出属于自己的劳动产品作为商品公开出售。另外,在校助教与校长也有区别,在田里干活的人和农场主亦有区别等等,这些都是说明两种不同身份的公民有区别的例证。在上述例子中,前一种人与后一种人的区别是,前者在共和国中的地位只是次要的且不是它的积极的独立成员,因为他们需要他人的指挥与保护,因此他们自身不具备政治上的独立。像这种在意志上依赖他人以及因此产生的不平等,不管怎么样并不是与那些组成人民的个人(作为人)的自由与平等对立的。甚至可以这么说,正是由于这些情况人民才能够成为国家,而且进入一个文明的社会组织。然而,按照该国宪法,并不是所有的人都具有平等的资格去行使选举权并成为这个国家完全意义上的公民,也不是所有的人都只是受它保护的消极的臣民。虽然消极的公民有资格要求所有别的公民按照本质上是自由与平等的法律去对待他们,但是作为这个国家消极的组成部分,他们没有权利像共和国的积极成员那样去参与国家事务,他们没有权利重新组织国家或者运用提出某些法律的方式来取得这种权利。在这种情况下,他们所能提出的最大的权利就是,无论制定实在法的方式怎么样,他们都可以要求这些法律必须不违反自然法(它要求全体人民都获得自由并取得与此相符的平等),因此必须让他们有可能在自己的国家内提高自己,从消极公民达到积极公民的条件。

四、国家首脑和原始契约

一个国家中的三种权力都是高职位的。另外,由于它们的产生必须来自国家的概念,并形成一般意义上的这个国家的政体(或宪法)基础的主要部分,因此它们被视为政治上的高职位。它们包含这样的关系:一方是一个作为国家(按照自由的法则国家只能是联结成一个民族的人民自身)首脑的普遍的统治者;另一方是作为臣民的群众组成这个民族的个人。在这种关系中,前一种人员是统治的权力,其职务是治理;后一种成员形成该国的被统治者,其任务是服从。

人民根据一项法规把自己组建为一个国家,这项法规就称作原始契约。这样称呼它之所以合适,只是因为它能提出一种观念,通过这种观念可以使组建这个国家的程序合法化,还可以容易被人们理解。按照这一解释,人民中所有人和每个人都放弃他们的外在自由,目的是为了立即又取得作为一个共和国成员的自由。从人民联合成了一个国家的角度来看,这个共和国就是人民,但是不可说在这个国家中的个人为了一个特殊的目标,已经牺牲了他天生的一部分——外在的自由。他只是完全抛弃了那种粗野的没有法律状态的自由,通过这样来重新得到他并没减损的全部正当的自由;在形式上这只不过是一种相互依赖的、受控制的社会秩序,也即以权利的法律来调整的一种文明状态。这种相互依存的关系源自他自己的那种有调整作用的立法意志。

五、三种权力的相互关系与特征

国家的三种权力,依其相互关系来看就是:① 相互协作,就像许多法人那样,一种权力成为另一种权力的补充并用这样的方法以使国家的政体趋于完善;② 它们相互又是从属关系,因而其中一种权力不能超越自身的活动范围去篡夺另一方的职能,每种权力都有其自己的原则,并在一个特定的人的手中保持其权威,但是应在一位上级长官意志的指导下;③ 经过上述两种关系的结合,它们给国内每个臣民都分配了各种属于他自己的权利。

考虑到三种权力各自的尊严,也可作出如下解释:最高立法者的意志,就其有权决定什么是构成外在的"你的和我的"来说,它会被认为是不能代表的;最高统治者的执行职能应被认为是不能违抗的;最高法官的判决应被认为是不可撤销且不能上诉的。

六、三种权力的不同职能——国家的自主权

(1) 执行权属于国家的统治者或摄政者,而不论他是以一个法人或一个个人(像国王或君主)的形式出现。作为国家的最高代表,这种执行权力任命官员并对人民解释规章制度。依此解释,每个人都可得到任何东西,或者按照法律保持属于他自己的东西;根据执行权力的申请,每个诉讼案件便可成立。如果作为一个法人,这一执行权力就产生政府。政府向人民、官员和国家高级行政长官制定和发布的命令是布告或法令,而不是法律,因为他们是针对特定事件的决定,而且是作为不可更改的决定来发表的。一个政府作为一个执行机关去行动,并且还像立法权那样制定和颁布法规,它会成为一个专制政府,而且必然与爱国政府完全相反。一个爱国政府又与父权政府有区别,后者是一切政府中最专制的,它对待公民就如同对待孩子。但一个爱国政府则是这样的一个政府,它一方面将臣民当作大家庭中的成员,但同时又把他们当作公民看待,并且按照法律承认他们的独立性,每个人占有他自己,具有不依附于在其之外或之上的他人的绝对意志。

(2) 立法权力不应同时又是执行权力或管理者。因为管理者作为一个行政官员应该位于法律的权威之下,必须受到立法者的最高程度的控制。立法权力可剥夺管理者的权力,罢免他或改组其行政机关,但不能惩罚他。这就是英国人通常所说的"作为最高执行权力,英王不可能做错事"这句话的恰当且唯一的涵义。因为任何惩罚的施用必将造成这样的行动,即执行权——这一依法产

生的最高强制权力,它自己却要从属于强制,这是自相矛盾的。

（3）不管是立法权还是执行权都不应行使司法职权,只能任命法官作为行使该职权的官员。唯有人民才能审判他们自己,即通过由人民自由选择选举出来的公民代表他来审判,甚至专门任命他们来处理各司法程序或案件。法庭判决是一种公共分配正义的特别法令,这种正义是由一个法官或法庭作为一个符合宪法规定的执行法律的人员,对作为人民中一员的臣民所作出的判决。这样的法令并不当然地由权力决定并分配给任何人那些属于他的东西。在人民当中每个人因其在与最高权力的关系中只能是被动一方,在处理有关个人财产的争执时,执行机关或立法机关都可能对他作出不恰当的决定。这并非人民自己作出的决定,或者由某些人对其公民伙伴们宣布"罪名"或者作出"无罪"判决,因为要对一个诉讼案件的争论作出结论,法庭必须援引法律,法官只有通过执行机关才有权分配给每个人他所应得的东西。所以,只有人民才能够恰当地对一个案件作出判决——尽管是间接的,即通过他们选举的和授权的代表在陪审法庭上进行判决。宁愿让低于国家首脑的人来当法官,因为在审判工作中,说不定他会夹杂有自己的利害而做出不适当的事来,这样他就应该接受向上一级申诉的要求。

正是因为这三种权力——立法、执行、司法——的相互作用,这个国家才能实现自己的自主权。这个自主权包括：根据自由的法则组织、建立和维持这个国家自身。在三种权力的组合下,国家的福祉得以实现。古人言："国家的福祉高于法律。"但是,这种福祉不能只理解为个人的富裕和这个国家公民的幸福,正如卢梭的断言,或许在自然状态,甚至在一个专制的政府统治下会更加愉快、更加满意地达到这一目标。然而,国家的福祉,作为国家最高的慈善,它标志着这样一种状态,即该国的宪法和权利的原则相互间取得最高的协调。这种状态也就是理性通过绝对命令向我们提出的一项责任,要求我们为此奋斗。

(璐甫　刘根华　译)

民族权利与国际法

一、民族权利的性质与分类

可以把组成一国人民的许多个体视为从一个共同祖先那里自然流传并发展起来的该国的土著，尽管这种观点不一定在细节上都完全真实。而且，也可以从心理状态和法律关系上来考虑，他们似乎都是由一个共同的政治母亲即共和国生下来的。因此，他们所组成的国家也可以说是一个公共的大家庭或者民族，其所有成员作为该国的公民相互发生关系。作为一个国家的成员，他们不能将自己与那些生活在他们邻近的处于自然状态的人们相融合，应该认为是可耻的。虽然这些土著人因为选择了没有法律的自由生活就自以为比文明化的人民优越；虽然他们组成部落，甚至组成种族，但绝不是国家。各个国家在相互关系中的权利就是在"民族权利"的命题下我们必须考虑的内容。无论是哪个地方的国家，如果看作一个法人，他对于别的国家的关系，如果依据自然的自由条件来行动，那么结果就是一种持续的战争状态，因为这种自然的自由权利会导致战争。

民族的权利和战争状态的关系可以划分为：① 开始作战的权利；② 在战争期间的权利；③ 战争之后的权利。这个权的目标就是相互强迫各个民族从战争状态过渡到去制定一部公共的宪法以便建立永久和平。在自然状态下，个人或家庭的相互间的关系的权利和各个民族相互间的权利的区别在于，对于民族权利，我们须考虑的不只是一个国家对另一个国家（作为一个整体）的关系，还须考虑一个国家中的个人与另一个国家中的个人之间的关系，以及该个人与另一个国家（作为一个整体）的关系。然而在纯粹的自然状态下，民族权利与个人权利的区别需要一些能够很容易从个人权利的概念中推导出来的原理作为依据。

二、民族权利的原理

民族权利的各种原理是：

（1）国家，作为民族来看，它们相互间的外部关系——像没有法律的土著人一样——很自然地处于一种无法律状态。

（2）这种自然状态是一种战争状态，强者的权利占据优势。尽管实际上不会总是发生真正的战争和连续不断的敌对行动，尽管也不会对任何人做出真正的不当之事，但这种状态本身就是极为不当，如果组成国家的民族相互毗邻，就必然会摆脱这种战争状态。

（3）民族的联盟，按照一种原始社会契约的观念，它是为了保护每个民族不受外力侵犯和进攻所必需的结合，但这并不干预它们内部的一些困难和争论。

（4）在这个联盟中的相互间的关系，必须摒弃一个有形的统治权力，但在文明的宪法中却必须规定这一权力。这种联盟只能采用联邦的形式，它可以随时解散，因而又必须经常更新。

所以，它有一种权利，是作为另一种原始权利的附加权利而产生的，这是为了防止各个民族失去权利并相互间陷入真正的战争状态中。这就形成一种"近邻同盟协定"的观念。

三、要求本国臣民去进行战争的权利

我们必须首先考虑,自由国家似乎仍然处在自然状态中,各自拥有彼此进行战争的原始权利。然而,这种权利的行使是为了创造某种社会的条件,以便走向那种有法律的社会状态。最为重要的问题在于,国家依据什么权利,在涉及其臣民关系上可以让他们去作战以反对其他国家。国家为了这个目的而动用他们的财产,甚至他们的生命,或者至少将他们置于有害和危险的境地。所有的这些措施都不是取决于他们自己的个人判断,也不取决于他们是否愿意走向战场,而是由于统治者的最高命令才将他们送上战场的。

这种权利似乎很容易就能确定。它可以建立在这样一种权利上,即人人有权按其意志来处理他自己的东西。无论是谁对那些的确是为他自己所制造的东西,他都有权坚持它们是他不可争辩的财产。因此,下面的推断仅仅是法学家所能够提出的。

在一个国家当中有许多种自然的产品,从他们存在的数量和质量上看都是如此。这些产品必须被认为是通过国家的工作而特别地生产的。因为,要不是在该国的宪法的保护下,并且经常受行政管理职能的政府的安排,这个国家就不可能会生产出这么多的产品。如果那些居民仍然生活在自然状态中,也不可能生产出这么多的东西。假如政府对居民的收入与财产保护不了的话,那么羊群,其他牲口和鸡——最有用的家禽——猪,等等,不是被我们作为必须的食物吃光,就是被我们居住的地方的猛兽叼走,最后它们就会全部消失或者仅留下可怜的一丁点儿。这种观点对于人口数量也可以适用。我们如果有机会看到美国的荒漠,就算在那地方投入最大的劳动(但还没有这么做),现在那儿也仅有稀少的人口。一切国家的居民,如果没有政府的保护,只能稀稀落落地分散在这里和那里耕种。因为没有政府的保护,他们不可能带着其家人居住在一块土地上而不被敌人欺凌和野兽糟蹋;另外,现在这么多的人生活在一个国家里,要是没有国家的保护,他们就无法得到充足的生活资料。以种菜为例,如种土豆,就与饲养家畜一样,丰产的土豆都是人类劳动的产物,它们可以被人使用、毁灭或吃掉,那么似乎可这么来说,作为国家最高权力的统治者,他有权带领其臣民——因为大多是他自己的培育品——去打仗,如同去打猎;甚至他可以率领他们在战场上前进,像是参加一次愉快的旅游。

可以想象得出,在那个国王的心中这种权利的原则是模糊的。但该原则对那些可以成为人类财产的低级动物来说,至少可以肯定这是真实的。但是,上述原则完全不能援引于人,尤其是作为公民的人;公民必须被视为该国的成员,有参与立法的权利,而不能只作为别人的工具,他们自身的存在就是目的;让他们去打仗就必须通过他们的代表并得到他们自愿的同意,这不仅在继续战斗时一般地应该这么做,而且每次单独的宣战也应如此。唯有根据这种有限制的条件,国家才有权命令他们执行一项如此充满危险的任务。

所以,我们宁可从统治者对人民的义务中延伸出这项权利,而不是相反。在这种关系中,人民必须被认为是已经表达出了他们的认可。而且,人民有投票权,尽管单独从个人角度看他们是被动的,但是只要他们是代表主权本身的时候,他们却是主动的。

四、向敌对国宣战的权利

从自然状态看,各个民族进行战争和采取敌对行动的权利是一种合法方式,当他们认为自己受到损害时,他们通过这种方式运用自己的力量去行使其自己的权利。之所以要这么做,是因为在自然状态中还不可能采取法律程序的方式,尽管这是解决争端的唯一恰当的方式。

战争的威胁与首次侵犯行为的重大伤害不同,而且也与敌对行动的一般爆发不一样。战争威胁或者恐吓,可以源于积极的军事准备,另一方的防卫行动就是产生于这种情况下。这种威胁也可以来自另一个国家,即只因它通过获得领土而可怕地增强了它的力量。力量较小的国家遭受的损害也许只是因为出现了一个强大的邻国,而不是该大国事先有什么行动。在自然状态中发生了这种情况下的进攻会被说成是合理的。这样的国际关系就是权利均衡的基础,或者是那些互相积极接触的所有国家之间提出"力量均等"的基础。

发动战争的权利是因为任何明显的损害行为而形成的,它包括任何随意的反击或报复行为。当一个民族冒犯了另一个民族,后者不准备通过和平途径去获取赔偿而采取的报复行为,这种反击可以视为不经事先宣战而爆发的敌对行动。如果在战争状态期间有什么权利的话,那么就必须假定有某种类似于契约的东西,它包含有宣战的一方与另一方都承认的内容,这也等于实际上敌对双方都愿意以这种方式来寻求他们的权利。

五、战争期间的权利

在民族权利和国际法中最难以解决的问题就是确定什么是构成战争期间的权利。即使想要描述这种权利的概念或者在无法律的状态中去设想一项法律而又不至于自相矛盾,都是十分困难的。西塞罗说过,"在武器当中,法律是沉默的"。按照某些原则去进行战争的权利必定是合理的,只要这些原则始终能够让各个国家在其相互间的外部关系中,摆脱自然状态进入一个权利的社会。

独立的国家之间相互攻击的战争,不可能公正地是惩罚的战争,因为惩罚仅仅是指一个职位高的人对一个臣民才可形成的关系,这不属于国家之间的相互关系。所有的国际战争,既不可能是"毁灭性的战争",甚至也不可能是"征服的战争",因为这会引起一个国家精神上的灭亡,它的人民要么完全被那征服的国家同化为一个大群体,要么沦为奴隶。这种方式并不是获得和平状态的必要手段,它自身与国家的权利相冲突。民族权利的观念只包括一种对抗性的概念,也即依据外在自由的原则,为了让一个国家可以保持应该属于它的东西,然而,这不是为了取得一种条件并从其力量的扩张中可能成为对其他国家的威胁。

各种抵御方式和防卫手段,对于一个被迫迎战的国家来说都是允许的,除非他们使用的手段会让执行这些任务的臣民变得不配成为公民,因为这样的话,这个国家就不配被承认为国际社会的一员,即不可能依据民族权利按照平等权利在国际关系中参与活动。那些被禁止使用的手段包括派臣民去做间谍,或雇用臣民甚至外国人去做暗杀或施毒者(这些人中可以包括所谓的狙击手,潜伏者在埋伏处枪杀单个的人),或者收买特工去散布伪造的消息等等。总之,禁止使用这些邪恶的和不讲仁义的手段,因为这些手段会毁灭用于建立未来永久和平的那种信念。

战争中可以允许向被征服的敌人强行征税和贡赋。但是通过强行剥夺个人财产的方式掠夺人民是不合法的,因为这等于是抢劫,不是把他们看作被征服的人民,而看作是交战的国家,似乎他们在政府的统治下都成了进行战争的手段。所有的强行征税都应通过固定的征税文告来进行,并且给收据,以便和平恢复后加给该国家或省的负担可以按比例承担。

六、战后的权利

战争之后的权利是从和平条约生效时开始的,并且涉及战争的后果,这种权利包括战胜者提出条件并同意按这些条件与战败政府达成和平的结局。条约必须写出来,但确实不是按照任何需要其保护的、据说是被其对手侵犯了的权利。这个条约是战胜者自己提出来,他将决定和约的权利建立在自己的权力之上。所以,战胜者也许不要求赔偿战争费用,因为这样的话,此时他就不得不宣布其对手所进行的战争是非正义的。尽管他应该采纳这一论据,但是他没资格援用它,因为要是这样,他就不得不宣布这场战争是惩罚性的,因而反过来他是给对方一种损害。战后权利还包括交换战俘,并且在交换时不得索取赎金,也不必在人数上要求相等。

被征服的国家及其臣民都不是由于国家被征服而失去他们的政治自由。于是,被征服的国家不会降为殖民地,其臣民也不至于成为奴隶,否则的话这场战争就成了执行惩罚性的战争,这是自相矛盾的。一个殖民地或(海外)省是由当地人民组成,他们有自己的宪法、立法机构和领土,该地属于别的国家的人只是外国人。殖民地与(海外)省却要服从另一个国家的最高执行权力,该另一国家称作"母国"。殖民地就像子女一样接受统治,但同时有自己的政府机构与单独的国会,而以母国派来的总督为主席。这就是古雅典与许多岛屿地区的关系,也是目前(1796年)大不列颠与爱尔兰的关系。

更不能因为一个国家的人民在战争中被征服就可推断奴隶制度是合理的,这样的话就也推定这场战争是惩罚性的。在战争中绝对找不到世袭奴隶制度的根据,这种制度原本就是荒唐的,因为犯罪无法从别人的罪行中遗传下来。

另外,一次大赦要包括在和平条约之内,因为此事已包含于和平观念中。

七、和平的权利

和平的权利是:(1)当邻国发生战争时,有保持和平或中立的权利;(2)有设法使和平可靠的权利,这样在和平条约缔结后,和平就能维持下去,这就是保证(和平)的权利;(3)几个国家有结成联盟的权利,这样是为了共同保卫他们自己来反对一切外来的甚至内部的攻击。这种结盟的权利不管怎么样都不能扩大到组成任何集团来进行对外侵略或者内部扩张。

八、反对一个不公正的敌人的权利

一个国家反对一个不公正的敌人的权利是没有限制的,起码在质的方面是这样,而不是从量和程度上来说的。换句话说,受害的国家可以运用(当然不是可以运用任何手段,但事实上并非如此)各种被允许的和有理由的手段,只要该国有能力,都会运用这些手段来坚持那些属于它的权利。

一般来说,在自然状态下,每个国家依据各自的理由都认为自己是公正的,那么依据民族的权利如何才能算是个不公正的敌人呢?不公正的敌人就是这样一个国家:它公开表现自己的意志而不管它是用语言还是行动,但它违反行为准则,如果把这个国家的做法变为一条普遍的法则,那么各民族之间就不可能保持和平状态,并让自然状态确定地永远持续下去。这是对公共条约的侵犯,可以将所有的这种侵犯视为对一切民族自由的威胁,因而各个民族就可以联合起来反对这种侵犯,消灭可造成这种侵犯的力量。

但是,这并不包括瓜分和占领这个国家的权利,以至于从地球上消灭这个国家。这是对这个国家人民的不公正的做法,他们不能丧失联结成一个共同体的原始权利并因此而采用一部新宪法,从性质上看这不会是倾向于战争的宪法。

而且,人们会说,"在自然状态中,一个不公正的敌人"的提法是同义反复,因为自然状态本身就是不公正的状态。一个公正的敌人可能是这样的一个人,即如果我们反对他,那就是对他不公正,但这样的人却不会真的成为我们的敌人。

九、永久的和平与一个永久性的民族联合大会

各个民族相互间的自然状态就像个人之间的自然状态那样,它是一种人们有责任去摆脱的状态,因而进入法律的状态。所以,在没有出现这种转变之前,各个民族的所有权利以及各国通过战争获得并保持的一切物质财富都只不过是暂时的;这些权利与资产也能变成永久的,但只有在这些国家联合为一个普遍的联合体的时候,这样的联合才和一个民族变为一个国家相类似。唯有在此情形下,才能够建立一种真正的和平状态。然而,这样的国家联合体是极为庞大,包括广阔地区内所有的政府,因而国家联合体对其成员的保护最终必定演变为不可能,从而使这个庞大的合作伙伴再次导致战争状态。因此,永久和平这一各民族全部权利的最终目标就成了一个不可能实现的理想。不管怎么样,为了追求这个目标并促成各个组建这样的联合体(作为能够促进一个不断逼近永久和平的联合体)的那些政治原则,就一定是切实可行了。这些原则就像这种不断逼近的过程本身一样是切实可行的。这是涉及义务的一个实践问题,并且是建立在个人与国家的权利之上。

我们可以把这个为了维持多个国家和平的联合体称作各民族

永久性的联合大会,每个邻近的民族都可以自由参加。对于各民族要求维持和平的民族权利而言,这样的联合体组织形式,至少在18世纪上半叶就已出现,它就是海牙的国际大会。在这个大会上,绝大多数的欧洲王国,甚至是最小的共和国,都提出了他们关于这个国家针对另一个国家采取敌对行动的抱怨。因而,整个欧洲似乎成了一个单独的联邦国家,并且被一些民族接受为仲裁人,去处理他们之间的分歧。然而,此后替代这个协议的只是书本中保存的民族权利,这个协议就从各国的内阁中泯灭了,或者是已经使用了武力之后,它就被当作理论文献资料锁进了阴暗的档案柜里。

在这里,我们所说的联合大会,只是指不同国家的一种自愿联合,它可以随时解散,它不像建立在一部宪法之下的美利坚合众国那样是不能解散的。只有通过这样一种大会形式,各民族公共权利的观念才可能得以实现,它们之间的分歧才能通过文明的方式,而不是战争这一野蛮手段得到真正的解决。

(璐甫　刘根华　译)

人类的普遍权利

一个普遍的、和平的联合体(如果还不是友好的,那也是地球上可以相互发生积极关系的所有民族的联合体)的理性观念是一种法律的原则,它和博爱的或伦理的原则不相同。自然(凭借着各民族居住的地方是个球体)已经将所有的民族都包围在一个固定的范围之内,即由水面和陆地组成的地球。陆地上的一个居民只要占有土地就可以生活,这种占有只能看作是占有了整体的有限部分,所以,所有的民族最初都是处在一种"土地的共同体"之中,而不是一种法律的占有共同体,因而也不是使用土地的或土地所有权的共同体,它只是通过该共同体使人们的相互有形的交往成为可能。换句话说,每个人对于其他任何人都是处在一种最广泛的关系中,可以要求和其他人交往,并且有权提出要在这一方面作一次尝试,而一个外部的民族无权因此而将他们当作敌人来对待。这种权利可以称为"世界公民的权利",这是针对这种权利与一切民族有可能组成一个联合体并涉及某些普遍地调整他们相互交往的法律而言的。

表面上看来,各个海洋把各个民族分隔开来,因而根本无法相互交往。但是实际上并不是这样的,因为通过贸易,海洋为他们的交往产生了最有利的条件。越是靠近海洋的地方,例如地中海,这种交往就变得越是频繁。于是,和这些沿海地区的来往(尤其是在那些与母国有联系的居留地为这些交往提供了机会)就使地球上某个地方发生的邪恶与暴力全世界都听得到。这种可能的滥用弊病无论如何都不能剥夺一个人作为一个世界公民的权利,他有权要求与其他所有人交往并因此而去访问地球上的任何地区,但是访问并不产生在其他人民的领土上可以定居的权利,因为去定居要有特殊的契约。

但是问题在于,如果遇到新发现的土地,一个民族是否能有在另一个民族已经定居的区域附近要求定居并占有一部分土地的权利,而且无需取得另一个民族的同意。

如果这个新居住地的位置远离了那个已经定居在那里的民族,并且既不限制又不损害另一个民族利用他们的领地,那么这样的权利就是毫无疑问的。然而,如果遇到游牧民族或者饲养牲畜和狩猎的部落(如西南非洲的霍屯督人、通古斯人和大部分的美洲印第安人),他们的生活来源就是广阔的荒漠地域,对这种地方绝不应当使用武力,而只能通过契约来占领,而且,任何这种契约绝对不应当利用当地土著的未开化而掠夺他们的土地。然而,有一种盛行的论调,认为通过武力占领可能是公正的,因为那样会增进整个世界的普遍的好处。他们似乎找到了充分的证据,说他们的暴力行为是合理的,他们的一部分理由是依据把罪犯从本国清除出去的必要性,期望罪犯们或其后代在另一块大陆(如新西兰)得到改造。然而,所有这些断言是出自良好动机的言论,怎么也洗不净那些采取不公正手段去获得殖民地的污点。下述意见也会遭到反对,如果这种有关通过武力来构建一种法律状态的精巧论调总是得到认可,那么整个世界就仍然处于一种没有法律的状态。然而,这种反对的论调无法消除我们所讲的权利的那种条件,就像那种政治革命者的借口同样也做不到一样。这种借口就是,当一部宪法已经变质退化了的时候,人民就有权通过武力来改变它。这种理论通常是认为一次不符合正义的行动,可以一劳永逸地让正义建立在更为牢固的基础上,并让它繁荣兴旺。

(璐甫　刘根华　译)

论自我意识[①]

一、自我意识

人可以具有"自我"的观念,这就把人无限地提升到地球上所有其他有生命存在物之上,因而他是一个人,而且由于对他可能碰到的各种变化具备意识的统一性,也因而他是同一个人,也即一个和可以由人们随意处置与支配的、就像不具理性的动物那样的事物在等级与尊严上完全不同的存在物。甚至在他还说不出一个"我"字时就是这样,因为在其思想中毕竟包含有这一点:所有语言在用第一人称讲述时都必须考虑如何不用一个特别的词但仍可表现出这个"我"性。这种能力就是知性。

很显然,已能够极为完整地说话的小孩却很晚(大概一年之后)才首次运用"我"字来说话。在前面漫长的时间里他却习惯于用第三人称来称呼自己(卡尔要吃,卡尔要去,等等)。而他开始用"我"来说话时,对他来说就如涌升出一闪亮光,从此他就不再倒回至前一种说话方式了。——从前他只不过感觉到自我,可如今他是思维到自我了。人类学家要对此作出解释也许会让他们感到相当困难。

[①] 选译自康德《实用人类学》,标题为译者所加。——译者注

有关婴儿出生之后3个月内既不表现出哭泣也不表现出微笑的看法的根据是,遭受不公正的明确的观念完全是其理性的标志,而这些观念是慢慢发展起来的。在这一段时期,儿童开始用眼睛追踪放到他面前的发光物体,这是将知觉(对感性表象的领悟)扩充为对感官对象的知识即经验的这种进步的原始起点。

此后当他想要说话时,他的牙牙学语使他在母亲和保姆看来是如此可爱以至于令她们总是忍不住要抱他亲他并满足他的任何愿望和要求,甚至不惜将他娇纵为一个小司令官。婴儿在发育成人的这一段时期的这种可爱,虽然一方面应视为他的所有还未得到完善而显示出来的天真纯净,此时还没有隐瞒和欺骗,但是另一方面也必须看作是保姆要让一个完全依赖于他人意志的小家伙快乐的自然倾向,因为在孩童被允许玩耍的这个最幸福的时候,教养者似乎将自己也变成了孩子而再一次享受这样的快乐。

但对孩提时代的回忆却远远达不到那个时期,因为那不是经验的时期而只不过是对象概念还得不到统一的涣漫知觉的时期。

二、个人主义

人自开始用"我"来说话的那天起,只要有可能,他就会把他心爱的自我表现出来,并且永无止境地推行个人主义,即使不是公开的(那会和其他人的个人主义相冲突),也会是隐秘的。他要用表面的自我否定和假谦虚,以便在他人眼里更可靠地为自己创设一种优越的价值。

个人主义包括三种不同状况,即理性的、鉴赏的和现实利益的,也就是说它可以是逻辑的、审美的和实践的。

逻辑的个人主义者认为,自己的判断没有必要同时用别人的知性来检验,似乎这判断根本不需要这样的真理性标准。很显然,我们不能缺少保证我们判断的真理性的手段，也许这是有教养的民族为什么这么迫切地要求出版自由的最重要的原因。因为，要是这一点遭到拒绝，我们马上就被剥夺了一个检验我们自己的判断是否正确的有力工具，那么我们就会犯错误。甚至人们也不认为，至少数学家有源于自身的绝对权利而作出裁决的特权，这是因为，如果数学家和其他所有将才智和勤奋投入该领域的人们在判断时所发现的精确一致不是以前已发生过的话，他们就不能消除偶尔会陷入错误的顾虑。但也会出现这样的情况，即我们甚至对自己感官的判断，比如一声铃响只是存在于我们的耳朵里还是的确是由铃而产生出听觉，也完全不相信，因而觉得有必要问一下他人，看看他们是否也同样感受到了这一点。而且，我们即使在哲学研究中并不能完全像律师引用有法律经验的人的判断，去引用他人的判断，以证明我们自己判断的坚毅性，任何一位找不到附和者的作者也都会与他本来很重要的公开发表的看法一起坠入谬误的嫌疑中去。

正因为这样，公开卖弄违背常识、甚至违背理智的观点就是一种冒失，这种个人主义的现象被称为悖谬。敢于面对可能犯错误的风险并不是有胆量，唯有敢于面对赞成者很少的危险才叫有胆量。偏好悖谬尽管在逻辑上是一种偏执，即不愿附和他人而要表现为一个独特的人，但是这样的人常常并不是一个独特的人，而不过是假装出独特而已。然而，由于每个人都有自己的思想，并且必须坚持这一思想（如果所有的教父都是这样，那我就不是这样——阿伯拉尔），因此只要悖谬的命题不是基于只想表现独特的虚荣时，就不含有贬义。悖谬会遭到拥有常识的日常生活的片面的反驳，但是，假如常识的可靠性不是更少，也是同样的缺乏，常识还会使人变得麻木。悖谬并非没有积极的因素，它唤醒人心灵的注意力和研究的热情,这时常导致发现。

审美的个人主义者是这么一种人,即对他来说他自己的鉴赏力就已经够了,从而不会想到别人可能觉得他的诗、画、音乐等等很糟,并进行指责甚至嘲笑。他把自己和自己的判断孤立起来,这样自我欣赏,只在自身之中寻找艺术美的标准,此时他就扼杀了自己的进步和提高。

最后,道德的个人主义者是这样一种人,即他将所有的目的都局限于自我,他只看到对他有利的东西的好处,可能还像幸福论者那样只把意志的最高确定性基于对自己有利的因素和使自己内心幸福的东西中,而不是基于在义务观念中。因为各不相同的人对自认为是内心幸福的东西都产生出不同的概念,因而个人主义直接走到了这样的地步,即根本不具有任何真正的义务概念的标准,而这种标准必须是一个绝对普遍有效的原则。因此,所有的幸福论者都是实践上的个人主义者。

能够对抗个人主义的唯有多元主义,也就是这么一种思维方式:不是在自身中将自己作为整个世界来研究,而只是作为一个世界公民来观察和对待自己。从此开始的是属于人类学范畴的。从形而上学的观点来看待上面的区别则已经完全超出了在此所要阐述的这一门科学领域,因为如果问题仅仅是我作为能够思考的存在物,除了我的存在以外是否还有理由承认与我处于同一共同体中的整个别的存在物(所谓世界)的存在,那么这就不是人类学而只是形而上学的问题了。

三、关于个人主义者的语言格式

现代的国家首脑对人民使用的语言常常是复数的("我们以神的名义"等等),如此一来好像会出现这样一个问题:此处的含义是否不再表示为个人主义,也即显示自己的绝对权力,也不再如西班牙国王"朕即国家"的名义所作表示的那样一种意思。但是有一点是明显的,即最高首脑的那种语言格式起初是想要表明一种恩赐的态度("我们",是指国王及其议院或者各等级的贵族)。但是在古代的经典语言中互相称呼是用你,通常是作为单数来使用的,而各个不同民族特别是日耳曼民族却用你们(您)而表述为复数,这又是怎么回事呢?在这一方面德国人还发明了对交谈对方的一种更高的颂扬,这就是两种委婉的表达形式,即他和他们(似乎根本就不是称呼,而是在谈论不在场的某个人或几个人)。尔后,对被称呼者的地位级别的概念(比如"仁慈的""尊贵的""高贵的""宽厚的"等等)终于在运用中结束了对对方假装恭维的所有愚蠢,而用来替换人称并将他人抬举到自己之上。在封建制度下都有可能成为和达官贵人相匹配、甚至是不容颠倒的尊敬的等级。这种封建制度关心的是从国王的尊严开始,按照等级将所有人作出划分一直到没有任何人的尊严而仅留下一个赤裸裸的人为止,也即一直到那个被主子用"你"来称呼的农奴地位或者是直到还不可能有独立的自由意志的孩童的地位为止。

四、观念的任意性意识

这种对自我的意识,或是对自我的关注,或是对自我观念的抽象。后者并不只是对前者的忽略或者遗漏(因为那将是心分神散的),而是认识能力的一次确定的行动,是一个意识到自我的观念活动,它脱离了和其他观念在同一意识中所存在的联系。所以人们不说抽取了(分离了)某物,而是说从某物中,即从我的观念客体的规定中抽象出来以便将这一规定保存在概念的普遍性中,从而在知性中接受它。

能够从一个即使是由感官强加于人的观念中抽象出来,这和注意力相比乃是一种强大得多的能力,因为它显示出某种思维能力的自由以及心灵随意处分其观念状态的力量(心灵的任意构想)。在这种观点看来,当涉及感官观念时,抽象能力比起注意力来更需要技巧,但是也更加重要。

很多人的不幸就在于他们不具有抽象能力。一位求婚者唯有在他能够对情人脸上的肿疮或者豁齿视若无睹时,他才能够完就一桩美满姻缘。但是我们的注意力恰恰有个特别不好的习惯,甚至是身不由己地把所有精力都集中于他人的各种缺点。他的眼光集结于正面对着他的掉落了的一颗上衣纽扣、一个豁齿或者是一处习惯性语言毛病,这样就不但让别人感到窘迫,也使自己在社交中容易把事情搞坏。假如基本上是不错的,那么对他人的缺点甚至于对自己的幸运都不予注意,这就是一种既合理又聪明的态度。不过这种抽象能力唯有经过磨炼才能够拥有坚毅气质。

五、自 我 观 察

省察还不是一种自我观察,后者是对出现在我们身上的那些自觉有条不紊地进行一次整理,这些知觉充当着一本自我观察者的日记的素材,它们是很容易造成迷妄和癫狂的。

在与人打交道的时候对自我的关注虽然是有必要,但在交往中却必须不表露出来,因为那样的话就会出现某种尴尬,或者是装腔作势;与此相反的是洒脱大方,即对于自己在言行举止的得体上不会遭到他人指责的某种自信。而那种作模造样,犹如只要有可能就要对着镜子来评价自己的人,或者是说话时就像他在听自己说(而不只是其他人在听他说)那样的人,他们是属于演员类型的。他想要耍派头,装出一副是特殊人物的模样。当人们意识到他的这份"苦心"时,他在别人眼中的评价就遭到损害,因为他们产生了受到有意欺骗的怀疑。在表现自己时不引起这种怀疑的坦率风度,人们称之为自然的态度(但并不因此而排斥所有美的艺术与旨趣的教养),并且这种态度因其显现出来的单纯诚挚而令人喜爱。但同时,因为简单,也即因为缺少某种已经成了定规的修饰术而在谈话中表现出坦白的时候,这种坦白却被称为幼稚。

一位以公开的表示方式和一个未婚男子接近的少女,或者一个对合乎礼仪的举止一概不懂的乡下人,他们的天真和简单(表现出不懂这种艺术)在那些已经熟稔和机智地掌握了这种艺术的人那里引起快活的笑声。这不是带有轻视的嘲笑,因为即使如此人们还是从内心尊重纯洁和正直的;却是流露出善意而亲切的微笑,是在笑人们不懂得这种艺术,尽管它是基于我们腐败了的人类本性。当人们将这种艺术和某种还没有腐败的人性的理念作比较时就更应该为之叹惜而不是微笑了①。但这是一种暂时的快活,就像是布满阴云的天空突然间裂开一处,阳光从那里透了出来,但立即又重新合起来了,以便保护令人讨厌的鼹鼠那自私自利的眼睛。

这里的本意绝不是要用上述这种告诫来对某种内含的不由自主的思想感情的过程加以探索,好像在学术上对其进行把握。之所以在此提出这种告诫,是因为那条路是直接让人陷入被误认为是更高级灵感的头脑发昏中去的,而且如果没有我们那些不知是怎样影响我们的力量的协助,那它还会让人陷进神秘主义或者恐怖主义中去。由于我们是在不知不觉中误认为找不到了本该由我们自己带入心中的东西,就像布里隆的谄谀观念,或者巴斯卡的恐

---

① 从这种观点看,可以这样来借用柏修斯的著名诗句:Naturam videant ingemiscantque relicta.[译者按:拉丁文,意为"见自然而伤心,因它已遭抛弃。"柏修斯(Persius, Flaccus Aulus, 公元34—62年),古罗马诗人。]——原注

惧与胆怯观念那样,甚至连很有头脑的阿布列希特·哈勒也陷入了这个圈套。在哈勒长期记录但也时常中断的心灵沉思录中最终走到了这一步,他责问一位著名神学家,他以前的神学院的同事列斯博士:难道在他渊博的神学知识中就找不到对他那战栗的灵魂的安抚吗?

当我焕发想象力的时候,我在心中对各种各样的想象力进行观察虽然对于反省是有价值的,同样对逻辑和形而上学也是必要的和有用的,但是当想象力是不引自来地进入心灵时(这是因想象力潜意识的创造活动而引起的),也要暗中探察自己,这就扭曲了认识能力中自然秩序。或者这已经是精神病(阴郁成疾),或者就是引发精神病与通往疯人院,因为此时思考的原则不是(像它应该的那样)走在前面而是跟随其后。要是有人能讲出很多有关内部经验(仁慈心、诱惑)的东西,那最好还是让他在这种研究自己的探险过程中先到安提库拉①去一趟,因为内部经验并不像那种关于空间的对象的外部经验那样,其中的各个对象显得是互相并列的和固定存在的。内部感官只是在时间中,以及在不具备观察的持久性的流通中才可看出其各规定之间的关系,但那种持久性对经验来说却是必不可少的。

(璐甫　刘根华　译)

---

① 安提库拉(Anticura)为古希腊城镇,该地出产一种治精神病的毒药。康德在此是指要让他首先治好自己的精神病。——译者注

五种感官论

认识能力中的感性(直观中的表象能力)包括两个部分,即感官和想象力。前者是对在眼前的对象的直观能力,后者是对不在眼前的对象的直观能力。但各个感官又再分成外部感官和内部感官。于前者人的身体是被有形物所激活;而在后者则为心灵所激活。因此,后者作为(感性直观的)纯粹的知觉能力是被视为快乐或者不快乐的感情的,即不同于通过某些观念来决定对这样的观念的状态是接受还是拒绝的那种主体的感受性的,我们可以把这种知觉能力称为内感官。人们因它本身而意识到的一个感官的表象就称作特殊的感觉,要是这同时又引起了对主体状态的注意的话。

我们首先可以将肉体感受的感觉分为生命感和官感(特感),又因它们只在有神经的地方才能遇见,因此可划分为刺激整个神经系统的感觉和仅刺激身体某一部分神经的感觉。对冷和暖的感觉,甚至是心灵激起的感觉(比如通过很快相互交替着的希望或者恐惧产生),都属于生命感。甚至在崇高观念上侵扰着人类的那种战栗感,以及晚上为把孩子赶上床,讲鬼故事使孩子毛骨悚然,也是这一种类型。只要躯体中存在着生命,它们就会渗透进去。

但只要感官和外部感觉有关联,它就不能恰当地列举出多于或者少于五种类型。然而,其中有三种是客观性多于主观性的,也即它们作为感性直观对于外部对象的认识,要比生动地意识到的受刺激的感官具有更多的贡献。其中也有两种是主观性多于客观性,即它们所产生的观念和对外部对象的认识比较起来更属于享受的观念。因此,人们很容易和前三种感觉取得一致的意见;而后两种则在客体的同一种外部感性直观和命名上,主体从中感受到的激动却可以完全不同的种类。

第一类感官是:1. 触觉,2. 视觉,3. 听觉。第二类是:1. 味觉,2. 嗅觉。所有这些感觉的纯粹感官就好像是大自然为动物辨别对象而准备的如此多的外部切入口。

(1)触觉

触觉器官位于手指尖及其神经突之间可以通过触摸一个物体的表面而得知其形状的。大自然好像只将这种器官赋予了人类,使他能通过对各表面的触摸形成一个物体形状的概念。昆虫的触角似乎只需要得知物体的存在,而不是为了对形状的了解。这种感官也是唯一与外部知觉直接有关的,因此它也就成了最重要的器官,而且其教导也是最可靠的。但是这也是最粗糙的感官,即内质必须是坚硬的,我们必须依据形状的表面通过接触来了解它(至于能摸出物体表面是否柔软的生命感则与此无关,而能够摸出其冷暖的那种生命感就更不是此处所要讨论的了)。没有这种感官,那么我们对物体的形状就无法形成任何概念,因此为了得到经验的知识,第一类的另外两种感官就必须追根溯源地和这种物体形状的知觉联系起来才可以。

(2)听觉

听觉器官只是一种间接知觉的器官。——通过我们周围的空气并借助空气在一大范围内分辨出远处的物体,而且正是通过这种由发声器官即嘴所振动的媒介人们才能够最容易也最完善地和他人建立起思想和感觉的共同性,特别是当每个人让其他人听到的声音是清晰的,并且由知性根据它们的规则连接起来从而生成一种语言的时候。客体的形状并不能由听觉来提供,语言也不直接产生客体的观念。然而,正是由于语言自身没有意义并且至少不是指客观的东西,而最多仅仅是表示内心的感情,因此语音就成了表达概念的最合适的手段。同理可知,天生的聋人也必然只能是哑人(没有语言),他们永远也无法达到比理性的类似物更多一点的境地。

对于生命感来说,音乐作为听觉的一种合乎规律的活动,它不仅仅激活它难以形容的生动多样性,而且还得到了加强。因此音乐似乎是一种纯感觉的(没有任何概念的)语言。声音在这里就是音调,它对于听觉就如色彩对于视觉的那种东西;它在一个空间中向周围四处所有的在场者传递感情,这是一种社会性的享受,而且这种享受不因参加人数的众多而有所减少。

(3) 视觉

视觉甚至也是一种间接的感官感觉,它凭借某种只为特定的感官(眼睛)能感知到的运动物质即光。光不像声音那样只不过是一种流动元素在空间向周围各个方向扩散开去的波动,它是让客体在空间的某一点得以确定的一种辐射。我们借助光在这样一个无法估测的范围内首先是在自身发光的天体上了解到世界的结构。当我们拿它们的距离和我们地球上的尺寸大小作比较时,我们就为这些数字排列感到疲惫,同时,与客体(世界结构)的庞大相比几乎更有理由让人吃惊的是,这种感官在从知觉到极微弱的印象方面那敏锐的感受性,尤其是当我们使微小的世界经由显微镜显示在眼前,比如从原生动物身上去把握它的时候便是如此。视觉即使并不比听觉更为不可或缺,那它也应是一种最高贵的感觉,因为它在所有感觉中离知觉的最具局限性的状态,即触觉是最远的,而且不但在空间上包括了知觉的最大范围,而且也是最少感受到器官的激活的(要不然它就不是纯粹的视觉了),所以它近乎于一种纯粹直观(无明显的混杂感觉而对特定对象的直接表象)。

这三种外感官通过反思来引导主体生成客体即外在于我们的某事物的知识。但是如果感觉增强到让对感觉活动的意识超越了对某一外在对象的关系的意识,那么外部表象就会转化为内部表象。通过可触摸的物体来察觉到它的光滑或者粗糙,和经此了解外在物体的形比起来是完全不相同的。就好像人们所说的,当别人说话的声音太大以至于让人的耳朵生痛,或者当一个人从黑暗的房间里走到明亮的阳光中眯眨着眼睛,后者就会在一段时间里因为强烈且突然的照射而变瞎,前者则由于刺裂的声音而变聋,也就是说,由于强烈的感官感觉,两者都得不到客体的概念,他们的注意力只不过是局限在主观表象即器官的变化上。

(4)味觉和嗅觉

味觉和嗅觉的感官都是主观性多于客观性。前者是凭借着外部客体与舌头、咽喉和双腭器官的接触,后者是借助于吸入混有空气的异常气味,而散发这种气味的物体则可以离感官很远。这两种感官互相间有很近的亲缘关系,嗅觉不灵的人其味觉也总是非常迟钝。这两种感觉可以说都是由盐类(固态的和可挥发的)而刺激起来的,一些盐必须挥散在空气中并且它们都必须渗入到感官才能够给感官带来独特的感觉。

(5)关于外感官的一般说明

我们可以将外感官的感觉分成物理作用的感觉和化学作用的感觉。上述前三种感官属于物理作用,最后的两种感官则属于化学作用。前者是知觉的(表面的)感官,后者是享受的(受到最内在的吸收的)感官。所以就会出现恶心,这种刺激经过最短的食道路径清除掉所吃的东西(呕吐),而作为一种如此强烈的生命感会归附于人,这是因为那种内在的吸收会有生命危险。

但是,在思想的传递中还有一种精神的享受,当它被强加在我们身上但作为精神食粮对我们又没有什么好处时,心灵就会对它感到讨厌(比如总是重复同一个原先也许是机灵的或者是令人发笑的念头,也会因它毫无变化而于我们无益)。因此,尽管属于内感官,但摆脱这种精神食粮的自然本能经过类比则同样被称为恶心。

嗅觉似乎是一种远距离的味觉,而其他无论是否愿意被迫共同享受,因此,它由于违背自由而与味觉相比其社交性更少。对于味觉,客人可以在许多菜肴或者饮料中依据他的口味选择一种,而不去强迫他人一起来享受。污秽之所以显得令人恶心,与其说是因为眼睛和舌头起了反感,似乎还不如说是预计它可能有恶臭,因为经由嗅觉吸入(到肺里)与经过嘴或者咽喉的吸收相比其途径更为内在。

也许感官对于自身所产生的相同作用的程度越是感到强烈的刺激,那它所说明的东西就越少;反之,如果感官要说明很多东西,它就必须激活得适度。在极强的光线中什么也看不见(分辨不出),而一个声嘶力竭的宏大的声音则震耳欲聋(抑制思维)。

在印象中,对于生命感越有感受性(越细腻感受就越多),那么一个人就越不幸;相反,对于官感越有感受性(越敏感)因而对于生命感越是饱受磨炼的人,他也就越幸福——我在此说更幸福,而不肯定地说在道德上更好——因为他更多地控制了他对健康的感受。可以将因亢进而产生的感受能力称为细致的敏感性,将因主体的软弱而产生的感受能力称作柔弱的感受性,该主体没有足够的能力抵御感性作用对意识的入侵,从而不由自主地将其注意力投入上去。

那么哪一种感官是最得不偿失并且还看起来最为多余呢？是嗅觉。为了享受而对它进行培养并使其精细是不值得的,因为与能让它得到惬心的客体比较起来,还有更多的令人恶心的客体(特别是在人多的情况下),而且在其可能让人快乐的时候,因这种感官而来的享受也总是暂时的和一闪即逝的。但是作为健康的消极条件,为了避免吸入有害气体(炉烟,烂泥坑和腐尸的臭气)以至于将腐坏了的东西当成食物,因此这样的感官并不是不重要。具有相同重要性的是另外一种享受的感官即味觉器官,但是它具备特有的优越性,即味觉在享受中推动着社交,这是前一种感官所不能做到的。另外,味觉还在食物进入肠道的入口前就已经事先判断出这些食物的营养价值,因为只要荒淫和奢侈没有对感官加以歪曲,那么营养和它的相当准确的预告即味觉享受的惬心性,那倒确实是有关联的。在这一方面病人胃口的减弱对他们来说通常也像是一味良药。食物的气味好似事先品尝到的滋味,饥饿的人被所喜欢的食物吸引着去享用,而饱食的人则因此而拒绝享受。

有没有感官的某种替代,也就是说用一种感官去代替另一种感官的事呢？对于聋子则只要他起初是能够听见的,那就可以通过表情动作,也即通过他的眼睛而引导出往常的语言。另外就是对人的嘴唇动作进行观察,甚至在黑暗中通过对活动的嘴唇的触摸也能够产生同样的效果。但是如果他天生就是聋的,那么视觉器官就必须将发音器官的运动通过他自己对发声肌肉的活动的感觉来转化成别人教他时所产生的声音。尽管他永远也不能因此而获得真正的概念,因为他在这里所需求的符号的功能不具备普遍性。对乐感的欠缺是一种很难解释的畸形,虽然纯生理上的听觉并没受到损害,但它能听到声音,只不过听不出音调,因此这种人尽管会说话,但却不能唱歌。同理,有些视力很好的人却区分不出颜色,所有的对象都好像是铜版画中的那样呈现在他们面前。

在听觉和视觉的感官中,哪一种缺点或者损失要更加严重呢?如果是先天性的,那就是前一种,因为它在所有感官中得到的补偿是最少的,但是只要听觉的损失是在眼睛的运用之后,而不论这是运用在对表情动作的观察方面还是更为间接地通过阅读文字已经培养起来的运用,那么这损失也许还能够将就着通过视觉来加以弥补,特别是对于有钱人来说。但一个在老年成了聋人的人却为这种交往手段的缺失而极度痛苦,而且,就像人们所见到的许多盲人是话多的、好交际的、在饭桌边兴致极高的那样,人们也会很难找到一位丧失了听觉的人在社交场合不是怏然不悦的、猜忌的和不满的。他从一起吃饭的人的表情上看到各种不同的情绪表现,或者至少是有趣的东西的表现,并且徒劳地绞尽脑汁要猜出其含义,因而就注定了他即使处于社交的中心也是孤独的。

还有一种针对某类特殊外部感官的特定对象的感受性也是属于后两种感觉的(主观性多于客观性)。它们是纯主观的,而且是以某种刺激对嗅觉和味觉器官产生作用。但这种刺激既不是气味也不是滋味,而是作为某些通过特别的释放方式来刺激感官的固体盐类的作用而感觉到的。因此这个对象其实根本就没有被享受,没有最内在地被吸收到感官中去,而不过是想搅扰一下器官就立即要从器官上清除掉。但也正因为这样,对这种对象的需要也就整天(除了吃饭睡觉)得不到满足了。这种对象的材料最普通的就是烟草,它可以用鼻子去嗅,或者放在嘴里刺激口腔分泌唾液,也可以用烟斗来吸,还可以像利马的西班牙女人那样吸点燃的雪茄。而马来亚人则通过服用包在槟榔树叶中的槟榔来替代烟草，同样能起到这样的作用。这种怪癖（异食癖），避开其医学上可能在那两种器官的分泌中起作用的益处或者害处不谈，那纯粹是对一般感官感觉的刺激就好像是反复促使注意力在思维状态上静思回味，否则，思维就会陷入昏昏欲睡的状态，或者由于毫无变化和枯燥乏味而觉得无聊；相反，那种吸食药物则总不断地一次次将注意力唤醒。人的这种自我消遣的方式替代着某种社交的作用，因为它不通过交谈而通过总是被重新激发起来的感觉和一闪即逝的、但又时刻更新的刺激来填充时间的空闲。

（璐甫　刘根华　译）

内感官

内感官不是纯粹的自我意识,即对人所做的事情的意识,因为这是属于思维能力。内感官是人被自身的思维活动所激发时对他遭遇到的事情的意识。它的基础是内在直观,因而是各种观念在时间上(无论是同时还是前后相继)的关系。对于这基础的知觉以及经由这些知觉的联接而组合起来的(真实的或者虚假的)内部经验不但是人类学的,人们在这里不顾及人是否有一个(作为特殊的无形的实体的)灵魂的问题,而且还是心理学的,人们在此相信自己觉察到这样一个灵魂,而那被想象成单纯的感觉与思考能力的心灵被视为依存于人身上的特殊实体。所以,内感官只有一个且不是人们用来在内心感受到自我的那些各种不同的感官;可以这样说,灵魂就是这种内感官的器官,因而它就被说成是屈服于幻觉的。这种幻觉就是指人们要么将内部感官的现象视为一些外在现象,也即把想象当成感觉,要么就完全将其视为通过其他的存在物但却不是外部感官对象的存在物引发的灵感。似乎这是因为此处所讲的幻象,无论是迷狂还是显灵术,两者均为对内部感官的欺骗。这在两种情形中,将内感官各种表象中仅仅是虚构的活动看成经验知识,甚至或许因为人们将某种矫揉造作的内心情调当成是有益的且高于感官表象的庸俗性之上,因此经常用这种内心情调来进行自我安慰并通过由此形成的直观（做白日梦）来欺骗自己，所有这些倾向都属于心灵的病态，因为人们将他自己事先带入心灵中的东西直接当成了某种一直存在于心灵中的东西，并且相信他强加于自身的东西只不过是从他的灵魂深处揭示出来的。

这就是布尼隆式的狂热且迷人的内部感觉或者是巴斯卡式的狂热而吓人的内部感觉的情形。这种心灵的病态不能正当地用理性的观念来清除（因为理性观念面对假想的直观它能做些什么呢）？这种自身被颠倒的倾向加上因此而产生的内部感官的幻觉，唯有通过让人返回至外部世界从而返回到显露于外部感官的那些事物的秩序，它才能够受到妥善地对待。

一、官感程度增减的原因

官感程度是随着以下四个方面的增加而增加的，即对比度、新鲜度、变换度和增强度。

（1）对比

衬托（对比）是将互不相容的感官表象在同一个概念下进行引人注目的对调。它和矛盾不同的是，后者是存在于互相冲突的概念连结之中。沙漠之中一块精耕细作的土地不过是因对比而提升了它的表象，例如叙利亚大马士革地区的所谓乐土区域。一座宫殿，或者只是一座大城市的喧闹与繁荣置于乡下人的宁静、朴素但却满足的生活旁边，以及一座茅草顶的房子配上内部装饰考究的舒适房间，这都是让观念活跃并令人驻足的，因为感官因此而加强了；相反，贫困而傲气逼人，一位珠光宝气的盛装女士却内衣脏污，或者像以前的某个波兰贵族那样宴饮时奢侈无度，侍从成群，却穿一双树皮鞋，这些都不是对比而是矛盾。因此，一个感官表象就消除或者减弱着另一个，因为想要将互相对立的东西统一于同一个概念是不可能的。但是人们也可以作滑稽的对比,让明摆着的矛盾带着真理的口吻,或者让公开的蔑视通过赞颂的语言表达出来,以便让荒谬可笑的东西更加显眼,就像菲尔丁在他的《伟大人物江奈生·威尔德传》中所描述的那样;或者如同勃卢冒尔运用讽刺的手法模仿维吉尔[按:指奥地利诗人勃卢冒尔(1755—1798)故意篡改维吉尔的长诗《伊里阿德》],再如将忧郁的小说如《克莱丽莎》改编成欢快怡人的风格,这就使感官从虚假有害的概念所添加进来的矛盾冲突中解脱出来,从而加强了感官。

(2) 新鲜

新颖,甚至于那种形式怪异和内容诡秘的新颖都能使注意力变得活跃,因为这是一种收获并且感性的表象因此而得到了加强,而日常的与普通的事情则淡化了这种表象。但是我们不应该这样去理解:发现、接触到或者公开展出一处古迹,因此而回忆起某一件事情,这件事情根据其自然进程估算原本早就应该被时间的力量湮灭了。收藏一块古罗马剧场废墟(在维罗纳或者尼姆)的石头,拥有一件不知多少个世纪后从熔岩下挖掘出来的古代赫库兰尼姆出土的古罗马人的餐具,或者能够展示一枚马其顿王国时代的钱币,一块古雕刻家的宝石,凡此种种都会引起内行人感官上最强的关注。只不过是因为一种知识的新鲜、怪异和诡秘就去追求它,这种倾向称为猎奇。这种意向尽管只是拿观念来做游戏,除此之外对观念的客体并不感兴趣,但只要这种意向不试图去探究那些原本仅让其他的人感兴趣的东西,那它也就无可厚非。至于纯粹的感官印象,每天早上仅仅因为感觉的新鲜就足以使所有的感官表象(只要这些感官原本没有毛病)比它们通常在傍晚时要更为清晰和生动。

(3) 变换

单调(各种感觉都完全一样)最终令感觉松弛(对周围环境注

意力的疲倦），而感官则遭到削弱，但变化却使感官更新。比如一篇用同一副腔调朗诵的布道词，不管它是大喊大叫还是细声细语，用一成不变的声调来朗诵都会让全教区的人打瞌睡的。工作加上休息，都市生活加上乡村生活，交往中谈话加上游戏，在自我消遣时读一会儿历史又读一会儿诗歌，搞搞哲学又弄弄数学，这都是让心灵得到加强。这是同一生命力在激发着各种感觉的意识，但不同的感觉器官在彼此的活动中都互相交替。同理，利用走路来打发一段较长的时间，(腿部的）一块肌肉在和另一块肌肉交替时由于得到了休息，因此与僵立于同一地点且不得不在一段时间里不放松地用一块肌肉去支撑比起来要更加轻松一些。所以旅行是很具诱惑力的，而对于慵懒的人而言，作为单调的蛰居生活的后果便留下了空虚（疲倦），这只会对人有害。

人的本性尽管是早就已经规定了的，要暗中将痛苦混进惬心的感觉和那些维护感官的感觉之中以便增进生命力，但是为了变化而故意混入痛苦从而让自己难受、让自己被唤醒以便再一次感受到舒心的睡意，或者像菲尔丁的小说（《弃儿》）的一个出版商那样在作者死以后又在书的后面增加一部分，为了追求变化而再次将嫉妒放入婚姻里（小说原先以婚姻作为结束）［按：英国小说家亨利·菲尔丁死后，又有人出了续篇《弃儿汤姆·琼斯婚后的故事》］，却是无聊的。某种状况的恶化并不增强感官对此所感受到的兴趣，即使是在悲剧中也如此，因为结局并不是变化的。

（4）直到饱和的增强

连续的一系列按照程度的不同一个紧跟一个的感官表象，如果后面的表象总是比前面的要更加强烈，那么这个系列就会有一个召唤着它去接近、但一旦超越就又重新弛缓下来的紧张的极点。但是在划分两种状态的这一点上存在有感觉的饱和（最大值），其结果是没有感受性,因而是呆板性。

如果要保持感觉能力的活跃,那么就不能以那些强烈的感觉作为开始(因为它使我们对连到来的感觉都没有感受性),最好是一开始就拒绝它,只给自己微弱的感觉以便可以越来越有所增强。布道者在引语中以冷静地启发知性作为开端,点明要铭记在心的义务概念,接着把一种道德的兴趣带入到对经文的分析,最后利用促动人类灵魂的所有的内在动机,进而以能增强那种道德兴趣的各种感觉作为结语。

年轻人!你们要摒弃满足(娱乐、饮宴、爱情等等的满足),即使不是出于禁欲主义的目的,要完全摒弃它而是为了高尚的享乐主义要在将来不断得到拓展的享受。对你们生活情调的财富的节省实际会由于推迟了享受而让你们更加富有,即使你们在生命的尽头往往要放弃使用这些财富。这种把享受控制在手中的意识就像所有理想的东西一样,要比所有通过很快地耗竭自身从而放弃整体来满足感官的东西更为有益、更为广泛。

二、感官机能的受阻、削弱和丧失

感官机能有可能会被削弱、阻碍或者被完全剥夺,因此就有醉酒、睡眠、昏迷、假死(窒息)和真正的死亡等状态。

没有能力根据经验法则来整理感官表象的这样一种反常状态,如果是饮酒过量的结果,那就是醉酒。

睡眠这个词的解释,就是一个健康人处于这样一种无为状态,即他意识不到外部感官的表象,如何给它下定义是生理学家们做的事情。如果他们做得到的话他们会愿意解释这么一种松弛的、同时却又集结力量更新外部感官的状态(人看上去似乎因此而在世界上获得了新生,但却在不经意间毫不可惜地度过了我们三分之一的生命)。

感觉器官的昏迷这样一种反常状态引起的结果是对于自身的注意要比正常状态下更加微弱。这和醉酒相类似,因此在熟睡中突然被唤醒的人就称为睡意正浓,他还没有恢复完整的意识。但即使在清醒时,为了要考虑怎样应付某意料之外的情况而突临的窘迫,妨碍了他对反思能力习惯性的运用,这也能够在感官表象的活动中产生一种停顿。人们这时就会说:他无法自控,异常冲动(因为高兴或者惊吓),惊慌失措,瞠目结舌,吓傻了,迷失了方向(Tramontano)①,如此等等。而这种情况可以视为一种一下子突然来临的睡眠,它需要让感官有一个集结。在强烈的、突临的激情中(在惊恐、愤怒甚至是高兴的情绪中),如人们所说的冲动的时候(在心迷神醉时如果人自认为是处于一种非感官的直观状态中的话),人就不能控制住自己,而且其外部感官的运用在一段时间里就好像是瘫痪了。

常常紧接着一阵眩晕(比如在快速转圈时各种各样的感觉超出了人的把握能力而交相变更)而来的失去知觉是一种死亡的假象。所有的感觉都遇到了阻碍就是窒息或者假死,就人们表面上所能感知到的来说,它仅仅是通过其后果来和真正的死亡(比如像溺死者、吊死者和被烟呛死者那样)区分开来。

没有人能够在自己身上体验到死亡(因为生命是产生经验的要素),而只能从别人身上去体会。死是不是痛苦并不能从人临终时的喘息或者抽搐中判断出来,不消说那更像是生命力的一种纯粹机械性的反应,它也许是从所有痛苦中慢慢解救出来的一种停

---

① Tramontano 或 Tramontana 即北极星,而 perdere la tramontana,失去了北极星(导航之星)就是失去了控制,不知身在何处。——译者注

止的感觉。对所有人，甚至是对那些最不幸或者最聪明的人也是出于本能的那种对死的恐惧，也即并不是对死亡的恐惧而是像蒙台涅所正确指出的那样，是对死去（即死了）的思想的恐惧。死的候选人之所以误认为死后还有思想，是因为他将那具已不再是他自己的尸体想象为在黑暗的坟墓中或者其他任何地方的他自己。在这里这种幻觉是无法摆脱的，因扎根于和自己交谈或者谈到自己的那种思维的本性中。我不存在的思想是完全不能实际存在的，因为如果我不存在，那我也就意识不到我不存在。我尽管可以说：我不健康，可以否定地思考像这样的有关我自身的谓语（就像对所有的动词那样），但是用第一人称宣布否定主体自身，因而同时也就将这个主体本身除掉了，这是互相矛盾的。

（璐甫　刘根华　译）

想象力

想象力是一种即使客体不在场人也具有的直观能力,它要么是创造的,也即本原地表现客体的能力,因此这种表现是产生于经验之前的;要么就是复制的,也即派生地表现客体的能力,这种表现是将一个原先就已存在的感性直观带回到心灵中来。纯粹的时空直观属于第一种表现;所有的其他直观都是以感性直观为条件,当感性直观和客体的概念相连结而成为感性知识时,它就称为经验。当想象力不由自主地也产生了想象时就是幻想,习惯于将幻想视为(内部或外部的)经验的人就是一个幻想家。在睡眠(一种健康状态)中有想象力的非自觉的话就叫做梦幻。

换言之,想象力要么是设想性的(创造的),要么只是召回性的(复制的)。但创制的想象力却不能仅仅如此就可以创造性地、能动地生成一个从未施予过我们的官能的感官观念;反之,人们总是可以指认出这种想象力所使用的原料。至于在七色中从没看见过红色的人,其他人永远也不能让他了解红色的感觉,先天性眼瞎的人则根本不能了解任何颜色的感觉。甚至由两种颜色混合而产生的中间色也不能了解,比如说绿色。黄和蓝混合而产生绿色,但是如果不在混合中看到绿色,那么想象力对甚至是最小的观念也产生不了。

对于这五种感官中的任何一种而言情况也是如此。也就是说,源于五官的感觉不能够通过想象力从其组合中产生,而必须通过感官机能本原地导引出来。会有这么一些人,他们在视觉机能中除了黑白以外没有储存更多的光的观念,即使他们的视力也许很好,眼前的世界对他们来说也好像只是一幅铜版画。也有比人们可能相信的更多的人,他们具有良好的甚或是极其精敏的、但绝不是音乐性的听觉,他们的感官在音调方面不仅仅是没有模仿能力(唱歌),甚至连只将音调和单纯的声音区分开来的感受力也完全不具备。至于味觉和嗅觉的观念也同样有可能出现这样的情况,即对于这些享受材料的某些特殊感觉缺少感官,并且认为一种感官在这里可以为另一种感官所理解,尽管一种感官的感觉不但在程度上而且在性质上也可能是和另一种感官的感觉截然不相干的。有些根本就没有嗅觉的人,他们把从鼻子吸入纯粹空气的感觉当成了嗅觉,别人想让他们明白这种感觉而进行的所有描绘都不能使他们变敏锐些。但是在没有嗅觉的时候味觉也就极为缺乏,学习和教授这种他所没有的味觉是徒劳的。不过饥饿和饥饿的满足(饱)与味觉比起来则完全是另一回事。

所以,即使想象力是位很伟大的艺术家,甚至是一个魔术师,它也创造不出什么,而仍须从感官那里获取自己形象的素材。但这些感官依据其直接产生的印象却不像知性概念那样可以普遍传递。人们有时也把想象力的各种观念在传递中的感受性称作一种感官(尽管只是非严格意义上的),并且说:在这一方面这个人没有感官,虽然也许这并非感官上的无能,而不过是部分地把握被传达的各种观念并把它统一于思维的这种知性的无能。这个人对自己所讲的话不进行任何思考,因而别人也就不理解他,他说的是瞎话。这种缺陷和意思空洞不相同,后者是指将思想组合成让他人不知道能够从中得出什么结论。感官一词（仅用单数）很频繁地被用作思想（Gedanken），尽管它作为思维的思想完全应该表示一个更高级的阶段。这都是因为想象力将感性材料放在知性之下以便给知性的各种概念以内容（从而形成知识），而该想象力凭借着将其各种（虚构的）直观和现实的知觉进行类比而表现出具备了那样一种真实性。

要激发或者平息想象力①，有一种服用麻醉品的物质手段，有些麻醉品是削弱生命力的毒品（某些真菌类植物，如"菠什"，某些野生老鼠筋属植物，如秘鲁人吃的菊苣，还有南太平洋印第安人吃的"阿瓦"，即鸦片）；另外一些是加强生命力的，至少是提高生命感的（比如发酵的饮料、葡萄酒和啤酒，或者其中对生命力有刺激性的成分，即酒精），但全部是反自然的和人为的。那些过量服用因而在一段时间内没有能力按照经验法则来整理感性表象的人就称为醉酒或者麻醉，而自愿或者故意让自己处在这种状态的则是自我麻醉。据说所有的这些手段都是为了让人忘掉那似乎是本原地植入一般生命之中的烦恼。这种十分流行的爱好及其对知性运用的影响是最为值得在实用人类学中进行考察的。

所有那种不增进社会交往和思想交流的迷醉，即沉默的迷

---

① 在这里我省去了那种并不是有意的手段，而是人被置于其中的那种环境的自然结果的东西，在这种环境下，只需人的想象力就让他失去镇定。从悬崖边（或即使只从没有扶手的窄桥上）往下看时产生的眩晕，以及晕船，都属于这一类。一块木板如果放在地上，感觉脆弱的人踩在上面不会有害怕，但要是将小桥架在深渊上，那么只要有关失足的可能性的念头就足以让他在试探中陷入实际危险。而晕船（这种经历我本人是在从彼劳到哥尼斯堡的一次航行中才有的，如果这次航行可说得上是航海的话），及其产生的突然恶心的感觉，就像我认为已注意到的那样只是因我的眼睛引起的，此时从舱内往外看船的摇晃，我眼中一会儿是海湾又一会儿是浪尖，这种不断上抛和下沉凭着想象力通过腹部肌肉诱发出内脏的一个反刍运动。——原注

醉，自身都具有某种害处，比如迷醉于鸦片和白酒。在葡萄酒和啤酒当中，前者不过是刺激性的；而后者则更多的是营养性的，而且像饭菜那样可以充饥，这两者都具有促进社交的陶醉作用。但两者也有区别，啤酒宴更多的是梦幻般的沉默寡言，而且也往往是粗俗的，而葡萄酒宴则是兴致盎然、喧闹和笑话多多。

不过，在酒宴上无节制地喝得迷迷糊糊，因这种无节制而东倒西歪，至少是走路不稳或一路唠叨地走出来，这不仅在和他一起聚会的朋友眼里而且从自尊方面来看也是男人的一种不良习气。但对这种失态也有许多温和的评价，认为自我控制的界线是很容易被忽视和跨越的，因为主人总是想用这一好客的行为令客人非常满足地走出来（像座上客一样饱餐）。

醉酒所产生的随心所欲，甚或会随之而来的不审慎，会带给人一种虚假的生命力增强的感觉。此时醉酒的人不感到生命力的阻碍，而这种阻碍的抑制力是和人的本性紧密相联的（甚至健康也要依赖它）。由于他身上的自然本性实际上竭力通过他各种能力的逐步增强来把他的生命力慢慢重新产生出来，因此他在其柔弱状态中还感到很快乐。妇女、教士和犹太人通常不喝酒，最起码是小心避免醉酒所带来的所有性状，因为他们在公民性上是软弱的，而且还不得不有所抑制（这要求绝对清醒）。这也是因为他们的外在价值只是建立在他人对他们的纯洁、虔诚和分离主义原则性的信任上。至于犹太人……不但只遵从某个公共国家的法律，而且还遵从某种（来自宗教的）特殊法律，因为所有这些分离主义者都首先受到公众的关注，成为批评的对象。他们在这种关注下也就不能不自我检点，因为让人失去审慎的醉酒对他们来说是一种丑闻。

卡图的斯多葛学派的崇拜者说到"他的德行因葡萄酒而增强了"，而此后的人则这样来说以前的日耳曼人，"他们喝着酒来发表他们的意见(决定一场战争)以免丧失果断,但他们不喝着酒来思考,以免失去理智"。

喝酒放活舌头(酒里出辩才)——但它也打开心扉,而且是一种道德性质即真诚的物质载体。对于高尚的心灵而言,克制和克制的思想是一种压抑人的状态,而且一个兴致盎然地喝着酒的人也难以忍受别人在酒宴上的过于拘束,因为他觉得有一个观察者在专心注意别人的缺点,却保持自身的矜持。休谟也说:"心事重重的同伴是讨厌的,今天的愚蠢应该忘掉,以便为明天的愚蠢留块地方。"允许男人由于社交的兴致暂且稍微跨出清醒的界线之外,这是亲切感的条件。半个世纪以前就盛行着一种策略,那些北欧的宫廷派遣很能喝酒的使节,自己喝不醉却将其他人灌醉,以便套别人的话或者说服别人,过去这是很狡诈的。那个时代的这种粗鄙的风俗现在却已经不存在了,在如今的文明世界,也许对这种卑劣行为写封警告信也是多余的了。

在喝酒的时候是否真的能够研究喝醉者的气质或者性格?我不相信在醉酒者的血管里流淌的液体中有一种新的液体混合进来,这是对神经的别样的刺激,它不是更加清晰地揭示出一种自然而成的气质而是带入了某种其他的气质。所以,那些喝醉了酒的人,有的会陷入迷恋,有的会对他人自我吹嘘,有的会吵吵嚷嚷,有的(特别是喝啤酒时)表现得心地仁慈、态度虔诚,有的甚至会沉坐发呆。但所有这些人在他们酒醒时,或者当别人提到他们昨日的醉话时,都会为自己这种奇怪的情趣或者感官上的变态发笑。

想象力的原创性(而不是模仿的产物)当它和概念协调时就称作天才;当它和概念不协调时就称作迷妄。值得注意的是,对于一个理性的存在,除了人的形象以外,我们无法想象出其他合适的形象。每一种别的形象最多也许可以想象为人的某一特性的象征——如把蛇想象为阴险狡猾的形象——但却不会想象成理性的存在本身。因此,我们就在自己的想象中将纯粹的人的形象移植到所有其他物体上,尽管这些人的形象可能因为他们所居住的、养育着他们的那块土地的不同,或者构成他们的各种要素的不同,会被塑造成完全不同的模样。所有我们想要赋予它们的其他形象都是丑陋的①。

如果某种感官(如视觉)的缺陷是天生的,那么残废者还有可能培养另外一种感官来作为它的弥补,并如此大量地训练创造的想象力:他试图用触感来把握一个外在物的形状,而对大得够不着的东西(如一栋房子),他就会试图用另一种感官如听觉来把握空间性,也就是房子里的回声。直到某次成功的手术终于将这种感觉的器官解出来的时候,他才首次不得不放弃看和听,也即不得不尝试着将其知觉放置到这样的对象的概念中来。

关于对象的那些概念经常让人不由自主地把自己(通过创制的想象力)塑造的某个形象放入它们之中。当人们读到或者听到一位在才华、贡献或者地位是伟人的生平事迹时,通常就会被引诱着通过想象力赋予他一个高大的形象;反之,对于一个被描述为性格细腻温柔的人则给他一个乖巧的形象。假如一个按照流传的事迹而想象出来的英雄被证明是一个矮个子;或者反过来,如果细腻温柔的休谟被指出是个壮汉,那么这不仅对乡下人,而且对一个有足够阅历的人来说也是令人惊讶的。由于想象力天然地具有走向

---

① 因此,神圣的三位,一个老人、一个青年和一只鸟(鸽子)不能想象为和其对象相近的真实形象而只能看成一些象征。这种降临人世和升到天堂的形象的表达也是这种含义。为了将理性存在的概念放在直观中,除了把它人化之外别无他途,但如果同时将这些象征的观念提升到这些事物自身的概念中,这却是不幸的或者幼稚的做法。——原注

极端的倾向,人们即使是对事物的期盼也千万别提得很高,因为现实总是要比用来实现它的理念模型更具局限性。

要将一个人带入一个社交圈,预先对他作出许多高度的评价是对他很不利的。甚至可以说,这常常可能是哪个开玩笑的人把他当作笑料的恶作剧。因为想象力把被期盼的事情的观念抬得太高,只会在和先入为主的观念作比较时让这个受人称道的人物遭到损害。这就是人们用言过其实的夸奖来预告一本书、一出戏或者其他称得上是美妙的东西时所出现的事情,所以当它们出现的时候只会被贬损。甚至读了一出好戏的剧本就足以在看其演出时削弱它的印象。但如果事先的夸奖和紧张期盼的结果恰好相反时而且又没有什么害处,那么这个对象的出现就会导致最强烈的哄堂大笑。

处在运动中变化不定的、不具备自身能引起他人注目的原有意义的那些形象,比如一炉旺火的闪耀的火光,各种东西的旋转,一条小溪在石头上激起的水花等等,都以大量(与前文所提的视觉方式)完全不同方式的观念,即内心活动和陷入沉思所产生的观念,来维持着想象力。甚至让音乐外行听音乐也可以把一个诗人或者哲学家设定于一种情绪,其中每个人都可以按照其职业或者爱好去把持住思绪,并能领悟这些思绪,这是他一个人呆坐在房间里不可能这么幸运地获得的。这种现象似乎是因为:本身根本不能引起任何注意的各种不同事物,当其将感官的注意力从某个更为强烈地触及到感官的对象中延伸开时,思想就不仅变得轻松而且也变得活跃。这只不过是为了要有一个更紧张更持久的想象力,以将感性材料放在其知性观念中的缘故。英国的《旁观者》杂志谈到这样一位律师,说他习惯于辩护时从口袋里拿出一根绳子不停地在手指上绕着。当时,一位爱开玩笑的对方律师暗地里将绳子从他口袋里拿掉时,他就完全陷入窘迫而语无伦次了,所以人们就说他"失去了说话的线索"。固定于某种感觉上的感官(因为习惯)而不把注意力放在别处的不熟悉的感觉上,也就不会分散其注意力,但同时想象力却可以更好地保持其合乎规则的活动。

(璐甫　刘根华　译)

感性创造力

感性创造力有以下三种不同的类型：空间中直观的构成类型、时间中直观的联想类型和源于共同本源的各种观念相互亲和的类型。

一、构成的感性创造力

在艺术家可以表现一个具体的（似乎是可触摸的）形象之前，首先他必须在想象力中完成它，因而这个形象才算是一种创造。如果这种创造是自发性的（如在睡梦中），就被称为幻想，它是不受控于艺术家的，但如果是受意志控制的，那就是作品或称创作。但如果艺术家是根据和自然产物相类似的形象来创制，那么他的作品就称作自然的；但是如果他根据经验中不可能发生的形象来创作一些这样的对象（比如帕拉戈尼亚亲王在西西里所做的），那么它们就是离奇怪诞的不自然的形象，这种想法就像是一场白日梦的景象（所有的想法犹如热病患者的梦呓）。我们通常喜欢捉弄想象力，但想象力（作为幻想）也经常会很不合时宜地戏弄我们。

幻想在睡眠中捉弄人就是做梦，这在健康状态下也是会发生的。相反，如果在清醒时也出现这种情况，那显然就是一种病态。睡眠是所有外部知觉能力，特别是随意运动能力的放松，似乎它对所有动物甚至对于植物(依据后者和前者的类比)都是必要的,它聚合着醒着的时候所消耗的精力。好像这与梦幻刚好也有这种关系,以致于生命力在睡眠中如果不总是通过做梦来保持活力,它就会泯灭,而最深沉的睡眠也肯定会导致死亡。当人们说"睡了一个无梦的好觉"时,实际上只是人在醒来时根本就记不得那些梦了。这种情况在想象更替得很快时也可能会发生在人身上,即使他是醒着的,因为他是处于注意力分散的状态。此时其他人问那个呆呆地长时间凝视着某一处的正在想些什么时,他的回答是:"我什么也没想。"如果我们醒着时不是在记忆中存在许多缺漏(许多不知不觉中忽略了的起联结作用的中间观念),如果我们在第二天晚上又重新开始做前一个晚上没有做完的梦,那我就无法知道我们将是否会误认为自己生活在两个不同的世界中。梦是大自然作出的聪明的安排,为了在基于意志的身体运动即肌肉运动暂时停下来时,用偶尔虚构出来的事物所产生的激情去刺激生命力。只不过绝对不可以将梦中的事当作来自某个不可见世界的启示。

二、联想的感性创造力

联想的法则是,经常接连而至的感性观念在心灵中形成了一种习惯,即如果一个观念产生出来了,另一个观念也会产生。想从中寻求一种生理学上的解释是白费力气,虽然人们总是可以把上面的某些现象用来创造一个假设(甚至这又是一种创造),就像笛卡尔关于大脑中的所谓物质观念的假设那样。这类解释至少是不实用的,也即它不能适用于人为的活动,因为对观念而言好像在那里是相互激发的(至少是间接的),因而它们留下来的印迹也会互相交流的那个大脑和大脑中的方位还没有被我们认识。

观念的这种相联关系经常是走得很远的,而且想象力常常是大跨度地飞快跳跃,以至于在观念的链条中好像完全跳过某些中间环节,尽管人们只是还没有意识到它们。所以我们总是不得不问自己:原来我是在哪里?在谈话中我是从什么地方开始的?我是怎样到达这个终点的?①

三、亲和性的感性创造力

我所理解的亲和性是有相同基础的庞杂事物在根源上的协调。在社交娱乐场合,从一个话题跳到另一个完全不同的话题,如果把只基于主观上的观念(即对于这些观念一个人的联想不同于另一个人)的感性联想都引到这个话题上,我认为在形式上这就是一种胡闹。它中断和破坏了所有的娱乐。只有当一个话题谈完了并稍作休息后才能开始一个饶有兴致的新话题。无规则的四处漫游的想象力,经过和任何客观事物无关的那些观念的交替而把人搞得头昏脑涨,使人从这种聚会上回来后感到就像是做了一场梦似的。一个话题总是要带有冷静的思考,同时又要表现出让庞杂事物得到整理因而也有知性在起作用的思想,但想象力的活动在此却是遵从感性的法则的。感性在这里提供素材,这种素材的联想是通过没有规则意识的合乎规则和知性来建立的,尽管并不是采用从知性中进行推导的方式。

亲和性一词在这里表示着一种来自化学、并和这种知性的联

---

① 所以一个和别人交谈的人必须从其眼前和身边的事情开始,逐步引向更远的也更能引起兴趣的事。谈论坏天气对于进入一个举行着各种娱乐活动的社交圈子里的人来说,是一个很好的习惯性的临时话题。因为从刚见报的、来自土耳其的消息之类的话题开始就会在他走进来时给他人的想象力一个强制,这些人搞不清是什么把那个人引入到这个话题的。心灵要求思想的所有传递都有某种秩序,在这一点上,导入性的观念与开场白在讨论和布道中一样都是很重要的。——原注

结相似的相互作用,这一作用让性质上各不相同的两种有形元素发生最内在的相互关系并且趋于统一。因此这联合就形成了某个第三者,它具有一些唯有通过两种异质元素的联合才能形成的特点。知性和感性都有其不同的性质,但却在对我们知识的影响中如此直接地产生亲缘关系,好像其中的一个来源于另一个或者两者都在一个共同的出身中有自己的根源一样。然而,不同质的东西却会是出身于同一根源,这应是不可能的,至少对我们来说是无法理解的①。

所以想象力并不像人们所认为的那样有创造力。我们除了一个人的形象不能为一个理性的存在构想出其他适合的形象。当雕刻家或者画家描绘一个天使或上帝的时候,总是创造为一个人,他觉得任何其他形象似乎都含有那些在其观念中不能和一个理性存在的结构相结合的部分(如翅膀、爪子或蹄子)。而在大小尺寸上他却可以随意构思。

想象力的增强所产生的幻觉经常使得他相信在自身之外看见和感觉到了只在他头脑中的东西,因此就有眩晕,它击向一个朝深渊张望的人,尽管在他周围有一处够宽的地面让他不至于会掉下去,或者尽管他根本就是站在一处硬实的土地上。令人奇怪的是,

---

① 可以将前两种观念组合方式叫做数学的(扩展的),而把第三种组合方式称为力学的(生产的),它让一个全新的事物(正如化学中的中性盐一样)得以产生。这些力的作用不论在无机自然中还是在有机生命物中,在灵魂中还是肉体中,都同样是建立在不同性质的东西的分离与组合上的。我们虽然因经历到这些东西的作用而取得对它们的认识,但最终的原因和可将其内质溶于其中的单纯组成部分,我们却不可能达到。所有我们知道的有机物的种类唯有通过两性(即雄性与雌性)的结合才遗传下来,其原因可能是什么? 不能说造物主似乎只是因为性情古怪,并且只是为了在地球上作一个他所喜欢的安排而玩了一次游戏。原因似乎是这样:没有两性的促成,想从地球的物质中另外产生经繁殖产生的有机体肯定是不可能的。当人类理性想要证明这种起源,甚至只是猜测这种起源时,它是迷失在哪一种阻碍中呢? ——原注

有些神经有问题的人害怕因自己心里自发的冲动而果然甘愿地跳下去。看到他人吃恶心的东西（比如通古斯人从他们小孩的鼻子里将涕一下子吸吞下去），同样激起看的人也非常恶心，似乎是他自己被逼迫吃这种东西似的。

当瑞士人（而且根据我从一位有经验的将军那儿听到的，有些军区的威斯特伐里亚人和波莫瑞人也是如此）的部队被调到其他省时，困扰着他们的乡愁以及他们对年少时无忧无虑、成群结伙的情景的怀念都激起他们对享受过非常纯朴的生活乐趣的向往。当他们后来回去看那个地方时感到自己的期望全落空了，这也就让他们得到解脱；虽然他们认为那里的一切全都变了样，实际上却是因为他们的少年时代不可能再次在那儿度过了。但值得注意的是这种乡愁更多的是侵扰那些来自贫穷偏僻并以兄弟或者堂兄弟维系着的外省同乡们，而很少光临那些只顾挣钱、将 Patria ubi bene（利益即是祖国）当作自己的座右铭的人。

如果人们事先听说某个人是一个恶人，那么他就会认为可以从那人脸上看出恶意，并将虚构的东西与对一个人的感觉经验相混淆，特别是在带有激情和情欲的时候。爱尔维休说过，一个妇女用望远镜看到了月亮上两个情人的影子，接着神父往这个望远镜里一看，说道："你错了，太太，那是一个大教堂的两个尖顶。"

我们还可以将想象力的交互作用归入这一切之中。见到一个人突然抽筋或者发羊痫风，会引起类似的抽搐动作，就像打呵欠会使他人也跟着打呵欠那样。米凯里斯医生证实，当北美军队中的一个人陷入严重疯狂状态时，在一旁协助他的两三个人因为感受到这种情况突然也变得狂躁起来，尽管这种偶发事情只是暂时性的。所以千万别让神经不健全的人（患疑病症的人）出于好奇而参观精神病院。通常他们自己也会拒绝，因为他们担心自己的头脑会得病。我们也会发现,当有人带着激动的特别是愤怒的情绪对那些性格活泼的人讲述他的遭遇时,他们的脸上就会出现强烈关注的脸色,并不由自主地被引入与这种激情相对应的表情活动中去。我们还能注意到关系融洽的夫妇会慢慢具有相似的脸部表情特征。人们解释说这是他们因这种类似而结婚的缘故(物以类聚)。但这种解释是不正确的,因为大自然在两性的本能中早就在促动那些将会相爱的个体的差异性,以使隐含在他们胚胎中的各种各样的特性得到发展。只不过由于他们在单独相处时相依相偎和经常长时间注视所带来的那种亲热和爱慕,才形成了交互的相类似的表情,这种表情稳固下来并最后变成永久性的脸部特征。

最后我们也可以将对没有害处的欺骗的爱好也归入创制的想象力这种漫无目的,因而可以称作幻想的活动。在孩子们身上这几乎总是被看作是遗传下来的毛病,但在成年人身上常常是在心地善良的人那儿偶尔也是如此。这样幻想出来的故事情节和虚构的冒险经历犹如一场雪崩那样增长着,从想象力中涌现出来,这并不是为了任何其他好处,仅仅是为了给自己找乐子。就像莎士比亚笔下的约翰·福斯塔夫骑士,在故事讲完之前他就已经把两个身穿麻布衣服的人夸大为五个一样。

由于想象力在观念上比感官更丰富更多彩,因此如果加入了情欲,那缺少对象比有一个对象更加能够激发想象力。比如有些事会将人们以为由于一段时间的分散注意力而消除了的对象观念会又再次唤回到心灵中来。有位德国贵族,他是一个粗犷的骑士,但也是一位高尚的人在心中摆脱他对宫中一位平民女子的爱恋而去意大利旅行。然而,他回来时第一眼见到她的住处,就唤起了比他如果继续交往所可能具有的强烈得多的想象力,以至于他毫不犹豫地就向合乎他心愿的幸福的决定方式让步。因某种创造性的想象力而引起的这种疾病是无可救药的,除非通过结婚,因为它就是现实(假面具剥掉了,留下了真面目。——卢克莱修)。

创制的想象力产生了一种我们自己跟自己交往的方式,尽管这种方式只不过是作为内部感官的显露,但依据类比也带有外部感官的表现。晚上能让想象力生动起来并提升到它的实际内容之上,比如傍晚的月亮在天上显得形象壮观,而在白天它看起来只是像一朵毫不起眼的小云。对于那些在寂静的夜晚沉思冥想或者和想象中的论敌争辩或者在房间里徘徊以建立虚幻世界的人来说,创制的想象力达到了如痴如狂的状态。但是所有这些在当时对他而言显得重要的事情,在一觉醒来的早上就失去了它的一切重要性,但他却感到将时间花在这种恶习上所造成的精神疲劳是愉悦的。所以通过早睡早起来抑制想象力是一条属于心理学上养生之道的很有用的规则,但女人和疑心病患者却更喜欢出格的行为(通常他们正因如此才有他们的毛病)。为什么鬼怪故事在深夜是吸引人的,而在早上起床后很快就会让大家感到乏味,使谈话显得完全不投机?在这种时候人们就只询问在家务或者公共事务上有什么新闻,或者接着干昨天的活,其原因就在于,本身只是游戏的事情可以用来放松消耗了一整天的精神,而工作则适合于一个经晚上休息而使精力得到补充、似乎是新生的人。

使想象力具有缺陷的是,它的虚构或者是不受制约的,或者根本就是无规则的(不是放纵,就是邪僻)。后一种缺陷是最让人心烦的。前一种虚构却也许能在一个可能的(虚构的)世界中找到它的位置,而后者则在任何世界中都没有其位置,因为它是自相矛盾的。在利比亚沙漠的位置,因为它是自相矛盾的。在利比亚沙漠的拉斯——塞姆可以看到大量的人兽石头雕像,这在阿拉伯人看来是可怕的,因为他们将其看作是一些遭到天罚而变成了石头的

感性创造力

人——这就属于第一种想象力,即不受制约的想象力。但是当这些阿拉伯人认为这些动物石像在普遍复活的那一天会对艺术家怒吼,责怪他创造了它们但又不能给予它们灵魂,这就是自相矛盾了。不受制约的幻想毕竟还是能让人接受的(如红衣主教爱斯特在接受题名献给他的那本书时问那个诗人:"阿里奥斯托大师,鬼知道你是从哪里弄来这些奇妙的玩意儿呢?"),因为它是想象力丰富的花朵;但是无规则的想象力就近乎荒唐了,幻想在此完全是捉弄人,这个不幸的人的想象力的奔涌根本就不受他控制。

另外,政治的艺术家也能够像审美的艺术家那样很好地用想象来领导和统治世界(世界希望有欺骗),他懂得用这种想象充当现实,例如只不过是形式上的人民自由(就像在英国的议会中),或者等级自由和平等(就像在法国的国会中)。然而,即使只具备这样一种让人类高尚起来的善的假象,也要比感到这种善被从自己手中夺走更好一些。

(璐甫　刘根华　译)

回忆和预见的能力

将过去了的事情回忆起来的能力叫作记忆力,想象将来的事情的能力则称为预见力。在感性范围内,两者都是建立在将过去的和将来的情况与目前的情况相联系的观念的联想上。而且,尽管不是直接的知觉,但它们仍然能使知觉在时间中联结起来,即将已经不存在的东西通过目前存在的东西和目前还不存在的东西融合在一个连接的经验之中。它们被称为回顾的记忆力和展望的预测力(如果可以允许这样来表述的话),因为人们把这些当作可能在过去或者将来的情形中会遇见的观念来认识。

一、论 记 忆

记忆能够对过去的观念随意地进行复制,因而心灵不是那个过去的观念的单纯活动,这一点将记忆力与只是复制性的想象力作了区分。在此我们不能把幻想,即创造性的想象力混进来,因为如果这样记忆就会是不真实的了。将事情立即在记忆中捉住,很轻易回想起来,并长久地保存,这是记忆在形式上的完善,不过这些特点很少同时存在。当某人相信在记忆中有某件事,但又无法将它显示在意识中时,他就说他记不清这件事情了(不是想不起,因为这是指失去了意识)。假如他仍然竭力要去记,这种努力就很是劳神,所以人们最好还是利用别的念头分散一下自己的注意力,从而逐步地、只轻轻滑过地对该对象回来一想,这样他就通常会遇到一个可以唤回那个观念的相关观念。

有条不紊地把一件事掌握于记忆中称为记诵(不是熟记,像普通民众谈到牧师只不过是在背诵他演说的布道词时所讲的那样)。这种记诵可以是机械的、灵巧的,也可以是判断的。机械的记诵只是在时常逐字逐句地重复,比如学会乘法表,学生必须跟着那些习惯性的秩序中前后相接的整个词序来进行才可以搜寻到想要的东西。例如问学生:3 乘以 7 等于几?那么他就从 3 乘 3 开始并顺利地得出 21。但要是问他:7 乘 3 是多少?那他就不会这么快地想起来,而必须将数字倒过来放置到习惯的顺序中去。如果要学会的是重要场合中的一种套路,其中的措辞不能改换而必须按人们所说的方式来诵读,那么大概没人敢仗着即使是最好的记忆力(也由于这种胆怯本身也可能使他们出差错),因此人们认为照本宣科是必要的,就像即使是最熟练的牧师也要如此这般,因为此时就是最少量的词句的改换也将是可笑的。

灵巧的记诵指的是通过对相邻的观念的联想牢记某些观念,这些相邻近的观念(在知性看来)本身相互间根本没有亲缘关系,就像一句话的声音和它所要表达的那些性质完全不同的形象之间的那样。为了方便记忆,人们将记忆和更多的相邻的观念缠结在一起,因而就变得很荒诞,记忆力就成了想象力把不能同属于一个概念之中的东西凑合在一块的无规则的处理方式,这同时也是手段和目的的冲突,因为人们企图减少记忆力的劳动,但事实上这种劳动因性质完全不同的观念的联想给记忆力增加了不必要的负担而变得更加沉重了①。滑稽家很少有牢靠的记忆力（在机智的天赋中不会有很好的记忆力）就能说明上述现象。

判断的记诵仅仅是在思想中对划分某个体系（如林奈的体系）的图表的记诵，他可以通过列举他记得的各个环节而正确地重新想起来；或者说，这种记诵也是对在视觉上构成一个整体物的各个部分的记诵（比如在一幅标明了东南西北的地图，一国的各省），因为人们对此也要利用知性，而且知性与想象力是互为促进的。最常见的就是目录纲要，即专门为那些被称作备忘录的一般概念而写的书，它可以根据人们在图书馆里将书籍分放到书架上去所使用的各种不同的标题，通过条目分类让记忆变得容易。

并不存在一般理论的记忆术。由于诗的韵律含有一种有规律性的节奏，它给机械性的记忆带来许多方便，因此诗的警句可以当作属于这种记忆术的特殊概念来看待。具有奇异记忆力的那些人如米兰多拉的皮科、斯卡里吉尔、安格鲁斯·波里坦努斯、马格里阿贝奇等等，将100头骆驼所载书本中的学问全都记在脑袋里的那些博学者，我们不能因为他们也许不具备用来选择书中所有知识并使之用于某个目的的判断力，就瞧不起他们，因为提供丰富的原始资料就已经是一个不小的贡献了，尽管随后他人还必须再用判断力对这些资料进行加工（有多少科学就会有多少牢靠的记忆）。古人说："书写书取消了记忆（使之部分地变得多余了）"，这句话包含有真理。常人一般利用一条线索依照顺序来处理他遇到

---

① 因此启蒙画册、图解圣经，以至于用图画来说明的法学大全，是一位幼稚的老师用来使他的学生比原先更幼稚的表面上的聪明。在法学大全中一个以此方式依仗记忆力的法学标题 de heredibus suis et legitimis. 可作为例子。第一个词可以形象地表现为一只锁着的柜子，第二个词是一只母猪，第三个词是摩西的两块板。（按：此处拉丁文的含义是"关于私有财产的合法继承人"。）——原注

的那些庞杂的感性材料,使它因此而被回忆起来,所以他就更好地拥有这些材料。这也正是由于记忆力在这里是机械的且没有幻想混进来。相反,那些脑海中游弋着许多奇形怪状的附带念头的学者,由于他们没有用足够的注意力去把握他所接的东西和杂碎小事,其中有很多因注意力分散而不知不觉中溜掉了。然而,将记录本稳妥地放在口袋里,把人们保存在脑子里的所有东西都详细地、轻而易举地重新记起来,这倒是极为便利的。书写术的确是一种了不起的技术,因为即使不通过它来将知识传授给别人,它同样可以替代最博大、最忠实的记忆力的地位并弥补其不足。

但是,遗忘症却是一种严重得多的毛病,这种人的头脑尽管也经常被塞满,但却是像一只扎了个洞的水桶一样总是空空的。有时我们是不能责备这种毛病的,比如对于老年人来说,他们虽然能够很好地回忆起年轻时的事情,却总是忘掉最近发生的事情。通常这也是由于一种习惯性的注意力分散所引起的,这种注意力分散特别喜欢侵扰那些看小说的女士们,因为这样的浏览仅仅是为了眼下的一时消遣,大家也知道这些不过是虚构的,因此女性读者在阅读时有完全的自由任凭自己的想象力去驰骋。这样的阅读自然就导致注意力的分散和习惯性的心不在焉(缺乏对眼前事物的注意力),记忆力因此而必将不可避免地被削弱。在艺术中消磨时间,这种对世界一无好处但事后却又抱怨生命之短暂的习惯,抛开其所引起的沉迷于幻想的心理情调不谈,单对于记忆力就是一种最有害的侵蚀。

二、论预见能力

具备这种能力比拥有任何别的能力更为利害攸关,因为它是所有可能的实践和目的前提,而人对自身能力的运用是指向这些实践和目的的。任何欲望都包含一个对自己力所能及的东西（确定的或者不确定的）预测。回顾过去（回忆）只不过为了可以预见未来，此时我们立足当前又同时环视前后，以决定某件事或者对某件事作好准备。

经验性的预测是对相似情况的期待，它不需要有关原因与结果的理性知识，只需想起目标事物常常是怎样相互替换的，而重复的经验就形成了某种熟练性。天气情况会怎么样，这对农民和海员是至关重要的，但我们在这一方面的预报不会比所谓的经验走得更远。这种经验的预报如果应验了，就受到吹捧，如果不灵验，就会被遗忘，因而总是保持着一些信誉。人们几乎会认为这种预报是故意将气候的变化这样不明不白地编在一块以便人们不易对每时刻采取相应的措施，从而使他们不得不运用知性来应对各种情况。

虽然整天悠然自得（不操心、不担忧）对于人的知性也不是很光彩的，比如加勒比群岛的土著人早上卖掉了吊床，晚上却为怎么过夜而伤透脑筋，但是只要不同时产生违背道德的伦理而产生过错，那么和那种一味用暗淡的前景失去自己的生活乐趣的人相比，人们倒是可以把一个经得住所有变故的人看作一个更幸福的人。但在人们能够拥有的所有前景中最让人感到欣慰的或许是，人根据其目前的道德水准有理由在将来不断得到改善；反之，如果他尽管勇敢地下决心要从现在起选择一种新的、更好的生活态度，但是却不得不对自己说：这将会没有什么用处，因为你经常对自己作出这种（推迟时间）的许诺，却总在下不为例的借口下打破它——这就是一种等待着一切照旧的绝望状态。

但当事情取决于也许高悬于我们头顶的命运，而不是取决于我们对自由意志的运用时，对未来的展望要么是预感即预兆，要么是预期①。前者好像一件还没有实现的事情的隐秘意义;后者则意味着对前后相接的事件序列的规律(因果律)进行反思,从而形成有关未来的意识。

很容易看出所有的预兆都是虚幻的,因为人们怎么能够感觉到尚未存在的东西呢?但如果是通过这么一种因果关系的模糊概念来作出判断,那么这就不是预感。不过人们可以推论出那些被引到这上面来的概念,而且如果这真正经过思考的判断,则还可以解释这些概念。预兆大多数具有担忧的形式。因身体原因而产生的忧虑发生在确认恐惧的对象之前。但也有一些快乐的和毫不畏惧的预感来自一些狂热的人,他们预感到将要揭露出某个并没有给人任何感官感受的秘密,而且相信自己恰好揭示和预感到了他们像诗人那样在神秘直观中所期盼的东西。苏格兰山民的第二视力也是这样的一种着魔状态。他们有些人相信通过这种视力看见一个吊死在桅杆上的人,当他们到达那个远处的港口时,他们谎称已得到过他死亡的讯息了。

三、论预卜能力

预报、预卜和预言的区别在于第一种是依据经验法则的预见(因而是自然的),第二种是违背众所熟知的经验法则的(反自然的),而第三种却是对一种与自然不同的原因的感应(是超自然的),或者被视为这种感应,而由于似乎是来自神的那种影响作用,这种能力也称作本原的预计能力(因为所有的对未能的敏锐的猜

---

① 最近有人要在预感和预兆之间作出区分。不过前者不是德文,这就只余下后者。预兆的含义与耿耿于怀的含义一样多。某件事对我来说是个预兆,就是说有某种让我耿耿于怀的事模糊地浮现着;惩罚某事意味着耿耿于怀要用恶意来对待某人的行为(即惩罚该行为)。这完全是相同的概念,但用法不同。——原注

测在非本原意义上也称为预计)。

如果说一个人"他在预卜这样或那样的命运",那个人表现出了一种纯粹是自然的经验;但是对此假装有某种超自然视力的人,人们把他称为算命的人。比如印度血统的茨冈人将用手算命叫作观星象;还有占星术士以及包括炼金术士在内的寻宝者。……不过为什么诗人们都倾向于将自己当作是受神灵鼓舞的(或迷狂)的,是能够预卜的,在其创作冲动中能够以灵感自夸的,这唯有这样才能解释,即诗人不像散文家那样是通过必然性来完成预定的工作,而必须抓住那被自己的内在情感所打动的有利时机,此时生动激烈的形象和感情在他自身中奔涌,而他此刻似乎不过是采取忍耐的态度。不管怎么样,认为天才夹杂有某种成分的狂气也已经是古老的一种观点了。也可根据这一点来说明对神谕的迷信,这些神谕被放在那些著名的(似乎是受灵感驱动着的)诗人们的任选的一段诗中来猜测;还有某种和现代假装虔诚者用于揭示上帝意志的箴言集相类似的手段;甚至也有对巫书进行解释,据说这些巫书曾经为罗马人预言国家命运,可惜的是他们因自己过于吝啬而把其中一部损失了。

一个民族无法逃脱的命运毕竟是它自己造成的,因而应归因于它的自由意志。所有对这种命运的预计除了对这一个民族毫无用处(因为它仍然是无法逃脱)之外,还都有其荒唐之处。在这种绝对的厄运中去构想某种自由机制的概念是自相矛盾的。

预卜中的这种荒唐无稽和欺骗的最极端的例子或许是将一个疯子当作(对不见事物的)先知,好像有个神灵在他的身体内说话,这个神灵代表了早已脱离了肉身的灵魂。还有就是把可怜的精神病人(或者仅仅是癫痫病人)看作一个鬼神附体者(着魔者),而当占据了他身体的神被认为是一个好神时,在希腊就被称为神巫,其解释者就是预言者。人们一定曾经做尽了世上所有的蠢事以便跳过借助知性并运用经验才可能达到的各个阶段,从而把未来的事情掌握在自己手中,因为对将来事情的预见和人们的利益是息息相关的。啊!人类的求知欲!

天文学预告了天体那无穷无尽的变化,除此之外,再也没有什么预卜的学问有如此可靠而且扩展到如此大的范围的。但是这并未制止神秘主义以免它立即渗透进来。神秘主义并不想根据理性的要求让世界进程的数据依赖事实;而是反过来想让事实依赖着某些神圣的数据,甚至把编年学这一让任何历史都无法脱离的前提都变成一种虚构的东西。

(璐甫　刘根华　译)

知性的认识能力

一、建立在知性上的认识能力的划分

知性,作为思维能力(用概念表现事物)也被称作高级的认识能力(与低级的认识能力即感性相区别)。这是因为直观能力(单纯直观或者经验直观)只包含客体中个别的东西;相反,概念则包含客体观念的普遍性,即规律。为了实现对客体的知识的统一性,感性直观的庞杂就必须归附于规律。不过,知性虽然因此而比感性更高贵,但感性却已经能够让没有知性的动物根据其本能来满足自己的生存需要了,这就好像一个没有首领的民族一样;反过来,一个没有民族的民族首领(无感性的知性)却根本做不了任何事情。因此,这两者之间并不存在等级差别,虽然其中一个被称作是高级的,而另一个被称作是低级的。

但是知性一词也是从特殊含义上加以理解的,因为它原先是组成部分中的一个与另外两个一起被纳入一般意义上的知性中去,所以高级认识能力(内质上的,也即不但涉及本身,而且还被视为和对象的知识相关联的认识能力)是由知性、判断力和理性构成的。现在,首先让我们在健全的灵魂中对一个人的这些心灵能力及其通常的运用和滥用与另一个人有何区别考察一番,尔后再对心灵不健全时的情况进行考察。

二、三种高级认识能力之间的人类学比较

　　正确的知性并不是炫耀其概念之繁多，可以这么说，它包含着使这些概念和客体的知识以及与真理的掌握相适合的能力与技巧。有的人头脑中有许多这样的概念，它们全都产生和人们想要从哪儿听来的东西相类似的结果，却与客体及其规定毫无关联。他可以有大量的甚至是灵活的概念。正确的知性具备普通知识的概念就够了，这就是健全的（日常生活中够用的）知性。这种知性借朱文纳尔（按：此外引用的并非朱文纳尔的作品，而是柏修斯的《罗马讽刺诗》中的话）笔下的守夜人之口可说：我坚守着自己的理智，不去强求成为阿塞西劳斯和无论怎样也不会快乐的梭伦。极为明显的是，一种只是适当且正确的知性天赋，在可以期待它所具备的知识范围内是受到自身抑制的，拥有这种天赋的人就会谦虚从事。当知性被当作是关于一般规律的认识能力（因而是运用概念的）以至于包括整个的高级认识能力时，那么这种规律不可以被理解为自然界用来支配人的行为的规律，而只不过是指人自己制定的规律，就像是受到自然本能驱使的动物的情况那样。凡是只通过学习得来因而依赖着记忆力的事情，他都只是机械地（按照复制的想象力的法则）完成的，而知性在这里用不着。一个只能按规定好了的模式躬身问安的仆人是无需知性的，也即他不必自己思考。但是，主人不在家的时候他或许必须料理家务，这时各种不同的、不可能事先逐字逐句规定好的办事规则就成为必要了。

　　正确的知性、练达的判断力和缜密的理性构成了知性认识能力的整个领域，尤其是当这种认识能力也被当作是推进实践或者说实现目的的驾轻就熟来进行评价时更是这样。

　　一种正确的知性，只有当它和它使用的目的有在概念上相适

合的性质时，才是健全的知性。也就是说，充分性与精确性结合起来就构成了适合性，即刚好包含对象所要求的东西的那种概念特征。因此在各种知性能力中，正确的知性是第一位的，最重要的，因为它用最少的手段来使自己的目的得到满足。

狡诈和阴险通常被看作是一种虽被滥用但却强大的知性，而实际上这仅仅是那些极受限制的人的思想方式，这些人具有聪明的假象，但和聪明是有根本区别的。一个人如果对诚实的人欺骗一次，尔后就会对自己的阴谋诡计造成很不利的后果。

仆人和公务员为了服从适当的命令只要有知性就可以，而对军官而言，只须给他规定和指示了他所接受的任务的一般规则，至于他在面对具体情况时自己应该如何作决定，这是需要判断力的。统帅应该对各种可能发生的情况作出判断，并为这些情况自己给自己制定规则，这就必须具备理性。在这些各种不同的条件下所要求的才能是极不一样的。"有些在第二等级事情方面非常突出的人，在最高级的事情上却表现平平。"

冥想并不包含知性，就像瑞典女王克利斯蒂娜卖弄一些格言并不能称其为有理性一样，因为这位女王的行为和这些格言是相矛盾的。另外，罗彻斯特伯爵回答英王查理二世的话也是如此，查理二世看到他正处于沉思默想状态中就问："您在这样苦苦地思索些什么呢？"他的回答是："我在为陛下想墓志铭。"查理二世又问："什么样的墓志铭？"他回答说："此处安息着国王查理二世，他一生说过许多聪明话，但从来没做过聪明事。"

在聚会上一言不发直到一个大家完全都同意的判断在某个时候产生出来时，在表面上这是理智的，就像某种程度上的粗鲁被假充作（旧德意志的）正直一样。

自然的知性仍然可以通过很多概念的教导来充实并用规则配

备起来的;但第二种知性能力即判断力却不是能教导的,而只能够练习,它要求区别一件事情是否属于规则的某种情况,因此它的成长就叫作成熟,也称为未经时日则无法达到的知性。甚至很容易看得出这只能是这样,因为教导是通过规则的传送来进行的。如果说应当对判断力施以教导的话,那么就肯定会有能够区别某件事是否属于规则的情况的普遍规则,这样就把问题引向了无穷尽的追溯。所以,这是那种人们所说的在成年之前所不具备的知性是建立在自己长期的经验上,而法兰西共和国却从所谓的元老院那里去寻找这种知性的判断。

这种能力只是考虑什么是可行的,什么是适当的以及什么是应有的(在技术的、审美的和实践的判断力方面),它没有那种扩展性的能力那样光彩照人,因为它只涉及健全知性方面并在健全知性和理性之间产生联系。

如果说知性是发现规则的能力,那么理性就是从普遍的东西中推导出特殊的事物,进而根据原理和必然来构想特殊事物的能力。所以也可以将理性解释为按照原则作出判断和(在实际的考虑中)采取行动的能力。人们在每个道德判断(从而也在宗教判断)上都需要理性而不能把规章和已有的习惯作为标准。对于理性的概念即理念而言,在经验中提供不出相应的对象。它们既不是直观(如空间与时间直观)也不是感情(如幸福论所追求的),这两者都属于感性,但对于那些有关改进性的概念,人们虽然可以逐渐地接近它们,但却永远也无法到达它们。

幻想是偏离了终极目的的理性应用(不具健全理性),有时是因为无能,有时是因为观点错误。驾着理性狂奔是指,依照其思维形式尽管是按原则行事,但根据内质和目的,则运用着恰好和该目的相反的手段。

下级不允许假想（作出推断），因为必须经常对用于处理事情的原则加以保密，至少不能让他们了解得很清楚；而司令官（将军）则必须要具有理性，因为并不是在每种情况出现时都可以提供指令给他。但是认为宗教事务中的俗人因为必须将宗教当作道德来遵从，所以就不应当运用自己的理性，而应紧随着神职人员即外来的理性，这样无法指望达到公平合理的。因为在道德这种事情上每个人都必须或者是也只能为自己的言行举止负责，但神职人员是不会承担风险来说明其理由的。

在上述那些情形中，人们倾向于将自己的个人安全更多地放在放弃运用自己所有的理性上，从而被动且驯服地遵守从圣者处援引过来的教条。然而，他们并不是因为感到自己缺少理解力（因为一切宗教的实质不过是每个人内心立刻就明白的道德）才这样做，而是由于狡诈。这在某一方面是为了在出现某种错误时可以将责任推脱给其他人，而且特别是为了通过一个好的办法来逃避与做礼拜相比要难得多的那种实质性的东西（即彻底悔改）。

智慧作为在实践中合乎规律而且是完美的理性运用的一种理念，也许对人是要求太高了；但是理性不能由其他人来灌输，即使是在最低程度上的，理性必须由他从自身中产生出来。合乎理性的规范包括三条引导性的规则：① 自己思考，② 从旁人的角度（通过和人交流）来思考，③ 任何时候都前后一致地思考。

人达到健全地运用自己理性的年龄，在技巧方面（达到他所追求的目的技能）可以定为 20 岁左右，在精明方面（利用他人实现自己的目的）可以定为大约 40 岁，在智慧方面可定为 60 岁上下；但在这一最后阶段智慧更多的是以否定的态度洞察到前两个阶段的所有愚蠢，此时人们就会说："一个人现在刚刚学会了如何正确地对待生活，却不得不离开人世间，这可真可惜啊。"但即使是这样的

知性的认识能力 | 281

判断此时也是极为少见的，因为生命在活动和享受方面所具有的价值越少，对生命的依恋就越强烈。

正如从一般的东西（规律）中找出特殊事物的能力是判断力一样，要从特殊事物中想出一般的东西的能力就是机智。前者是从找到繁杂多样但各部分却统一的事物的差别方面考虑；而后者是着眼于各部都不相同的各种事物的统一。这两者中最突出的才能是觉察到即使是最小的相似性和差异性，这种能力就叫洞察力，对这种性质的觉察就叫敏锐。如果这种敏锐并不使知识得到扩充，那就是无意义的故意挑剔或者是空洞的幻想，它会使一般知性在本身并不虚妄但却无能的运用中引起闪失。因此机敏不但和判断力相连，而且和机智有关，只不过在第一种情况下，机敏的可贵之处更多地被视为缘于精确性，在第二种情况下，则是因为博学多才，所以即使是机智也被称作才华横溢。这就像自然界对于花更显得是在做游戏，而对果实则表现出是在做一项工作。同样，在博学多才中显示出的才能和属于精确性的才能比起来，其评价的等级（按照理性的目的）要低一些。普通的和健全的知性既不需要机智也不需要机敏，它们只不过是浪费思想的一种方式。反之，健全的知性是将自己限定在实际需要上。

（璐甫　刘根华　译）

论禀赋

一、认识能力中的各种禀赋

人们将禀赋(天赋)理解为这样一种优点,即它不依赖教导而是全凭主体的自然素质,这些素质包括创造性的机智(在较为严格意义上或其本来含义上的机智),精敏和思想的独创性(天才)。

机智或者是比较性的,或者是幻想的。机智依照想力的法则(联想法则)通常是相距遥远的异质观念联结起来(同化),它是知性(作为对普遍性东西的认识能力)对各个客体进行归类时所具备的一种特殊的类比能力。为了把个别规于一般之中并将思维能力运用到认识中去,机智就需要有判断力。想要成为机智的(在口头上或者书面上),通过机械的学习和学习中的强制是无法掌握的,这仅仅是一种特殊的禀赋,一种在接踵而至的思想信息中感到自由自在的性情("同时也给予别人这种权利");机智属于一般知性的一种很难解释的特点,就好像知性的优雅一样,而和判断力的严谨形成对照;后者是把一般性的东西运用在特殊之中(运用这类概念把握个别事物的概念),并将同化能力以及同化的趋向都一律进行限制。

二、比较机智与幻想的机智之间的特殊差异

（1）论创造性的机智

从不同种类的事物中找出相似性是令人舒适、喜悦和高兴的，比如像机智所做的那样为知性提供材料，使它的概念成为普遍性的。相反，判断力限制着概念，与其说是对概念的扩展还不如说是致力于概念的校正，它尽管被人们大加赞赏和推崇，却是严肃的、严谨的，在思想的自由方面是有局限性的，而且正因为如此它又是不受欢迎的。比较性的机智的行为大多是游戏，但是对于判断力则多半是事务，前者好比是少年人的花儿；后者就好比老年人的果实。那种在更高程度上将两者结合在一个精神产品里的人是睿智的。

判断力追求的是理解，而机智捕捉的是闪念。审慎是市长的美德（依据立法发布保卫城市的最高指示并治理城市）；相反，大胆地蔑视并摒弃判断力的犹豫不决，虽然这作为一种冒失看上去是如此放肆（和轻薄），却被《自然体系》的伟大作者布封的国人们当成是他的一项功劳。判断力好比是食物，机智则更像是调味剂。在谐语上争强好胜，却使机智大受折磨，像修道院院长特鲁布列特无穷无尽地编造出来的那样，这就使思想变得浅薄，或者让思想深刻的人感到作呕。在时髦中，也即在令人舒适的行为规则中，机智是富有创造性的。这些规则只因其新奇才令人欣喜，而且在成为习惯之前必须由另外一些同样是一闪即逝的形式来替代这些规则。

将机智运用于文字游戏是乏味的，但是判断力的虚幻的冥想（钻牛角尖）也是迂腐的。诙谐的机智是这么一种机智，即它从流行的观点中揭示出悖理，而此时（狡猾的）促狭鬼却天真纯

洁的口气后窥探着，通过用表面上的称赞来抬高并不值得称赞的东西（揶揄），从而将某个人（或连同他的意见）变成笑柄。例如斯威夫特的《诗中的拍马术》，或巴特勒的《哈迪布拉斯》。这是运用对比让渺小的东西变得更为渺小的机智，它通过对意想不到的事情的惊奇来让人兴奋，但是毕竟这还只是一种游戏或者轻松的机智（如伏尔泰的机智）。然而那种表现出真实而重要的原则的机智（如杨格在他的讽刺作品中所表现的那样），则可以称之为沉重的机智，因为这是一件正经事，它搞笑取乐所引起的赞赏更多。

谚语不是谐语，而是一种共同形成的套话，它表达着某种经由模仿而传播开来的思想，尽管它在第一个说的人口中可能曾经是一句谐语。这是一种鄙俗的语言，因此在和比较文雅的人士交往时用谚语话显得根本缺少机智。

虽然深刻性不属于机智的范畴，但是当机智能够通过它寄托思想的形象而成为理性的载体或者外壳，并且把理性运用于道德——实践理念上时，就可以设想一种（和浅薄的机智不同的）深刻的机智。在《互勒传》中，据说是令人赞叹的下面这句名言被当作萨缪尔·约翰逊许多有关女人的名言之一来引用："毫无疑问，他赞美过许多他会羞于和她结婚的女人，但和一位他羞于赞美的女人结了婚。"在这里，这种对偶的游戏正是全都值得赞叹的地方，理性却从中毫无收获。然而当事情是由那些在理性上存在争论的问题来决定时，他的朋友波斯维尔就无法从他那儿套出一直在被蓄意追求、至少还显得机智的遁词了。相反，只要他谈到在宗教问题和某个政府的法律问题上的那些怀疑论者，甚至只是谈及一般的人类自由，那么天生的和由阿谀献媚者的骄纵培植起来的独断专横就让他变得粗俗无礼，他的追随者则喜欢将其称为粗鲁①。然而这种粗鲁却表明他根本没有能力在自己的思想中将机智和深刻性结合起来。甚至那些有影响的人物,虽然他们看重他的禀赋,但也不同意他的朋友们提名他为议会的特别合适的议员。机智可以捕捉一句话的词汇,但是还并不因此就能唤起和激发在重大事务中促动着理解的理性理念。谦虚是从那些对自己的能力满怀信心的人的心灵中自然而然地产生的。约翰逊自己从来就没觉察到的一种特点就是,不相信自己的禀赋,对他自己不能够独立作出判断,却还要参考他人的判断(也许是暗地里)。

(2) 论精敏或者做调查的天赋

在很多情况下,要发现某种隐匿在我们自身或者别处的东西需要一种知道该如何正确地找寻端倪的特殊天赋,这是一种预先判断(预断)出大概在什么地方有可能找到真理的天赋,即搜寻到事物的影踪,利用最小的亲和性时机去发现或者发明所要寻找的东西的这样一种天赋。在此之前,习得而来逻辑没有教给我们什么东西。然而维鲁纳的培根在其关于方法的工具论中,给我们提供了一个怎样经过实验来揭示自然事物的内隐性质的光辉榜样。不过,就连这样的榜样也还不足以根据确定的规则提出应该怎样成功地去尝试的方法,因为人们在这种情况下,总是不得不首先以某件事为前提(从一个假设开始),而且必须以此为出发点。这样就必须依照某些标示了确定结果的原则来进行,而这恰好又决定

---

① 波斯维尔说,有位勋爵当着他的面对约翰逊没有受过更高雅的教养而表示遗憾,这时巴勒说:"不,不,我的勋爵,您本来可以在他身上找到教养对他产生的所有作用,但他仍然还会是一只熊。""但也许是只受过训练的熊吧?"另一个人说。第三个人,约翰逊的朋友,说道:"他仅仅是有一张熊皮罢了。"他以为用这句话可以缓和一下那种说法。——原注

了人们应该怎样去探查出这些结果。因为盲目地心怀侥幸地去冒险,想绊在石头上跌一跤就能找到一处矿床,还同时发现一条矿脉,对于搞调查来说,这毕竟是一个拙劣的标示。不过,也有不通过学习,就像是手拿探矿仪去找寻知识宝藏行迹的这么一些有才干的人。因为这是一种天赋,所以他们无论怎样也无法将此本领教给其他人,而只能做给他们看。

(3) 论认识能力的独创性或者天才

发明某样事物和发现某样事物是有很大区别的。人们所发现的东西被看作是从前已经存在了的,只不过还无人知晓,比方说美洲在哥伦布之前就有了。而发明出来的东西,例如火药,则是在发明人①制造出来之前根本就不可能知道的。这两者都可以作为一项功劳。但是人们也可以偶遇某种根本没有去寻找的东西(如炼金术士发现了磷),甚至这根本不是什么功劳,因而发明的才能就称为天才。只不过人们总是把这一称号给予艺术家,也即一位知道制造出某种东西的人,而不给予只是了解和知道许多事情的人;另外,此称号也不给予一位只会模仿的艺术家。因此,一个人的天才就是"才能的楷模式的独创性"(就艺术作品的某种形式来说)。但是人们也把一位具备这种禀赋的人物称作天才,如此一来,该词就不只用来指一个人的自然天赋,它也用来指这个人本身。一个广博的天才指的是在很多领域里都成了天才(如列奥纳多·达·芬奇)。

想象力应属于天才本身的领域,因为它是创造性的,并且与其

---

① 火药早在施互茨神父时代之前就已被用来攻打阿尔赫西拉斯城了。据说这是中国人发明的。但还是可以说,因为那德国人(施互茨)这种粉末后对其进行了分解试验(如提炼出硝酸钾,洗去炭末并烧掉硫黄),所以就发现了它,尽管并没有发明它。——原注

他能力相比更少地受到规则的强制,但正因为如此才更具独创能力。机械性的教学虽然由于时时都强迫学生去模仿,因而不利于一个天才的萌生,也即不利于其独创性,但是每一种艺术都需要某些机械性的基本规则,需要使作品适合于配给它的那个理念,也就是需要在表现那被看作客体的东西时具有真实性。这样就必须经过严格的训练才能够学到了,当然这也是模仿的结果。但是如果想象力连这么一种强制也要摆脱掉,让独特的才能甚至违背自然地、毫无规则地瞎碰和四处游荡,那么也许可以把它看作原始的狂乱,但这绝不是楷模式的,因此也就不能把它看作是天才。

精神是人的心中灌注生气的原则。精神和机智在法语中同为一个名称,即 esprit,而在德语中却不同。比如人们说,一次演讲、一篇文章、一位社交场合的女士等等是漂亮的,但却没有精神。由于人们也可能因机智的作用并没留下什么持久的东西而对它产生反感,因此在里面包含有多少机智并无关联。所有的人和事,无论怎么称呼它们,如果要称其为富有精神的话,它们都得引起某种兴趣,而且要借助于理念,因为这样就激发起了想象力,并为那些相类似的概念呈现出一个广阔的活动空间。假如我们用德语独创的精神来表达法语的 gēnie(天才)一词,由于我们的民族使自己相信,法国人在其语言中有一个词表达这个意思,但在我们的语言中却没有类似的词,从而不得不从他们那儿借用过来,但是,他们自己这个词也是从拉丁语(genius)借过来的,那么这个词除了独创的精神之外并没有其他的含义。

然而,才能的楷模式的独创性用这么一个神秘的名字来称呼,这是因为具备这种才能的人自己无法解释这种才能的爆发,甚至在他掌握了一门本来是通过学习无法掌握的艺术时,他对自己也不能够理解。因为(对产生某个结果的原因的)不可理解性是精神(一个天生地具备才华的 genius)的一个附属概念,因此人似乎只是紧跟着精神的灵感。然而各种心灵能力却必须借助于想象力才能得以协调运转,否则它们就不会是有生机的,而只会互相干扰。但它必须通过主体的自然本性而生成,因此人们也可以将天才称作是"通过它自然地给艺术提供规则"的一种才能。

在这里暂且不论是否所有的伟大的天才都对世界有过突出的贡献,因为毕竟通常是他们选择了新的道路,展现新的前景;或者也暂且不论那些头脑呆板的人,即使他们没有开辟一时代但他们以其日常的、凭借于经验的缓缓前行的知性,是否就没有对科学和艺术的成长作出过极大的贡献(在这里,虽然他们当中没有人发出惊叹,却也没有引起混乱)。但也有被称作才子的这样一种天才也打着这种招牌混了进来,他们从具备天赋的头脑中说出非同一般的话来,把费劲的学习和研究宣称是低能的表现,吹嘘自己一下子就把握住了所有科学的精神,并以简要而有力的方式将其展现出来。这种人就像江湖术士和市场小贩那样,尽管在宗教、国家制度和道德方面以决然的口气将那些行家和当权者从智慧的高位上贬斥下来,懂得以此掩盖自己精神的贫乏,但是他们对于科学和道德修养的进步是极为有害的。所以,这怎么能够不招致人们的嘲笑、使人们继续耐心努力不懈地走自己按部就班的光明大道,而不去顾及那些魔术骗子们呢?

根据天才所产生的民族或地域特征,好像在其自身中也含有各种不同的原始萌芽及其各不相同的发展方式。它在德国人那里大多产生于根茎,在意大利人那里则萌发于种子中,而在法国人那儿却是从花朵中产生,对于英国人来说则是在果实里出现。

与创造性的天才截然不同的还有一种普遍性的头脑(它掌握各种各样的知识)。这种人在能够学习的那些事情上,可以成为天才。在所有的知识领域中,迄今为止所产生过的历史知识他都拥有(博学者),比如尤里乌斯·凯撒·斯卡里吉尔。创造性的天才是这么一种人,与其说他具有精神的广博性,还不如说他在自己所从事的事情上有完全开辟一个时代的重大意义(如牛顿和莱布里兹)。有条不紊地洞悉所有知识的关系以及它们怎样互相依赖的建设性的头脑,仅仅是一个二流的天才,但不是通常所说的天才。也有一种巨人式的博学,只不过通常这是一个独眼巨人,它缺少一只眼睛,即真正哲学的眼睛,这种眼睛可以通过理性而合乎目的地将汗牛充栋的浩瀚的历史知识利用起来。

纯粹的自然主义思想者(自然的学生、自学者)有时候也可以被看作是天才,因为他们所知道的东西是他们自己思考出来的,尽管他们从其他人那里也能够学到,而且在那些本身并不属于天才的事业上,他们却成了天才,比如在机械技艺方面,瑞士就有些人是这种技艺中的发明家。但一个早慧的神童却是大自然对其规则的偏离,是自然标本室里的珍品,如早夭的路白克·海奈克或哈勒·巴拉第尔。他们超常的早熟虽然令人惊叹,但也常常使那些栽培他们的人感到诧异。

所有认识能力的运用,即使是要让自己在理论知识上得到提高,毕竟也是需要理性来提供规则的,而且只有按照认识能力这种规则才能够得到提高。所以,我们可以将理性对认识能力所提出的要求归纳为三个问题:

① 我想要什么?(知性问)
② 决定性的是什么?(判断力问)
③ 它指向什么?(理性问)

每个人在回答所有这三个问题的能力上有很大差异。第一个问题只要求具备一个清楚地了解自己的头脑,而这种能力对受过一些文化教育的人而言是极为普遍的,特别是在人们注意到了这个方面的时候。而能够准确地回答第二个问题的人就要少见得多了,因为此处表露出各种先入为主的概念规定和对问题的表面上的理解,那个唯一和这个问题正好相符的解答是什么呢(比如在过程中或者在开始某项行动计划以实现同一个目的时)?有一种在特定条件下正好选择出合适的东西的才能(明断),这种才能是非常令人向往的,但也是极为少有的。如果一个律师援用大量论据来证明他的观点,这就给法官的断案带来了很大的困难,因为法官只能自己来回搜索;但是如果他理解了律师想要什么,并由此抓住什么是决定性的这个关键问题(因为这是唯一的一点),那么事情很快就被确定了下来,从而也就自然得到了理性的判决了。

知性主动积极地消除了无知的黑暗,而判断力则被动消极地提防着由客体显露于其中的沉沉暮色所带来的谬误了。理性堵住了谬误(偏见)的源头,同时以原则的普遍性为知性担保。虽然书本教学可增长知识,但是在理性没有加入的地方也就不会拓展概念和加深理解。理性还和幻想,即和那种不具理性法则而只是运用理性做试验的游戏不相同。如果问我是否相信鬼神,那我就可以对这一问题的各可能性进行幻想,而理性则不允许抛开依据经验法则来解释现象去迷信地承认该现象的可能性。

在人们考察相同的对象时,就像他们互相考察时一样,大自然通过人们头脑的巨大差异性,通过他们的相互摩擦以及既互相联结又互相分离,在无限多样的观察者和思考者的舞台上导演出丰富多彩的戏剧。各种不同类型的思考者可以将以下原则(在前面作为引向智慧的原则中已经提到过它们)当作永恒不变的命令:

① 自己思考;

② 在任何他人的地位上(通过和人交流)来思考;

③ 任何时候都和自身一致地思考。

第一条原则是否定性的("不一味地信守权威的话"),是摆脱强制性的思维方式;第二条原则是肯定性的,是和其他人的理解相融洽的豁达的思维方式;第三条原则是彻底的(前后一致的)思维方式。大家都可以从这些思维方式中,或者说更多地从它们的反面中举出一些人类学的例子。

"从人自己所产生的受监护状态中走出来"是人的心中最大的革命。到了这个时候人才脱离了迄今为止仍由他人代为思考、而他只是模仿或者任人在牵引的状态,从而敢于在经验的地面上用自己的双脚朝前迈进,哪怕是重心还不太稳。

(璐甫　刘根华　译)

为感性辩护①

一、与知性相反的感性

就观念的状态来说,人的心灵要么是行动的即显示出能力,要么是接受的即寓于感受性之中。知识将这两者都结合于自身之中而具备这么一种感受性的可能性,则从心灵联结或者划分观念的这一最高级的行动性因素中得到了认识能力的称号。

让心灵处于被动状态从而使主体被激活(可以是主体自我激活,也可以是被一个客体激活)的那些观念应是属于感性的认识能力,而那些仅仅包含着一个活动(思考)的观念则是属于理性的认识能力。前者也称作低级的认识能力;而后者则被称为高级的认识能力②。前者具有各种感觉的内部感官的被动性质;而后者具备自我意识的自发性,即形成思维的行为的纯意识的自发性。这

---

① 选译自康德《实用人类学》,标题为译者所加。
② 只把感性视作观念的模糊性,而把理性视作观念的清晰性,又用意识的某种纯形式上(逻辑上)的区别替代那种不但涉及形式,而且还涉及思维内容的现实的(心理学的)区别,这是莱布尼兹—沃尔夫派的一大错误。只把感性看作一种缺陷,缺少各部观念的明晰,因此被视为不清晰的。然而要创造知识,感性对于理性而言却是一种非常积极的东西,而且是不可缺少的补充。——但莱布尼兹要最先对此负有责任,他追从柏拉图的学说接受了被称作理念的先天纯理智直观。据说这些理念如今只模糊地存在于人的心灵中,而我们仅能把有关客体自身的知识归功于注意力对理念的剖析和说明。——原注

种行为归属于逻辑(即一个知性规则的体系)的范围,就像前者属于心理学(即所有内部知觉在自然法则下的一个概括)的范围并生成了内部经验一样。

  说明 只包含有我们为之激动的那种方式的观念对象是只能够像它所表现出来的那样来由我们去认识的,而且所有经验(感性知识),不论是内部经验还是外部经验,都只不过是如何显露给我们的对象的知识,而不是有关这些对象(仅就其自身而言)是怎样的知识。正因为如此,事情才不但取决于观念客体的特征而且还取决于主体及其感受性的特征。对这种感受性而言,其方式可以是感性的直观,紧接着就是主体的思维(即对于客体的概念)。现在这种感受性的形式特征就不能够再为感官所包容,而必须(作为直观)先验地提供出来,也即它必须是这么一种感性直观:即使把所有感觉的东西(包含着感官的东西)都除去,它也还是留了下来,而这种直观形式在内部经验上就是时间。

  由于经验属于感性知识,而知识(因它以判断为基础)却需要思考(反思),要求能动的意识,即概念和(与直观相异的)一般思维根据某种让观念的多样性统一起来的规则对它进行整理,因此意识就分为论证的意识(它因提出规则而在逻辑上必须走在前面)和直觉的意识,前者(心灵行为的纯自我意识)是单纯的。反思的我并不将庞杂的东西保存于自身,在所有的判断中它都总是同一个我,因为它仅仅是意识的形式的东西。相反,内部经验则包含有意识的内质和经验的内部直观的庞杂,它包含着领悟的我(即含有经验的自我意识)。

  虽然作为思维存在的我与作为感官存在的我属于同一个主体,但是作为内部经验直观的客体,也即当我内心为那些处在同一时间或者前后相随的感觉所激动时,我却只不过是像我自己所表现出来的那样来认识自己,而不是作为自在之物来认识自己。由于这要取决于那一个并不是知性概念(不是纯自发性)的时间条件,于是也就取决于我们的想象力在此为接受性的那个条件(这归于感受性的范围),因此我永远只是通过内部经验来认识我自己。这句话经常被恶意地歪曲为仅仅要表达这样的含义,即我具有某些观念或者感觉,甚至还存在有一般的我,这对我来说都只不过是显得如此。假象是将主观原因误认作客观原因而导致一个错误判断的基础,而现象却完全不是判断而仅仅是经验直观,它通过反思和因此形成的知性概念而生成内部经验及其真实性。

内部感官和自我意识这两个词经常被神灵学家们视作同义词,尽管前者只应是一种心理学的(应用的)意识的标志,唯有后者才应该是表示一种逻辑上的(纯粹的)意识。这就是产生上述误解的原因,但我们只能像我们对自己所表现出来的那样通过前者来认识自己。这可以作如下说明:由于对内部感官各种印象的领悟要以主体的内部直观的一个形式条件即时间为前提,而时间又不是知性概念,因此只是被视为主观条件,就像内部感觉是根据人类灵魂的特征给予我们的那样。因此,我们不是像认识客体本身那样来认识时间的。

这样的说明原本不属于人类学的范围。在人类学中,统一于知性法则下的各种现象的是经验,那些即使不考虑和各个感官的关系也仍然存在着(即自在地存在着)的东西的观念形式在这里根本就不会去研究的,因为这种研究是与知识的先天可能性有关的形而上学的东西。但是,即使仅仅为了不让思辨的头脑在这一问题上犯错误,原本也是有必要进行这样的探讨。另外,人从内部经验而获得的知识,由于在很大程度上他也用来评价其他人,因此其意义是重大的。另一方面,这种知识也许比正确地评价他人要更困难些,因为研究自己内心的人很容易不作纯粹地观察,而是将某些东西纳入自我意识之中。从自身所观察到的各种现象开始,接着初步进入到确定某些和人的本性有关的原理,即进入到内部经验,这是恰当的甚至是必要的。

二、感性的辩护

每一个人都对知性表现得极为尊重,这甚至在把它叫作高级的认识能力这一点上已经显示出来。谁要是想赞扬它,就会被那些颂扬美德的雄辩家们用嘲讽敷衍过去("愚蠢啊!谁可以谴责神明呢?")。但感性却有着恶劣的名声,人们传扬着它的许多坏处,比如:① 它弄乱了人的想象力;② 它过分夸张,作为知性这个统领者面对的它既顽固又难以驾驭,而它本来只应是知性的奴仆;③ 它甚至是骗人的,而人在这一方面又不可存有足够的戒备。但是另一方面感性也并不是缺乏赞颂者,特别是在诗人和有鉴赏力的人当中。他们并不只将知性概念的感性化捧为功业,也不一定要非常小心谨慎地把概念剖分为它的组成部分,而是直接考虑到言简意赅与铿锵有力的语言以及光彩夺目的观念,但他们把坚顽的知性完全看作是贫乏枯燥的东西①。我们并不需要一位吹捧手,而只需要一名对付起诉人的辩护人。

我们终归摆脱不了的感性的被动性是人们所传言的感性种种坏处的根本原因。人内在的完美性就是他在其权力范围内运用他的所有能力并让这些能力遵从他的自由意志,这就需要知性来统治,但又并不削弱感性(感性本身是杂而无序的,因为它不思考),

---

① 因为此处谈及的只是认识能力,因而只不过是观念(而不是有关快乐或不快乐的感情)。因此,感觉除了指不同于概念(思维)又不同于纯直观(空间和时间观念)的感官表象以外,没有别的含义。——原注

因为没有感性就会没有立法的知性所能够用来加工的原材料了。

(1) 对感性的第一条控诉的辩护

感官并不发生错乱。对于虽然领悟了所给的一个多样性但却还没有理顺它的人而言,是不能指责他把事情搞糟了的。感官知觉(有意识的感性表象)只能称为内心的现象,而附于其上的并将它们整合在一个思维规则之下(将秩序带入多样性)的知性,才首次从中产生出感性知识,即经验。因此问题出在知性没有严肃认真地去对待。当知性仓促地作出判断时并没有预先根据概念将感官表象整理好,尔后又埋怨这些表象的混乱性,说这一罪责肯定是人类沉迷于感性的这种天性。这一指责显示出了感性造成了外部观念的混乱与内部观念的混乱这两种毫无根据的抱怨。

感性表象尽管要先于知性观念并且大量地显现出来,但知性带着它的秩序和以智性的形式并入进来,而且将对概念的简洁的表达、对感情的抑扬顿挫的显示以及对由意志决定的利害观念都融入意识中去的时候,收获就会更大了。演讲术和诗艺的那些精神产物顿时(大批量地)向知性展现出来的这种财富,虽然常常因在理性上运用知性而让知性难堪,而且当知性在这里要将它实际上在进行的、但又处于模糊状态中的所有反思活动搞清楚并进行解释时,它通常就会陷于混乱,但感性在这里却是无辜的。更要对此负责的是,面对着提供给知性的丰富材料,知性的那些抽象概念经常只不过是一些贫乏得不堪一击的东西。

(2) 对感性的第二条控诉的辩护

感官并不控制知性,可以说,它只是将自己提供给知性以便使自己的活动得到安排。感性不想否认自己本应该获得的重要性,特别是在被称作人类共通感的事情上,但是我们并不能因此而把它视为企图不安分地高出于知性。尽管有这样的判断,但人们不是直接地、正式地将它们提到知性的法庭前面让知性来作出裁决，因而它们表现出是直接由感官控制的，有如所谓箴言或者秘不可测的心血来潮（像苏格拉底的格言归属于他的守护神的那种东西）就包含了这样的一些判断。这里前提是，关于在突发事件中怎样做才是合适的和明智的，第一个判断往往也就是正确的判断，而经过反复琢磨却只会人为地被歪曲。但事实上这些判断并不是来源于感官，而是源于知性的现实，尽管是模糊的认识。感官并没有提出这种要求，它就好比那些平民们（如果他们不是暴徒的话）对待长官那样对待知性，虽然是自愿遵从，但毕竟还是必须隶属于他的。然而如果把某些判断和理解看成是直接从内部感官中产生出来的，如果把这内部感官视为不是依赖于知性而是独立于它的，如果把感觉就当作判断，那么这就成了纯粹的迷狂，它与感官的错乱有非常近的亲缘关系。

（3）对感性的第三条控诉的辩护

感官不进行欺骗，这句话反驳了人们针对于感官的最主要、但经过推敲也是最没有根据的责难。这并不是因为感官的判断永远不出差错，而是因为它根本就不进行判断，所以谬误永远只由知性负担此责。但是感性假象即使不给知性带来辩护，也会给它带来宽恕。人常常依据这种假象来将自我表现形式的主观的东西当作客观的东西（例如远处的教堂看不出它的尖顶就被认为是浑圆的；海的较远处通过更高的方式进入视野就看起来比海岸更高；盈月在地平线上升起时，与它当空出现时相比较虽然是从同样的视角去观察，但是由于要透过晦浊的空气，看上去也就更遥远，因而也就更大）。同样人也是经常将假象看作经验，但他们因此而陷入了谬误却不是感官的过错而是知性的过错。

逻辑反对感性的一种诘难是人们指责由感性所生成的知识是

肤浅的(特殊的、受限于个别的)。相反,那面向一般的东西,即正因此而不得进行抽象的知性则遭到了乏味无聊的指责,但以普遍传递性为第一要求的审美态度却选择了一条能避免两方面缺陷的道路。

(璐甫　刘根华　译)